JN008954

ジェイムス・スーズマン 著
渡会圭子 訳

JAMES SUZMAN

WORK

働き方全史

「働きすぎる種」ホモ・サピエンスの誕生

A Deep History,
from the Stone Age
to the Age of Robots

東洋経済新報社

Work

by

James Suzman

目次

イントロダクション　人間と仕事の複雑な歴史

第一次産業革命は、石炭を燃料とする蒸気機関のすすで黒くなった煙突から噴き出した。第二次産業革命は壁についている電気コンセントから飛び出した。そして第三次産業革命は電子マイクロプロセッサーの形をしていた。そして現在、私たちは第四次産業革命の真っただ中にいる。デジタル、生物学、物理学の技術が融合して生まれたこの革命は、これまでと比べものにならないくらい大きな変革をもたらすと言われている。とはいえ、今後それがどのように展開するのかはまだよくわかっていない。いまわかっているのは、工場や会社や家庭において、さらに多くの作業が、機械学習アルゴリズムで自動化されたサイバー物理学的なシステムを使って行なわれるようになるということだ。

将来はもっと自動化が進み、いずれ便利なロボットの時代が到来すると予想する人もいる。あるいは人工知能に支配されるディストピアへ向かう重大な次なる一歩と考える人もいる。しかし多くの人にとって、自動化が進んだ将来についてすぐに浮かぶ疑問はただ一つ、「自分の仕事をロボットに奪われたら、どうすればいいのか」ということだろう。これまであまりテクノロジーとは無縁だった職業に就いている人々にとっても、人間の仕事に取って代わるロボットの台頭は、身近なものになっている。スーパーマーケットに並んだＡＴＭから発せられる機械的な声でのあいさつや「残金が不足していま す」のような警告。デジタル世界での体験を導くとともに、いらだちを助長する下手なアルゴリズム。

発展途上国の、あばらやが並ぶ地域でぎりぎりの生活をしている失業者にとっては、最先端の技術と資本が組み合わされて経済がどんどん成長しても、新しい仕事はほとんど生まれないため、自動化は切迫した問題である。

また先進工業国の半熟練労働者にとっても、それはやはり深刻な問題である。ストライキをしないことが大きな利点であるロボットから自分たちの職を守るためには、ストライキを行なうしかないというジレンマに陥る。そしてまだ遠い先のことに感じられるかもしれないが、高度な技術を必要とする職に就いている人たちにも、不吉な前兆が現われている。人間よりも優れた人工知能がつくられるようになったいま、私たちは自らの才能に足をすくわれ、工場やオフィスや職場を、やることがなく生きがいを奪う悪魔の仕事場に変えてしまったように見える。

それが事実なら心配になるのも無理はない。私たちは生きるために働き、働くために生き、そしてほぼどんな仕事にも――床のモップがけの単調なリズムから、納税の抜け穴を見つけることまで――意味や満足、誇りを見出すことができる。私たちが行なっている仕事が人格となり、将来の展望を左右し、どこで誰と多くの時間を過ごすかを決定し、自分の価値を伝え、多くの価値観を形成し、政治的な姿勢を方向づける。そのため私たちは努力する人を賞賛し、怠け者を非難し、万人の雇用という目標を、あらゆる種類の政治家がマントラのように唱え続ける。

この考えの根底にあるのは、人間は遺伝子レベルで仕事をするように生まれついているという強い信念である。人間という種の運命は、他に類を見ない目的意識と知性と勤勉さの融合によって形成されたもので、ただそれぞれを足しただけではない、もっと豊かな社会を構築できるのだと。

自動化される未来への不安と対照的なのが、第一次産業革命の衝撃以降に現われた思想家や夢想家たちの楽観論である。彼らは自動化こそが経済のユートピアを開く鍵であると信じていた。経済学の父であるアダム・スミスは、一七七六年にいずれ「労働を容易にし、そして時間を短縮する」と思われる「とても美しい機械」を賞賛した[1]。またその一〇〇年後にはオスカー・ワイルドが「必要だがつまらない仕事は機械がすべて行なう」未来を想像していた[2]。しかし誰よりも包括的にこれについて論じたのは、二〇世紀最大の影響力を持っていた経済学者ジョン・メイナード・ケインズである。彼は一九三〇年に、二一世紀初頭には資本増大、生産性向上、技術の進歩によって、経済の〝約束の地〟のふもとまで到達し、そこではすべての人の基本的ニーズがすぐに満たされるので、その結果、週の労働時間が一五時間を超えることはないはずだと予測した。

ケインズがはじき出した、そこに到達するための生産性と資本成長の基準値は数十年前に超えているのだが、人類がまだその積立を現金化する準備ができていないのは明らかだ。私たちのほとんどが祖父母や曽祖父母と同じくらい懸命に働き、政府は相も変わらず経済成長と雇用創出に固執している。さらに民間や公的な年金基金が、どんどん高齢化する人口を支える負担の重さに喘ぎ、私たちの多くが半世紀前よりも一〇年近く長く働かざるをえなくなると予測されている。また日本や韓国など、世界でもトップクラスの先進国では、技術や生産性がかつてないほど向上しているにもかかわらず、想像を超えるレベルの残業のせいで、死ななくてすんだはずの労働者が、毎年、何百人も亡くなっていることが公に認められている。

人類はまだ、これまで積み立ててきた集団的な年金を請求する準備ができていないようだ。その理由を理解するには、人間と仕事との関係が、従来の経済学者が私たちに吹き込んできた説よりも、はるかに興味深く、複雑であることを認識する必要がある。

週一五時間だけ働き、幸せに生きる

ケインズは経済上の約束の地に到達することが、人類の最も偉大な功績になると信じていた。それは彼が言う「人類にとって、最初の原始的な形の生命の始まりから……最も切迫した問題」を解決することに他ならないからだ。ケインズが「切迫した問題」と考えていたのは、古典派経済学者が「経済問題」、あるいは「欠乏の問題」とも呼ぶものだった。人間は飽くなき欲望にとらわれた合理的な生き物であり、そうなった理由は、すべての人の欲望を満たすリソースがないからにすぎないという説だ。

人間は果てしない欲求を持つが、それを満たすためのリソースは限られているという考えは、欲求を満たすために希少なリソースをどのように配分するかの研究であるという、経済学の定義の核心をなしている。それはまた市場、金融、雇用、通貨システムを支えてもいる。つまり経済学者にとっては、欠乏こそが人間を働かせる原動力ということになる。なぜなら働くこと（希少なリソースを生み出し、生産し、取引する）でしか、無限に思える人間の欲望と、限られたリソースとのギャップを埋められないからだ。

しかしこの考えによれば、人間はすこぶるわびしいものになってしまう。進化によって私たちは利己的な生物となり、決して満たされない欲望という重荷を永遠に負わされている。人間の本質に関わるこの仮説は先進国の人々にとっては自明で当たり前のことのように思えるかもしれないが、二〇世紀後半まで狩猟採集民として生きてきたアフリカ南部カラハリ地方のジュホアン（ブッシュマン・グループのひとつ）のような人々にとっては、とても当たり前のこととは考えられない。

私は一九九〇年代初頭から、容赦なく拡大する世界経済と遭遇して、傷つけられることも多かった彼らの姿を記録してきた。それは、二つのまったく異なる生活様式の境界を舞台にした残酷な物語だ。その二つは、それぞれが欠乏の本質に関して、まったく違う仮説をもとにした、まったく違う社会・経済的な価値観を基盤としている。ジュホアンにとって、市場経済と、それを支える人間の本質についての考え方は、不可解でもどかしいものなのだ。そう思うのは彼らだけではない。東アフリカのハッザ族から北極圏のイヌイットまで、二〇世紀まで狩猟採集を続けた他の社会の人々も、永遠の欠乏を前提とする経済システムの規範を理解したり、それに適応したりするのに苦労している。

ケインズが経済のユートピアを語っていたころ、狩猟採集社会の研究は、社会人類学という新興の学問分野の中ではせいぜい余興にすぎなかった。たとえ彼が狩猟採集民族についてもっと知りたいと思ったとしても、原始社会の生活は絶え間ない飢餓との戦いであるという当時の一般的な見解を覆すようなものはほとんど見つからなかっただろう。またときおり後退することはあっても、人類の進む道は何よりも進歩の物語であり、その進歩の原動力は、働き、生産し、建造し、取引したいという人間の本能であり、それは経済問題を解決したいという生来の衝動によって高まると、納得できる材料も何も見つけられなかっただろう。

しかし現在では、ジュホアンのような狩猟採集民が常に飢餓と紙一重の状況にいたわけではないことがわかっている。むしろ栄養状態はよく、大半の農耕社会の人々よりも長生きしていた。彼らは週に一五時間を超えて働くことはあまりなく、ほとんどの時間を休息と娯楽に費やしていた。またそれができたのは、日常的に食料を蓄えることもなく、富や地位を築くことにも関心がなく、短期的な物質的欲求を満たすためだけに働いていたからであることもわかっている。経済問題では、人間は無限の欲望と有限のリソースの間の煉獄に生きることを運命づけられていることになっているが、狩猟採集民には物質的な欲望はほとんどなかった。それは数時間、体を動かせば満たされるのだから。

彼らの経済生活は、欠乏にとらわれることなく、むしろ豊かさを前提として成り立っていた。それならホモ・サピエンスの三〇万年の歴史のうち九五パーセント以上の期間、私たちの祖先は狩猟と採集を行なっていたのだから、欠乏の問題や働くことに対する姿勢についての、人間の本質に関する前提は、農業に根ざしていると考えられる。

仕事と人間の歴史的関係

人類の歴史の大半において、私たちの祖先はいまの私たちほど欠乏にとらわれていなかったと認識すると、経済問題を解決するための作業よりも、はるかに多くの仕事があることに気づかされる。それは私たち誰もがよく知っていることだ。私たちはごくふつうに、職業（job）以外の、あらゆる種類の目的ある活動を仕事（work）と表現している。人間関係や娯楽でさえも、仕事として取り組むことがある。

経済学者が、仕事とは人間の必要と欲求を満たすために費やす時間と労力であると定義するとき、そこでは明白な二つの問題に触れられていない。

一つ目は、仕事か娯楽かは状況によって変わり、お金をもらうか払うかの違いであることが多いということ。古代の採集民にとってヘラジカ狩りは仕事だが、多くの先進国の人々にとって、狩猟は爽快な娯楽で、金がかかることも多い。商業画家にとって絵を描くことは仕事だが、数百万人ものアマチュア画家にとっては心安らぐ娯楽である。ロビイストにとって有力者と関係を築くことは仕事だが、それ以外の人々にとって、友人をつくることは喜びである。

二つ目の問題は、食料、水、空気、暖かさ、仲間、安全といった、ごく基本的な欲求を満たすために消費するエネルギーを除けば、万人にとってどうしても必要なものはほとんどないということだ。ただし、必要性はしばしば欲望と気づかないうちに融合し、切り離すことができなくなりがちである。だからクロワッサンとおいしいコーヒーの朝食が必需品という人もいれば、贅沢品という人もいるわけだ。

「仕事」の普遍的な定義に最も近い考え——狩猟採集民、ピンストライプのスーツを着た株式トレーダー、手が硬くなった農業従事者、その他、誰もが同意するであろうもの——は、目標や目的を達成するため、自らの意思でエネルギーや労力を費やして行なう作業である、というものだ。古代人が自分たちを取り巻く世界を分割し、概念、言葉、アイデアという観点から経験を体系化し始めたときから、彼らはほぼ間違いなく、仕事に近い何らかの概念を持っていたはずだ。愛、子育て、音楽、弔いなどと同様に、仕事もまた、人類学者や旅行者が見知らぬ土地でさまよっているときに、助けとなる数少ない概念の一つである。話し言葉や不可解な習慣を理解できないときは、誰かが行なっている作業を手伝うという単純な行為のほうが、下手な言葉よりもはるかにすばやく障壁を取り払ってくれる。そしてダンスや歌と同じように、目的を共有する感覚と、体験の調和を生み出してくれるのだ。

経済問題が人類の永遠の課題であるという考えを捨てることは、仕事の定義を「生計を立てるための手段」以上のものに広げるだけではない。生命の始まりから多忙な現在に至るまで、仕事と人間の深い歴史的関係を見るための新しい視点を提供してくれる。そしてそこから新たな疑問が次々と生まれてくる。なぜ私たちは狩猟採集時代の祖先よりも、仕事を重要視しているのか。かつてないほど豊かな時代に、なぜ私たちは欠乏にこだわり続けているのか。

この問いに答えるには、伝統的な経済学の枠をはるかに超えて、物理学、進化生物学、動物学の世界に入っていくことが必要になる。しかし最も重要なのはおそらく、社会人類学の視点を導入することだ。狩猟採集生活をしていた私たちの祖先がどのように暮らし、働いていたかを教えてくれる、豊富に存在する唯一の資料、つまり石の破片、岩絵、骨の破片に命を吹き込むには、社会人類学的研究に頼るしかない。また私たちの世界での経験が、さまざまな種類の仕事によってどう形成されているのか理解するにも、社会人類学的なアプローチが必須なのだ。

この幅広いアプローチを採用することで、現代特有の課題であると思われがちなものの根底にある、驚くような考え方を見ることができる。たとえば私たちと機械との関係が、大昔の農民と彼らの仕事を助けていた、荷車を引くウマやウシやその他の動物との関係と、どのくらい共通点があるか。そして自動化に対する私たちの不安が、奴隷制度のある社会に住む人々が夜も眠れないほど感じていた不安といかに似ているのか。そしてその理由も明らかにしてくれる。

二つの道の四つの合流ポイント

人間と仕事との関係の歴史を図に描こうとすると、途中で交わる二つの道筋にすぐに気づく。

一つ目は人間とエネルギーとの関係を示すものだ。突き詰めると、仕事とは常にエネルギー取引であり、ある種の仕事をできるかどうかで、生物と命のない無生物とが区別される。命を長らえ、成長し、繁殖するために能動的にエネルギーを求めて取り込むのは、生きているものだけだ。この道をたどると、日常的にエネルギーを浪費しているのは私たち人間だけではないことがわかる。また目的を奪われ、やるべき仕事がなくなると、元気がなくなり、落ち込み、やる気をなくしてしまうのも人間だけではない。そうなると仕事の本質や仕事と私たちの関係について、他にも疑問がいくつも生じる。たとえばバクテリア、植物、荷馬車馬などの生物も仕事をするのだろうか。もしするのなら、人間や人間がつくる機械が行なう仕事と、どのように違っているのだろうか。そしてそれは私たちの仕事のしかたについて何を語っているのだろうか。

この道の始まりは、ある一つのエネルギー源が、無秩序に存在していた異なる分子を何らかの方法で結びつけて生命体を生み出した瞬間だった。それは着実にさらに急速に幅を広げていく道であり、生命が地表にどんどん広がって進化を遂げ、日光、酸素、身体、火、そして最終的には化石燃料といった新たなエネルギー源を獲得し、それで仕事を行なうようになる。

二つ目の道は、人類の進化と文化の変遷に従うものだ。時代の節目を示す重要なものとしてあげられるのは、大昔なら荒削りな石器、古代の囲炉裏、壊れたビーズ玉などだ。近年なら強力なエンジン、巨大都市、証券取引所、産業規模の農家、国家、エネルギーを大量に消費する機械の巨大ネットワーク。

この道には、目に見えない重要なものもたくさん散らばっている。アイデア、概念、野心、希望、習慣、儀式、慣習、制度、物語――これらは文化や歴史の基礎を成すものだ。この道筋をたどっていくと、私たちの祖先が多くの異なるスキルを習得する能力を向上させるにつれて、人間の意志というものが研ぎ澄まされ、なぜピラミッドを建造したり、穴を掘ったり、落書きをしたりといった行動にも、意味や喜び、深い満足感を見出せるようになったのかがわかる。また彼らが行なっていた仕事と身につけたスキルにより、まわりを取り囲む世界での経験や相互作用が、どのように形成されていったかも示されている。

しかし現代の人間と仕事との関係を理解するうえで最も重要なのは、この二つの道が合流するポイントである。最初のそのようなポイントは、人類が火を使いこなせるようになった一〇〇万年前だろう。エネルギー需要の一部を炎から得られるようになると、食料調達から解放される時間、寒さの中で暖をとる手段、食生活を大幅に向上させる力を手に入れることで、脳がさらにエネルギーを消費し、活発に動く方向へと成長した。

二つ目の重大な合流ポイントはもっと最近のことで、はるかに大きな変化をもたらすものだったのはほぼ間違いない。それが始まったのは約一万二〇〇〇年前、私たちの祖先の一部が日常的に食料を貯蔵し、耕作を試みるようになったときで、そこから環境との関係、互いとの関係、欠乏との関係、仕事との関係が大きく変化した。この合流ポイントを探ると、現在の私たちの労働生活の中心を成す、形式上の経済構造の起源が農耕にあること、そして平等や地位という概念が、いかに仕事に対する姿勢と結びついているかが明らかになる。

三つ目の合流ポイントは、人々が都市や町に集まるようになったときから始まった。これは約八〇〇〇年前、一部の農耕社会が大規模な都市人口を養えるだけの、食料余剰を生み出せるようになったときだ。そしてそれは、労働の歴史における重要な新章の象徴でもある。それは畑で働いてエネルギーを得る必要性ではなく、むしろエネルギーを消費する需要によって規定される。最初の都市の誕生は、自給自足の農業や採集社会では想像もできなかった、まったく新しいスキル、職業、仕事、商売を生み出す土台となった。

大きな村、町、やがて都市の出現も、経済問題と欠乏のダイナミクスを再形成するうえで重要な役割を果たした。都市の人々の物質的な欲求のほとんどは、田舎で食料を生産する農民が満たしていたので、都市で生活する人々は飽くなきエネルギーを、地位、富、快楽、娯楽、権力の追求に注ぎ込んでいた。都市ではあっという間にあちこちで格差が生まれたが、そのプロセスがすさまじい速さで進んだのは、農村の小さなコミュニティのような親密な親族関係や社会的な絆が存在しなかったからだ。その結果、都市の人々は社会的アイデンティティを、自分が行なう仕事にさらに強く結びつけ、同じ仕事をする人々を共同体とみなすようになった。

四つ目の合流ポイントは、巨大な煙突から煙を吐き出す工場や製造所が出現した時代である。西ヨーロッパの人々が、古代から蓄えられていた化石燃料エネルギーを開拓し、そこから想像もしていなかった物質的繁栄が生み出された。一八世紀初頭に始まるこの時期、これら二本の道は一気に大きくなった。そして都市の増加と規模拡大、人間ばかりでなく、われらの祖先が育てるようになって急増した動植物を受け入れ、前よりも混みあうようになっていた。また欠乏と仕事への集団的な執着を加速させた結果、以前よりもはるかに忙しくなった。逆説的ではあるが、かつてないほど物が増えた結果である。

まだ答えを出すのは早すぎるが、未来の歴史家は、第一、第二、第三、第四の産業革命を区別せず、この長い期間を、人間と仕事との関係において他のどの時期よりも重要だと考えるのではないかと思わずにいられない。

第一部　始まり

第一章　生きることは仕事をすること

一九九四年のある晩、ナミビアのカラハリにあるスクーンハイド再定住キャンプで、大きなキャメル・ソーンの木の下で行なわれている礼拝に二〇〇人近いジュホアン・ブッシュマンが集まっていた。彼らにとって、宣教師の訪問は政府の食料配給を待つ退屈さから解放される、歓迎すべきイベントだった。狩猟採集民として生きるための土地と生活を奪った白人の牧畜業者に鞭打たれて一世代を過ごしたこのコミュニティでは、特に神を信じない人たちでさえ、農民の神に遣わされた地上の使者に注意を向けるのは常識だと信じていた。

それはひどく暑い日で、太陽が西の地平線に向かって沈み始めると、誰もがまだらの木かげで座れる場所を見つけようとした。その唯一の欠点は、太陽が低くなり木の影が長くなるにつれて、ずっと日陰にいるためには、ときどき座る位置を変えなければいけないことだった。そのたびに立ち上がったり座ったりする中で、押し合いへし合いが起こる。また礼拝が進んで木の影が長くなるにつれて、木の根元に置かれた即席の説教台から人がどんどん離れていき、宣教師は説教の大部分を、大声を出して伝えなければならなかった。

その光景そのものに聖書的な厳粛さが漂っていた。日の光を浴びた宣教師は、まぶしい後光がさしているように見えただけでなく、まもなく東から上る月や、会衆が根元に座っている木と同じように、そのとき宣教師が語る物語では太陽が重要な役を務めていた。その物語とは、創世記と人間の堕落である。

宣教師はまず、毎週日曜日に礼拝をするのは、神が六日間休むことなく働き、天、地、海、太陽、月、鳥、獣、魚などをつくり、七日目にその仕事を終えて休んだからだと語った。そして人間は神に似せてつくられたので、六日働き、七日目は休息して主が授けてくれた数え切れないほどの恵みに感謝することになっていると言い聞かせた。

宣教師の始めのこの言葉に、敬虔な者はうなずいたり、一、二度アーメンと言ったりした。しかしほとんどの人は、感謝すべき恵みとは正確には何なのかわからなかった。彼らは一生懸命働くことの意味も知っていて、休息する時間の大切さも理解していた。その労働への物質的な報酬を分かち合うとどんな感じがするのかは知らなかったとしても。それまでの半世紀、半乾燥地帯を収益性の高い牧場に変えるための重労働を担ったのは彼らだった。そしてその間、ジュホアンの労働者の怠け癖を〝治す〟ために鞭を惜しまなかった農民たちでさえ、日曜日には休暇を与えていた。

そして宣教師は聴衆にこう語った。アダムとイブは主からエデンの園の世話をするよう指示されたあと、蛇にそそのかされて大罪を犯した。そのため全能の神は「地を呪い」、アダムとイブの息子や娘たちを追放して、畑でつらい労働をさせたのだと。

この物語は宣教師が語った他の多くの物語よりも、とりわけジュホアンにとってよく理解できるものだった。それは「寝てはいけないとわかっている相手と寝てしまう」という誘惑の意味を、彼らが知っていたからというだけではない。彼らはそこに近年の自分たちの歴史との類似を見ていた。

スクーンハイドの年老いたジュホアンたちは、この土地が自分たちの唯一の領土であり、もっぱら野生動物を狩り、野生の果物、塊茎、野菜を採集して生活していたころを覚えていた。当時はエデンと同じように、その人里離れた環境は（不安定ではあるものの）食物に困ることはなく、ほんの数時間、無理なく働けば、十分に食べていけたと回想する。一九二〇年代から、はじめは少数の、やがて大量の白人の農民と植民地警察が、ウマ、銃、ポンプ、有刺鉄線、ウシ、そして自分たちが知らない法律を持ってカラハリに押し寄せ、その土地はすべて自分たちのものだと主張したのも、彼ら自身が大罪を犯した結果だと考えた者もいる。

白人の農民から見ると、カラハリのような大規模農業に向いていない土地を耕すには、多大な労働力が必要だとすぐにわかった。そこで彼らは特別部隊をつくって「野蛮な」ブッシュマンを捕らえ、強制的に働かせ、ブッシュマンの子供たちを人質に取って親に言うことを聞かせ、「勤勉の美徳」を教えるために習慣的に鞭を打った。伝来の土地を奪われたジュホアンは、アダムとイブのように、生き残るためには白人の農場で働かなければならないことを学んだ。

三〇年間、彼らはそのような生活を続けていた。しかし一九九〇年にナミビアが南アフリカから独立すると、技術の進歩によって農場の生産性が向上し、それまでと同じ労働は必要とされなくなった。また新政府が農場主に対して、ジュホアンの労働者を正式な従業員として扱い、適切な給与と住居を提供するよう要求すると、農場主の多くは労働を担っていたジュホアンを追い出してしまった。彼らの理屈は、機械に投資し、運営する人数をできるだけ減らしたほうが、経済的で面倒も少ないというものだった。その結果、多くのジュホアンは道端で野宿をするか、ヘレロ族の村のはずれに身をひそめるか、二つある小さな再定住地のどちらかに移動し、座って食料援助を待つしかなかった。

このあたりから、ジュホアンにとって堕落の物語があまりよくわからなくなる。アダムとイブのように、神から追放されて畑での労働を強いられたのに、なぜ今度は農民から、用済みだと言われて畑から追放されなければいけないのか。

無秩序と仕事の関係

ジークムント・フロイトは、聖書のアダムとイブの物語を含め、世界中の神話は、人間の〝心理・性的発達〟の謎を解く秘密が隠されていると信じていた。それとは対照的に、同業者でありライバルでもあったカール・グスタフ・ユングは、神話は人類の〝集合的無意識〟の本質を抽出したものに他ならないと考えた。また二〇世紀の社会人類学の知的試金石となったクロード・レヴィ＝ストロースにとっては、世界中の神話すべてが巨大で複雑な問題箱であり、適切に解読されれば、人間の心の〝深層構造〟を明らかにしてくれるものだった。

世界中のさまざまな神話は、人間の〝集合的無意識〟をのぞく窓を提供してくれたり、性的な悩みを説明してくれたり、心の深層構造をのぞかせてくれたりすることがあるかもしれないし、ないかもしれない。しかし神話が人間の経験について何か普遍的なことを明らかにしていることは間違いない。一つは、私たちの世界は（たとえ創造の瞬間には完璧であったとしても）、混沌とした力の影響下にあり、人はそれを抑えるべく努めなければならないということだ。

その暑い日の午後、スクーンハイドでの礼拝に集まった人々の中に、一握りの〝昔の人たち〟がいた。彼らはその地で狩猟採集民として人生の大半を過ごした最後のジュホアンだった。彼らは伝統的な狩猟採集民に特有の、ある種のストイシズムをともなう生活から強引に引き離された傷を抱えながら、死を待っている間に、子供のころにおぼえた〝始まりの物語〟、つまり天地創造の神話を、互いに語り直すことに安らぎを見出していた。

キリスト教の宣教師が彼らの説を持ち込む前、ジュホアンは世界の創造は二つの違う段階を経て起こったと考えていた。第一段階では、創造主である神が自分自身とその妻たち、そして彼らより劣ったガウアと呼ばれるトリックスター、地、雨、雷、雨水を溜める地面の穴、植物、動物、そして最後に人を造った。しかし仕事を完成させる前に、神は別のことに時間を費やし、未完成の世界をあいまいで混沌とした状態で放置した。社会的なルールも習慣もなく、人も動物も体をある形から別の形へと変え、雑多に交配したり、互いを食べたり、奇想天外な行動をとっていた。

幸いなことに、創造主は創造物を永久に見捨てたわけではなく、やがて仕事を終えるために戻ってきた。そのため世界に規則と秩序を課して、まず異なる種に分けて名前を付け、それぞれに独自の習慣や決まり、特徴を与えた。

スクーンハイドの老人たちを喜ばせた〝始まりの物語〟は、いずれも創造主が自分の仕事を完成させず、長い長い休暇を取ったときの話である。それはおそらく、ある男の言によれば、キリスト教の神と同じように休息が必要だったからだろう。これらの物語の多くは、創造主がいない間はトリックスターがやりたい放題をして、行く先々で騒動と混沌を引き起こすものだ。たとえば、ガウアは自分の肛門を切って調理して家族に振るまい、家族がその料理が美味だと褒めると、自分の冴えたいたずらに大笑いする。また別の話では、妻を食べ、母親を犯し、子供を親から奪い、平気で人を殺すこともある。

しかしガウアは創造主が仕事を終えるために戻ってきても休まず、その後ずっと、世界をきちんとつないでいる継ぎ目を、いたずらに容赦なくほどいていく。このようにジュホアンは創造神を秩序、予測可能性、ルール、マナー、継続性に結びつける一方で、ガウアをでたらめ、混沌、あいまいさ、不調和、無秩序と結びつけていた。そしてジュホアンは、ガウアの魔の手はあらゆるものに伸びていることを感じ取っていた。

それに気づくのは、たとえばライオンがらしくない行動をしたとき、誰かが不可解にも病気になったとき、弓の弦が切れたり槍が折れたりしたとき、あるいは謎の内なる声に導かれ、それが不和を引き起こすとわかっていながら、他人の配偶者と寝てしまうときなどだ。昔の人々は、宣教師の話の中でアダムとイブを誘惑した蛇について、彼らのトリックスターであるガウアの偽りの姿の一つだと信じていた。嘘を広め、禁断の欲望をかきたて、結果的に人生を狂わされるところを楽し気に見ているのは、まさにガウアのやりそうなことだった。

ジュホアンはエデンの園の口のうまい蛇の皮の下に潜む、その宇宙でのトラブルメーカーを発見した多くの民族の一つにすぎない。トリックスターはトラブルメーカーであり破壊者でもある。北欧神話のオーディンの義兄弟でわがままなロキ、北米先住民の文化に登場するコヨーテやカラス、西アフリカやカリブ海の神話に登場する、短気で形を変えるクモのアナンシなど、天地創造のときから人々がする仕事をつくり出してきた。

混沌と秩序の間の張りつめた関係が、世界中の神話の特徴となっているのは偶然ではない。結局のところ、科学もまた、無秩序と仕事の間に普遍的な関係があることを示している。それが初めて明らかにされたのは、西ヨーロッパの啓蒙主義の時代のことだった。

科学における仕事

ガスパール＝ギュスターヴ・コリオリはビリヤードをこよなく愛し、その趣味のために何時間も実用的な「研究」を行ない、その成果を『ビリヤードの効果に関する数学的理論（Théorie mathématique des effets du jeu de billard）』として発表した。この本はのちにゲームとして発展したスヌーカーやプールの愛好者から、いまだ聖書のように崇められている。彼が生まれたのは一七九二年というフランス革命真っただ中で、この年、フランスの市民議会は王政を廃止し、国王ルイ一六世とマリー・アントワネットをヴェルサイユ宮殿から引きずり出してギロチンによる死刑を宣告した。

しかしコリオリは、違う種類の革命を起こした。彼は神学の教義に背を向け、理性、数学の説明能力、世界を理解するための科学的手法の厳密さを受け入れた先駆者の一人であった。結果的に彼らが化石燃料という革命的エネルギーを解き放ち、産業時代を先導することになる。

現在、コリオリの功績で最もよく知られているのは〝コリオリ効果〟である。これがなければ、気象学者は気象で生じる渦や、海流の予測のつかない動きを説明する合理的な方法を手に入れられなかっただろう。しかし私たちにとってもっと重要な功績は〝仕事〟という言葉を、近代科学の辞書に入れたことである。

コリオリのビリヤードへの興味は、象牙のボールがぶつかり合うときの〝カチカチ〟という耳慣れた音から得られる満足感や、キューに弾かれた玉が台からポケットと呼ばれる穴に落ちるときのスリルに留まるものではなかった。彼にとってビリヤードは数学の無限の説明力を示すものであり、ビリヤード台は彼のような人々が物理的宇宙を支配する基本法則を観察し、いじり、戯れることができる空間だった。ボールはガリレオが描いた天体を連想させるだけではなかった。ビリヤードのキューを手で持つたびに、ユークリッド、ピタゴラス、アルキメデスが示した幾何学の基本原理が彼のもとに降りてきた。そして彼の腕の動きによってエネルギーを与えられたボールが他のボールにぶつかると、それは一五〇年前にアイザック・ニュートンが発見した質量、運動、力に関する法則に忠実に従うのだ。ビリヤードのボールは他にも、摩擦や弾性、エネルギー伝達に関わる、さまざまな疑問を投げかけてきた。

科学と数学におけるコリオリの最大の功績は、当然のことながら、回転する球体における運動の影響に関するものだ。ビリヤードのボールのような物体が運動することによって生じる運動エネルギー、そしてそのエネルギーが腕からキューを通して伝わり、ボールが台の上を動き回るプロセスである。

一八二八年、コリオリは後者の現象を考えていたとき、物体をある一定の距離動かすのに必要な力を説明するのに、初めて〝仕事〟という言葉を採用した。(3)

コリオリはビリヤードのボールを突くプロセスを〝仕事〟と呼んだが、当然ながら、それはビリヤードだけに留まるものではない。その数年前には経済的に利用可能な最初の蒸気機関が発明され、火は肉を焼いたり鍛冶屋で鉄を溶かしたりする以上の働きができることが示されていた。しかしヨーロッパの産業革命の原動力となった蒸気機関の能力を評価する、十分な方法はなかった。コリオリは水車、馬車、蒸気機関、そして人間の能力をもっと正確に記述、測定、比較したいと思っていた。

そのころには他の多くの数学者や工学者もコリオリの言う「仕事」とほぼ同じ概念にたどり着いていた。しかしそれを表わす適切な語彙はまだ見つかっていなかった。〝力学的効果（dynamical effect）〟と呼ぶ人や、〝労働力（labouring force）〟と呼ぶ人もいれば、〝原動力（motive force）〟と呼ぶ人もいた。

コリオリの方程式は、すぐに科学者たちから正しいと認められたが、彼らを何より唸らせたのは、仕事（work）という彼の言葉選びだった。それは長年にわたり科学者たちを悩ませてきた概念を表現するのに、申し分のない言葉だったのだ。

〝仕事〟は、まさに蒸気機関の働きを正確に表現しているという他に、フランス語で〝仕事〟を意味するトラバーユという語は、他の多くの言語にはない詩的な性質をともなっている。この言葉は、労力だけでなく苦しみの意味も含み、かつらをかぶって威厳を見せつける貴族や君主の支配の下で、きわめて長時間の労働をしていたフランスの第三身分（農奴）の苦難を想起させる。コリオリは機械の可能性と農民の労働からの解放を結びつけることで、テクノロジーが人間を約束の地へと導くという夢の種をまいたのだ。この夢については、のちにジョン・メイナード・ケインズがとりあげることになる。

〝仕事〟という言葉は、銀河や星が形成されるといった宇宙規模のことから、素粒子レベルで起こるものまで、あらゆるエネルギーの移動を表現するのに使われるようになった。また現在では、宇宙の創造には膨大な量の仕事が関わっていること、そして生命を特別なものとして、生と死を分けているのは、生物が行なっているきわめて珍しい種類の仕事であると、科学的に認識されている。

生きることは仕事をすること

生物には非生物にはない明確な特徴がいくつかある。その中でも特に重要なのは、生物はエネルギーを能動的に獲得して利用し、原子や分子を細胞に、細胞を臓器に、臓器を身体へと組織化することだ。そしてそのプロセスが止まると死に、それらをつなぎとめているエネルギーがなくなって分解される。つまり生きるとは仕事をすることなのだ。

宇宙には複雑でダイナミックなシステムが（銀河から惑星まで）想像を超えるほど多く存在し、それらを〝生きている〟と表現することもある。しかし細胞生物以外に、他からエネルギーを獲得し、生きて生殖するために、それを使って仕事をするものは他にない。たとえば〝生きている〟星が周囲のものから能動的にエネルギーを補充することはない。また自分と同じように成長する子孫を残そうとすることもない。むしろ自らの質量を破壊して、自分が行なっている仕事のためのエネルギーを供給し、それが枯渇したら〝死ぬ〟のである。

生命は、一部の物理学者が〝宇宙の至高の法則〟とするものが存在するから、あるいは存在するにもかかわらず、生存、成長、繁殖するために能動的に仕事をする。その至高の法則とは熱力学第二法則、エントロピーの法則とも呼ばれるものだ。熱力学の第二法則は、エネルギーがすべて宇宙全体に均等に広がっていく性質を説明するものだ。世界の神話に登場していたずらを仕掛ける多くのトリックスターのように、エントロピーは宇宙が生み出すあらゆる秩序を容赦なく乱していく。そしてその法則によれば、やがてエントロピーが、北欧神話のトリックスターであるロキのように、最終戦争（ハルマゲドン）を引き起こすと予想されている。それは宇宙を破壊するからではなく、エントロピーが宇宙全体にすべてのエネルギーを均一に届けるという目的を達成すると、物理的な意味での仕事がなくなる結果、自由エネルギーが利用できなくなるからだ。

私たちがエントロピーのある側面を直感的に把握できるのは、このトリックスターがあちこちの物陰からウィンクを送っているからだ。建物の老朽化や体の衰え、帝国の崩壊、コーヒーに溶け込むミルク、そして私たちの生活や社会、世界の秩序を維持するために必要な絶え間ない作業に、エントロピーを見ることができる。

エントロピーの法則

産業革命の先駆者たちからすると、エントロピーは、完全に効率的な蒸気機関をつくるのを阻むことによってその姿を現わした。

どの実験でも、熱エネルギーは必ずボイラーの中で均一に広がり、その後、ボイラーの容器の金属を通してその外側に放出されることが確認された。また熱エネルギーは常に高温の物体から低温の物体へと移動し、熱が均等に広がると、さらにエネルギーが加わらない限り、このプロセスを逆行させるのは不可能であることもわかった。お茶が室温まで冷めると、室内のエネルギーを取り込んで再び温度を上げることができないのはそのためだ。またエントロピーの影響を逆行させるためには、システムの外から供給されるエネルギーを使って、より多くの仕事を行なう必要があることもわかった。お茶を適温に戻すには、さらにエネルギーを必要とする。

しばらくの間、エントロピーの法則は、存在はするが不可解なものとみなされていた。ところが一八七二年から一八七五年にかけて、オーストリアの物理学者、ルートヴィッヒ・ボルツマンがそれを数式で表わした。彼は熱のふるまいを確率の計算できちんと説明できることを示したのだ(4)。熱がスプーン一杯分の水に含まれる何兆もの分子の間に広がる要因は、そのうちの数個の粒子の中に留まっている要因より、比べものにならないくらい多いというのが彼の主張だった。

つまり粒子が動き回り、互いに影響し合う状況では、エネルギーが均一に広がっていく確率のほうが圧倒的に高いので、それは必然だと考えなければならないということだ。さらに進んで、彼の数学的モデルは、最大の容器である宇宙でも、どんなエネルギーでも同じようにふるまう性質を持つことを示唆していた。

ボルツマンはエントロピーを説明する数学的モデルを提供することで、エントロピーを工学という比較的狭い領域から自由にすると同時に、老朽化する建物、浸食される山、爆発する星、こぼれたミルク、死、冷めてしまった紅茶、さらには民主主義にさえ、エントロピーを直感的に見出す理由を示した。エントロピーの低い状態は「高い秩序が保たれている」のだ。

たとえば子供たちがおもちゃや小物、洋服、本、スライムの入った箱などを、引き出しや戸棚に片付けさせられたときの部屋のような状態だ。一方、エントロピーが高い状態は、それから数時間後の子供部屋のようなものだ。子供たちは何かを手にとっても、すぐ何も考えていないように放り出してしまう。ボルツマンの計算によれば、子供が何も考えずでたらめに物を置いているのであれば、物理的な意味で、どんな配置でも同じ確率で起こる。当然ながら、ごくわずかな確率とはいえ、散らかし屋である子供たちが、たまたますべての物をあるべきところに戻し、部屋が片付いているように見えることもある。問題は、部屋が散らかる要因は、片付いている要因よりもはるかに多いことだ。そのため部屋が散らかったままである可能性のほうがはるかに高く、親が許容できるくらいのレベルに、部屋をエントロピーが低い状態に戻すべく、仕事をするよう（そのために必要なエネルギーを消費する）命じることになる。

いまや古典的なおもちゃのルービックキューブは、子供の寝室とはけた違いにシンプルだが、その数学的なスケールを教えてくれる。このパズルは一面が六つの違う色の九つの正方形から成る立方体で、中央の固定された回転軸につけて構成されているため、どの面も他の面とは別に回転させることができる。それで色のついた四角が混ざり合い、四三二五京二〇〇三兆二七四四億八九八五万六〇〇〇の揃っていない状態と、ただ一つの完成した状態が存在する。(5)

生命体とエントロピー

チャールズ・ダーウィンがウェストミンスター寺院に埋葬された四年後の一八八六年、ボルツマンはウィーンの帝国科学アカデミーに招かれ、名誉ある公開講演を行なうことになった。「我々の世紀が鉄の世紀と呼ばれるか、蒸気や電気の世紀と呼ばれるかについて、私が心の奥底でどう思っているのか尋ねられたら、私はためらうことなくこう答えるだろう。機械的自然観の世紀、ダーウィンの世紀だ」と、ボルツマンは聴衆に向かって堂々と述べた(6)。

ダーウィンより一世代若いルートヴィッヒ・ボルツマンの研究は、生命の多様性を何よりも多く生み出したのは神ではなく進化であるというダーウィンの説に負けず劣らず、神の権威に反抗するものだった。熱力学の法則に支配された宇宙に、神の掟が入る余地はなく、すべてのものの最終的な運命はあらかじめ決められている。

ボルツマンのダーウィンへの賞賛は、宗教の教義に意義を突きつけた共通の体験だけに基づくものではなかった。エントロピーの手がせっせと進化を方向付けるのを見たからでもある。その考えは一世代を経てようやく、ノーベル賞受賞者である量子物理学者エルヴィン・シュレーディンガー（架空の猫を架空の箱に詰めたことで知られる）によって完全に具体化されることになる。

シュレーディンガーは、生命とエントロピーの関係が根本的なものであると確信していた。彼が現れる以前、ボルツマンらは、生命体であるウマも人間もカバもすべて熱力学的なエンジンであると主張していた。つまり蒸気機関のように、仕事をするために食べ物や空気、水などの燃料を必要とし、仕事をする間、その燃料の一部を熱に変換し、そのあとそれは宇宙に放出されるということだ。しかしこの考えを追求して、必然的な結論まで導いたのはシュレーディンガーが最初であり、彼は一九四三年にダブリン大学トリニティ・カレッジで一連の講義を行なった。

シュレーディンガーの父親は、熱心なアマチュア園芸家だった。彼は自分が好ましいと思う特徴を持つ植物の種を注意深く選ぶことで、進化の方向を予想することにとりつかれていた。シュレーディンガーは父の園芸での実験に触発され、理論物理学を専門に研究するようになったあとも、遺伝や進化への興味を持ち続けていた。

シュレーディンガーがダブリンで講義（その内容は一年後に『生命とは何か』という短い本として出版された）を行なう以前、生物学は自然科学分野における孤児だった。[7] それまでほとんどの科学者は、生命は独自の不思議なルールに従って機能しているという考えに疑問を持っていなかった。しかしシュレーディンガーは、生物学も正式な科学の仲間に入れるべきだという見解を持っていた。講義を行なった夜、生命の科学である生物学は確かに複雑ではあるが、物理や化学に含まれる一つの分野であることに間違いないと、彼は聴衆を納得させようとした。物理学者や化学者がまだ生命を説明できなくても、それができることを「疑う理由は一つもない」と彼は聴衆に説明した。

シュレーディンガーは、私たちの細胞内の原子や分子（ＤＮＡやＲＮＡ）が持つ、驚異的な情報を符号化する能力や指令を伝達する能力について説明し、それが同世代の科学者たちに火をつけ、生物学の化学的・物理的基盤の解明にキャリアを捧げる者が現われ始めた。その分子生物学のパイオニア集団の中に、ケンブリッジ大学のフランシス・クリックがいた。彼は一〇年後に、パートナーのジェームズ・ワトソンとともに、ＤＮＡの特徴的な二重らせんを明らかにすることになる。

シュレーディンガーはあるゲノムを構成する「信じられないくらい少数の原子の集合[8]」が、なぜ何兆個もの他の原子を組織して、毛髪、肝臓、指、眼球などをつくりあげることができるのか不思議に思った。それはこれらの原子の働きが、熱力学の第二法則に逆らっているように見えたからだ。宇宙の他のあらゆるものが無秩序に向かっていく中で、生命は不遜にも物質を集め、それを正確に組織化して驚くほど複雑な構造体をつくりあげる。しかも自由エネルギーを集めて繁殖まで行なうのだ。

しかし生命体が表面的には完全かつ組織的にエントロピーの法則に反しているように思えても、実はそうではないと、シュレーディンガーは認識していた。つまり生命は宇宙のエントロピー全体に寄与する必要があるということだ。彼が出した結論は、生命体は自由エネルギーを求めて取り込み、それを使って仕事をして熱を発生させ、それで宇宙全体のエントロピーを増大させるということだ。また生命体は大きく複雑であればあるほど、生き続け、成長し、繁殖するために、より多くの仕事をしなければならず、結果的に生物のような複雑な構造を持つもののほうが、岩のような物体よりも、宇宙のエントロピー増大のためにははるかに多くのエネルギーを与えなければならない、ということだった。

生命の誕生と仕事

もしどのような仕事をするかで生命体の特徴が決まるなら、無機質な地上の物質が生きた有機物に変化する過程でも、何らかの仕事が関わったはずだ。つまり大量のエネルギーを使い、原始生命のエンジンを始動させたきっかけである。そのエネルギーの源が正確にはどこかはわからない。神の指から飛び出したのかもしれないが、それよりも初期の地球をかきまぜて沸き立たせた地球化学反応や、古代地球がエントロピーにゆっくりと屈して起きた、放射性物質の崩壊から生じた可能性のほうがはるかに高い。

生命が誕生するプロセスである自然発生に仕事が関わっているということは、おそらく最も納得しやすい部分だろう。二〇〇〇年代に入るまで、生命が発生するのはほとんど不可能に近く、人間は宇宙の中で唯一無二の存在であることを示唆する科学的データが優勢だった。現在、少なくとも一部の科学者は、これとはまったく逆の考えを持っている。生命の発生は必然だった可能性もあるし、エントロピーというトリックスターが単なる破壊者ではなく、生命の創造者でもあったのかもしれない。この見解は、生物系が無機物よりも熱エネルギーを効率よく放散し、宇宙のエントロピーを増大させたため、生命体が突然発生した可能性があるという考えに基づいている。[9]

一部の人にとって特に説得力を持ったのは、原子や分子が強い方向性を持つエネルギー源（太陽のような）にさらされたり、（海のような）エネルギー源に囲まれたりすると、粒子はひとりでにさまざまな形に並ぶことを示したデジタル・シミュレーションだった。そのときの粒子の様子は、まるで熱エネルギーを最も効率よく放散できる配列を見つけようとしているようだった。[10] もしこれが本当なら、このモデルは原子や分子が動き回ってつくる数えきれないほどある配列の中に、生命のない無機物を生物に変えるものがあるかもしれないことを示唆している。

生物進化とエネルギー源

地球に存在する生命の長い歴史は、新しいエネルギー源（まず地熱、日光、酸素、そして他の生物の肉など）からエネルギーを獲得する生命の能力、そしてしだいに複雑でエネルギーを消費する方向、物理的な意味でより多く仕事をするほうへ向かう進化という観点から説明されてきた[11]。

地球で最初に生まれた生物はバクテリアのように核もミトコンドリアも持たない、シンプルな単細胞生物だったことはほぼ間違いない。それらはおそらく、水と岩石の間の地球化学反応からエネルギーを獲得し、それをきわめて特殊な分子に変換して、化学結合している部分にエネルギーを蓄え、その結合が壊れるとエネルギーを放出することで、生物が仕事をできるようになったと思われる。この分子（アデノシン三リン酸、ＡＴＰ）が、すべての細胞が仕事をするために使用するエネルギーを直接供給する。単細胞のバクテリアから多細胞の人類学者に至るまで、それによって内部の均衡を保ち、成長し、繁殖するのだ。

生命は大昔からせっせと自由エネルギーを獲得してＡＴＰ分子に蓄え、それを使って地球上で仕事をしている。バクテリアが約三五億年前から地球上に存在していたことを証明する化石が広く存在している。また四二億年前の生物のものであると考えられている化石もある。地球が誕生して約三〇万年しかたっていない時代の話である。

バクテリアのような地球の生命の先駆者は、現在のほとんどの生命体から見れば、信じられないほど劣悪な条件を乗り越えなければならなかった。初期の地球は火山活動が活発で、隕石の衝突が絶えず、大気中の酸素も少なく、デリケートな生物が太陽放射で黒焦げになるのを防いでくれるオゾン層もなかった。そのため地球の初期に生まれた生命体は、太陽の光から遠く離れたところで生きていた。

しかし時間が過ぎるにつれて、生命特有のもう一つの特徴である進化によって、他のソースからエネルギーを得る能力を持ち、異なる条件下で生存・繁殖できる新しい種が出現した。

ある時期に（おそらく約二七億年前）、偶然の遺伝子変異を何度か経験して、天敵だった太陽光を利用し、光合成によってエネルギーを得られる生物が現われ、暗闇から這い出してきた。それがシアノバクテリア（藍藻）であり、いまもなお繁栄している。それは池や湖で起こるバクテリアの大発生にも見られる。

シアノバクテリアが繁殖して増大すると、地球はより複雑でエネルギーを必要とする生命体を養える、広大な生物生息地へと変わっていった。シアノバクテリアがまず大気中の窒素を、植物が成長するのに必要な硝酸塩やアンモニアといった有機化合物に変換した。また二酸化炭素を酸素へと変換し、約二四億五〇〇〇万年前の〝酸素大発生〟を誘発するうえで重要な役割を担った。そこから少しずつ酸素を豊富に含む大気がつくられて、いまの私たちが生きていられる。

酸素の大発生によって、生物はまったく新しいエネルギー源を手に入れただけでなく、仕事に使えるエネルギー量も大幅に増加した。

酸素が関わる化学反応は、他の多くの元素が関わる化学反応よりもはるかに多くのエネルギーを放出するため、個々の好気性（酸素を吸う）生物は、嫌気性生物よりも速く大きく育ち、より多くの物理的な仕事を行なう力を持つ。

真核生物と呼ばれる、新しくより精巧な生物は、このエネルギーが豊富な環境を利用するよう進化した。祖先である原核生物よりもはるかに洗練され、エネルギーを多く消費し、核を持ち、有性生殖によって生殖し、あらゆる種類の複雑なタンパク質を生成できるようになった。やがて真核生物の一部が突然変異を起こし、通りかかった他の生物をつかまえ、透過性のある外側の細胞膜を通して飲み込み、エネルギーを奪えるようになったと考えられている。とらえられた細胞は、自分たちが得たエネルギーを分け与えるしかなかった。これは多細胞生物の出現に寄与したと思われているプロセスの一つである。原始的な藻類は最初の植物へと進化して、やがて不毛の地だった初期の地球の陸地を緑でおおうことになるが、それはシアノバクテリアがとらえた真核生物の子孫であった可能性が高い。

組織ときちんとした神経系の両方を備えた最初の生物は、約七億年前に海で進化したと考えられている。しかし動物が本格的に増え始めたのは、約五億四〇〇〇万年前のカンブリア紀の爆発の最中である。この時代の化石記録には、現在の世界に生息しているすべての主要な種を代表する生物の痕跡が残されている。

大気中や海中の酸素増加によるエネルギー増大が、カンブリア紀の大爆発で重要な役割を果たしたのは確かである。しかしそれ以上に重要な役割を果たしたと思われるのは、進化によって、酸素よりも自由エネルギーが豊富な、新しいソースからエネルギーを獲得する生命体が選択されるようになったということだ。そのような生物は、すでに自らの肉や臓器、甲羅や骨にエネルギーや生命維持に必要な栄養素を集めて凝縮していた他の生物を消費していた。

約六億五〇〇〇万年前には、成層圏に大気中の酸素が蓄積され、有害な紫外線を遮断するのに十分な厚さのオゾン層が形成されて、一部の生命体が海沿いで焼け死ぬことなく生活できるようになった。それから二億年ほどの間に、地球の陸地の大部分が生物圏となり、とても複雑な海洋や陸上の生態系が次々と形成され、そこにあらゆる種類の生物が満ちて、自由エネルギーを熱心に取り込みながら、生きるためにそれを使い、さらにエネルギーを確保して繁殖していった。

これら新しい生命体の多くは、明らかに私たちが仕事と結びつける行動によく似たやり方で、エネルギーを利用していた。バクテリアはまだ生物圏のかなりの部分を占めていたが、陸上の大型動物の出現で、生物が行なう仕事の性質が変化した。大型の動物は多くの食物を必要とするが、あまり動かない微生物よりも、はるかに多くの量の物理的な仕事をすることが可能だ。穴を掘る、狩りをする、逃げる、壊す、飛ぶ、食べる、戦う、排泄する、物を動かす、場合によっては何かを築くなど、さまざまなことをする。

物理学者の視点から見ると、すべての生物は仕事をしており、地球の生物圏は、私たちの進化上の祖先が行なった仕事の結果として、何百万世代もかけて構築されたという事実から、必然的な疑問が生じる。たとえば木やイカやシマウマが行なった仕事と、人類が人工知能を生み出すレベルにまで到達させた仕事は、何が違うのだろうか。

第二章　仕事せずにはいられない

カリフォルニアの有名人には珍しく、ココは自分の見かけをあまり気にしてはいなかった。二〇一八年に彼女が亡くなったとき、その二年前に国連気候変動会議で、人間は愚かさから重要なことを忘れてしまうと警告する特別な演説を行なったカリフォルニア州の著名人の多くが、彼女の功績を口々に褒めたたえた。彼女は故郷の自慢の娘だった。

生まれたときからずっと人間に飼育されていたローランドゴリラのココは、その特異なコミュニケーション能力によって広く知られていた。彼女はアメリカ手話をもとに特別につくられた身振り言語であるゴリラ手話を、流暢にそして独創的に使いこなしていた。また会話で使われる約二〇〇〇の英単語を理解していると思われた。これはほとんどの人がよく使う語彙の約一〇パーセントにあたる。しかしココは文法はまったくだめだった。構文の基礎を教えようとするとココはいらだちを示し、その結果、彼女自身が望んでいたはず（とトレーナーたちは信じていた）の、明確で創造的なコミュニケーションをとるのに苦労することが多かった。構文の理解不足はともかくとして、トレーナーたちは、ココは間違いなく、感情的、社会的に高い知能を持つ個体だと考えていた。

「彼女は自分や他人のジョークに笑うこともあります」とペニー・パターソンとウェンディ・ゴードンは説明していた。彼女たちは長きにわたってココの訓練にあたり、特に親しい友でもあった。「痛いときやひとりで取り残されたときは泣き、怖いときや怒ったときは叫びます。自分の感じていることを言葉で伝えるのです。たとえば、うれしい、悲しい、怖い、楽しい、どうしても何かをしたい、不満、怒り、恥ずかしさ、そしていちばんよく使うのが『好き（love）』です。かわいがっていた猫が死んだり、友がどこかへ行ってしまったりすると悲しみます。何かが死んだとき、それについて話すことはできますが、自分や仲間の死について尋ねると、落ち着かずそわそわします。子ネコや小さな動物に対してとても優しく接します。写真でしか見たことのない相手にさえ、共感を示すのです[12]」。

これについては懐疑的な人も多い。トレーナーたちは、使う語彙の多さこそが、ココが身振りとシンボルを通して世界を見られる能力の証拠だと主張しているが、懐疑派はココは（グラフィック・シンボルを基にしたコミュニケーションを使いこなすと賞賛されていた他の有名な類人猿、チンパンジー、ボノボと同じように）単にまねがうまいだけだと言う。そして唯一の社会的スキルを、トレーナーから褒められたり、ごほうびの食べ物をもらったりするために使っていたのだと。

とは言え、ココが子ネコとなごやかな時を過ごすとか、トレーナーとドライブを楽しむとか、面倒な作業をさせられると不機嫌になるといったことに異議を唱える人はいなかった。懐疑派は、ココが人間と同じように仕事と娯楽を分けてとらえているとは信じていなかったのだ。人が行なう仕事は目的を果たすという意図がある（purposeful）が、動物のはただ目的にかなう（purposive）行動というだけだと彼らは主張する。

これは重要な区別である。

ガレージを広げるため壁をつくろうとしている人は、完成した壁がどのようなものになるか、はっきりとしたイメージを持っていて、頭の中で何度も、計画通りにつくるのに必要な段階を思い描く。しかしその目的だけのために、夏の暑さの中でセメントを混ぜたりレンガを積んだりしているわけではない。結局のところ、壁や設計の話ではないのだ。その仕事をするのは、いくつもの二次的、三次的な望みがあるからだ。もし当人に話を聞けば、それほど熱心に仕事をするのは、一流の建築家になりたいからとか、ただ外で働くのが好きだからとか、あるいはたくさんお金を稼いで配偶者や子供の夢をかなえさせてやりたいからとかいった答えが返ってくるだろう。数えきれないほどの違う答えがあるはずだ。

一方で目的にかなった行為とは、外部の観察者ならその目的を理解できるかもしれないが、主体自身は理解も説明もできない行為を言う。エネルギーを得て二酸化炭素と水をグルコースに変換するため、葉ができるだけ日光を浴びられるように木が伸びるのは、目的にかなった行為である。カラハリの雨季に、何千匹もの蛾がたき火に飛び込むのも、目的にかなった行為だ。しかしココのトレーナーたちは、目的意識を持つ行為と、目的にかなった行為をはっきりと区別するのは、人間以外の生物では、それほど簡単なことではないとわかっていた。

ライオンの群れがヌーを追いかける根本的な動機は、生き残るために必要なエネルギーを確保するということだ。しかしそれは本能による行動ではあるものの、たとえば腸内細菌が炭水化物分子をさがし求める行動よりも、はるかに目的意識が備わっている。茂みに隠れながら獲物のあとをつけ、チームで行動し、戦略を練り、狩りの間中ずっと、他の動物の肉や内臓を食いちぎるという目的を果たすために、最も望ましい結果に基づいて、いくつもの決断を行なう。

人間の認知機能の進化を解明しようとする研究者の多くは、私たちに最も近い霊長類や、クジラやイルカといった明らかに知能の高い動物が、人間と同じように目的意識を備えた行動をするかどうかの研究に力を注いできた。目的意識を持つには、因果関係を直感的に把握し、行動から生じる結果を想像する頭の回転の速さが必要で、そうなると必然的に〝心の理論〟を持っているということになる。人間と比べて他の動物がどのくらい目的意識を持っているかについては、いまなお激しい論争が続いている。

しかし他の多くの動物種は、私たちの働き方のそれほど明白でない側面について、違う見方をするきっかけを与えてくれる。特にシロアリ、ミツバチ、アリなどの生物については、その不断の勤勉さと社会的洗練の中に、人類が協力して食料生産を始め、のちに都市へと移動したあと、働き方が劇的に変化したことの影響が見てとれる。また人間と同じように、膨大なエネルギーを費やして何の役にも立たない仕事をしているように見える種や、あまりにも派手で非効率的に思え、理由が説明できないような身体的・行動的特徴を進化させた種も数多く存在する。たとえば雄のクジャクの尾のような特徴だ。

ダーウィンとクジャク

一八五九年、チャールズ・ダーウィンが『種の起源』を発表したころ、クジャクは英国各地の庭園では欠かせない装飾動物だった。またロンドンの広大な公園の芝生を堂々と歩き、ときに羽根を広げて行き交う人の目を楽しませていた。

ダーウィンは鳥が好きだった。なにしろ彼の自然選択についての理解は、ガラパゴス諸島の各島に生息するフィンチの近縁種の群の間に、小さいながらも明確な違いがあることに気づいたことで具体化されたのだ。しかし彼はクジャクが好きだったわけではない。「クジャクの尾羽を見ると、いつも気分が悪くなる!!」と、彼は一八六〇年に友人宛の手紙に書いている。[13] 彼にとって特大の尾羽をさらに引き立てる目玉模様は、進化の効率的な論理をあざ笑うものだった。どんな生物であれ、自然選択によって、このような扱いにくく非実用的でエネルギーを消費する尾がなぜ進化したのか理解できず、これでは雄のクジャクは捕食者の格好の餌食になるに違いないと、ダーウィンは考えていた。

ダーウィンは最終的にクジャクの尾の問題について、同じくらい派手な衣装に身を包み、公園でクジャクの間を縫って散歩していたヴィクトリア時代の貴婦人たちと、彼女たちに求愛する、細身のズボンをはいたおしゃれな男性たちのファッションと似たようなものという答えを出した。

一八七一年、彼は『人間の由来』（長谷川眞理子訳　講談社学術文庫）を発表した。その中で彼は、交尾する相手の選択（性選択）が、あらゆる奇妙な二次形質を発生させる要因であると説明した。クジャクの尾から大きすぎる角（つの）まで、一部の種では、その個体が異性にとってきわめて魅力的に見えることだけを目的とするものだ。

自然選択が〝生存のための闘争〟であるならば、性選択は〝伴侶を得るための闘争〟であり、個々の生物の生存可能性という点では不利でも、生殖の可能性を大きく高める〝二次性徴〟の進化を説明するものだと彼は論じた。つまり進化は、生物が生存することと自分を魅力的に見せることの両方のために、エネルギーを獲得して消費するという方向へ進んでいて、前者が効率と抑制が求められるのに対し、後者は無駄と華やかさへ向かいやすいということだ。

ところが現在では、クジャクの尾はダーウィンが考えていたほど、クジャクにとって身体的負担はないことが明らかになっている。クジャクが捕食者から逃れるために空中に飛び出す速度を調べたところ、急いで逃げる能力に大きな違いはなかった。またクジャクの尾は、交尾相手の選択においても、特に重要な役割を担っているわけではないことも判明している(14)。

東京大学の高橋麻理子と長谷川寿一は、クジャクの尾のどのような特徴が、雌クジャクにとって最も魅力的なのか、掘り下げようとしていた。そのため静岡県の伊豆シャボテン動物公園で、雄クジャクと雌クジャクの群れを七年間にわたり観察した。彼らは繁殖可能な雄の尾羽を注意深く調べ、広げたときの大きさや、目玉模様の数を記録した。そこにははっきりとした違いがあり、他の雄よりも明らかに尾が長い個体がいた。

プロジェクト終了までに、高橋のチームは二六八回の交配を確認した。驚いたことに、交尾の成功率と尾の特徴には相関関係がないことがわかった。雌は特に華やかな尾を持つ雄とも、見劣りする尾の雄とも、同じくらい熱心かつ頻繁に交配していた(15)。

高橋のチームが、尾や羽根の広げ方の特徴を見落としていた可能性はある。クジャクの尾には目玉模様や大きさ以外にも特徴があり、クジャクが五感を通してまわりの世界をどのように認識しているのか、私たちはごくわずかなことしかわかっていないのだ。しかし高橋らはその可能性はきわめて低いと考えている。そうなると、クジャクの尾のようにエネルギーを消費する特徴が進化したのは、それまで考えられているほど、生存や生殖のための戦いとは関係ないという、とても興味深い結論が導かれる。他の種の行動、たとえばアフリカ南部のメンガタハタオリの、巣をつくっては壊すというような行動は、エネルギーを消費する必要性が、それを獲得する必要性と同じくらい、一部の性質を形成するうえで重要な役割を担っている可能性がある。

メンガタハタオリの「仕事」

アフリカ中部から南部に生息するハタオリドリ類の一種であるメンガタハタオリの巣を解きほぐすには、きっと苦労するだろう。ダチョウの卵ほどの大きさで、ひょうたん形をしている巣は、鳥類の世界における工学技術上の驚異の一つである。

メンガタハタオリの巣は、草や葦で左右対称の卵型に滑らかに編まれているというだけでなく、小枝にぶらさがっていられるほど軽く、夏の嵐のときの激しい風や、大粒の雨に耐えられるほど頑丈である。人間がこの巣をほどくにはブーツで踏みつけるのがいちばん簡単だ。指でほどこうとしても、大きすぎるし、細かい作業ができない。しかしちっぽけなメンガタハタオリは、そのような力技は選択肢にない。

人がハタオリドリの巣をほどこうとすることはめったにない。しかし雄のメンガタハタオリにはそうする理由がある。毎年夏の間、雄のメンガタハタオリは、構造的にほぼ同じ巣を次々とつくり、つくるときと同じくらい熱心に壊していく。小さな円錐形のくちばしをピンセットのように使って、まず巣を木からはずし、地面に落ちたら、几帳面に草を一本ずつほどいていき、最終的には何も残っていない状態になる。

雌のメンガタハタオリは巣をつくらず、顔に面をつけたような模様もない。頭から爪までオリーブ色とカーキ色の羽毛で、腹部へ近づくと黄色っぽくなる。一方、繁殖期の雄は鮮やかな黄色と金色である。赤い目の上から喉元までの黒い仮面をつけ、背中までおおう立派な緑色の外套がその姿を引き立たせている。

勤勉なオスは一シーズンに二五個前後の巣をつくるが、それは雌を引き寄せて巣に入ってもらい、のちに卵を産んでくれることを願ってのことだ。一九七〇年代、ジンバブエの首都ハラレのある庭園に棲む、一羽のメンガタハタオリの生活を数年にわたって丹念に追った記録がある。その個体は勤勉だったが求愛はあまり報われず、巣を一六〇個つくって一五八個を壊した。その三分の一は、最後の草を織り込んでから二日以内に壊している[16]。

メンガタハタオリとその巣

メンガタハタオリの巣は複雑で、つくるのにエネルギーを必要とする。完成まで一週間かかることもあるが、近くに適した材料が十分にあれば、一日でつくり上げる器用な個体もいる。巣づくりにかかるエネルギー・コストを、近縁種であるコンゴのズグロウロコハタオリで調べようとした研究者によると、巣づくりに必要な五〇〇本を超える草や葦を集めるために、雄は平均三〇キロメートル飛んでいた[17]。

一九七〇年代、メンガタハタオリに関する長期的な研究プロジェクトで、メンガタハタオリが巣をつくるのは、遺伝子コードで支配される本能的行動以上の何かがあることが初めて示唆された[18]。この研究によって、人間の幼児が物を動かしたり、それを使って遊んだりしながら運動能力を発達させるのと同じように、雄のメンガタハタオリも卵からかえった直後から、材料となるものを使って遊んだり実験したりして、試行錯誤しながら巣づくりに必要な、編んだり結んだりするスキルを身につけていくことが明らかになった。のちに何台ものカメラで何カ月にもわたって撮影し、メンガタハタオリの作業を分析したところ、さらに複雑な事情がわかった。鳥たちが巣をつくるのがだんだん早く上手になっていく。つまりスキルが向上したのである。また個体ごとに独自の技術を身につけた、つまり遺伝子のプログラムにそって仕事をしているわけではなかったのだ[19]。

メンガタハタオリは捕食者から隠れようとはしない。むしろ通りすがりの雌の目を引くために、外からよく見える枝に巣をつくる。また雌が巣に近づくと、雄は羽づくろいを中断して、自分の巣を見てもらおうとアピールする。雌が巣をチェックして気に入ると、雄は巣の底に入り口となる短いトンネルをつくり、雌が中に入って産卵の準備ができるようにする。

アフリカ南部に伝わるほとんどの民間伝承では、好みにうるさい雌が巣をチェックして何かが足りないと判断したとき、雄が巣を壊すということになっている。しかしよく見ていると、それは本当ではないようだ。雌に巣の出来栄えを評価されなくても、雄は常に巣を壊す。それだけでなく、雌は巣の出来ではなく、それがつくられた位置で判断しているようだ。下手で不器用な雄がつくったあまり出来がよくない巣でも、場所がよければ、力強くて腕がよく元気な雄がよくない場所につくった巣よりも、雌を引き寄せやすい。

頑丈につくられていることで、メンガタハタオリの卵や子孫の生存可能性が高まるのは間違いない。見つけるのは簡単だが、ヘビ、タカ、サル、カラスが巣に近づくのは難しい。弾力があって、葉のない細い小枝に吊るされた巣は、少し重みがかかるだけで傾いてしまうので、捕食者が近づくのは困難なのだ。ましてや真ん中の奥まったところにある部屋に潜り込もうとすると、最初はだいたい地面に落ちてしまう。

しかしそれが利点の多いつくりではあっても、ほぼ同じ巣を次々とつくろうとする、メンガタハタオリの信念を理解するヒントにはならない。それはまるで、執拗にいくつも同じ壺をつくる陶芸家のようだ。また自分にしかわからない欠陥を理由に、完成した花瓶を次々と壊す陶芸家のように、完璧な巣をいくつも破壊するという断固とした態度も説明できない。もしエネルギーの追求が最優先事項なら、ハタオリは莫大なエネルギーを費やして何十個も巣をつくり、それを無駄に破壊するのではなく、望ましい場所に一つか二つ、質のいい巣をつくるように進化したはずではないか。また巣をたくさんつくることが体力の指標になるのであれば、なぜあんなに熱心に巣を破壊するのだろうか。

カラハリでハタオリドリを何時間もぼんやり眺めていたジュホアン族のジャンは、それほど執拗に巣を破壊するのは、記憶力がとても悪いからだと推測している。そのため一つの巣づくりに集中していても、前につくった巣が目の端に入ると、それは自分の縄張りに侵入しようとする恋敵がつくったものだと判断し、巣を壊して幻の悪者を追い払おうとするのだと。

彼のこの考えは正しいかもしれないが、もう一人の観察者であるスプリンガーンの見解のほうが、はるかに興味深い。彼はハタオリドリは「自分の妻に似ている」と考えている。彼女は夫のように何もせずにウロウロしていることには耐えられない。そのため家事の合間を縫って、ビーズのアクセサリーを次々とつくっていた。そのどれも十字架をモチーフにしたよく似たデザインなので、慣れた手つきですばやく仕上げていく。そしてビーズが足りなくなると、買い足すお金はなかったので、完成品（だいたいはよくできた美しいもの）のビーズを一つずつていねいにはずし、それを使って新しい作品をつくるのだった。彼はそれはとてもすばらしいことで、このような女性、つまりハタオリドリのように美しいものをつくる技術や芸術性に、誇りと喜びと心の安らぎを見出せる女性と結婚できたのは幸運だったと考えている。一方で、彼女も彼と結婚できて幸運だったと思っているかというと、そう断言はできないらしい。

巣をつくったり壊したりするハタオリドリは、とんでもないエネルギー浪費家のように思えるかもしれない。しかし人間以外で、一見無意味な仕事にエネルギーを費やす生物は他にもいる。鳥類の世界だけでも、膨大なエネルギーを費やしてつくられたと思われる労作の例が何千と存在する。ゴクラクチョウの豪華な羽や、ニワシドリの凝った巣などがその例だ。

進化生物学者の多くは、これらの行動を説明するために、厳格な功利主義的アプローチをとる。彼らにとって生命の歴史は、基本的に生殖と死の物語であり、それ以外はすべてまやかしなのだ。何百万という自然選択をかいくぐってきたすべての形質は、エネルギーや交配相手をさがし求めるさいに、ある種の競争優位性を提供して生存や生殖の可能性をどれくらい増やすか減らすかという観点から、説明されなければならないというのが、彼らの主張である。彼らはハタオリドリがいくつも巣をつくったり壊したりするのは、雌に自分が交尾の相手としてふさわしいことを伝える、あるいは最高の状態を保って天敵を避けるためだと言うかもしれない。

しかし不思議なことに、人間が行なう、同じくらいエネルギーを浪費する行為に対して、それと同じ説明をするのは躊躇する。仰々しいほど壮大な高層ビルの建設や、ウルトラマラソンなど、人間が無駄にエネルギーを費やす行動の多くは、生殖適性や生存と関連づけるのは難しい。むしろ私たちがエネルギーを消費する行動の多くは、寿命を延ばすどころか短くしてしまう危険がある。ハタオリドリがなぜこのような浪費をするかという疑問への究極の説明は、彼らも私たちと同じように、エネルギーが余ったら、エントロピーの法則に従って仕事を行ない、消費するからということではないだろうか。

余剰エネルギー

分子を細胞に、細胞を器官に、器官を有機体に、そして有機体をまとめて、花、森、鳥の群れ、魚の群れ、家畜の群れ、人の群れ、コロニー、コミュニティ、都市を組織するためには、多くのエネルギーを必要とする。エネルギーを浪費する生物は、仕事のやり方が雑だったり非効率的だったりして、エネルギー資源が乏しいときや、気候や地質学的特徴などの外的条件が突然変化したとき、あるいは他の種が有利になるような適応をして、生態系のダイナミズムが調整されたときでさえ、損をすることが多い。

生物種の進化の歴史には、環境が変化すると、過剰にエネルギーを消費する性質をさっさと捨ててしまう例が多く見られる。たとえばイトヨというトゲウオ科の小魚は、捕食者から身を守るために硬いとげと鱗板の鎧を進化で手に入れたが、その集団を捕食者のいない湖に導入すると、数世代で鎧を失ってしまう。不要な鎧をつくるのは、エネルギー消費が大きすぎるからだ[20]。

しかし不要になって長い時間がたつのに、相当なエネルギー・コストがかかっている性質や特徴を持っている生物も数多く存在する。ダチョウやエミューは飛ぶことはできないが翼が残っているし、クジラには後肢、大蛇のボアには骨盤の名残があり、そして人間にもさまざまな退化した特徴が残っている。耳の筋肉や、もう何の役にも立っていない消化器官、尻尾の名残の尾骨などがその例である。

ハタオリドリが巣をつくっては壊す習慣は、痕跡的な特徴で、かつてはもっとわかりやすく重要な目的を果たしていた可能性はある。アフリカの他の近縁種のハタオリドリの多くが同じように巣をつくることに熱心なので、それらすべてが共通の祖先から受け継いだ性質と考えられる。しかしそれよりも、巣をつくったり壊したりを繰り返すのはエネルギーが余っているからという説のほうが、はるかに興味をそそる。

メンガタハタオリは雑食である。タンパク質が豊富な昆虫だけでなく、さまざまな種類の種や穀物を好んで食べる。そして長い時間をかけて巣をつくっている間は、餌さがしだけにかける時間がない。実際、餌をさがすための時間はきわめて短く、巣づくり中のズグロウロコハタオリを八カ月にわたって追跡した研究グループが観察したところによると、雄が採餌に専念する時間はまったくなく、ただただ巣づくりに集中していた。研究者たちが出した結論は、巣づくりの時期には餌が豊富にあったので、巣の材料を持って帰るときに、空中で栄養豊富な昆虫を取ったり[21]、材料をさがしている間に見つけた穀物を取ったりしているのだろうということだった。

晩冬の乾燥した時期には、昆虫もほとんど見られなくなるので、メンガタハタオリも巣づくりの季節に比べると、食料調達に力を注がなくてはならない。この時期をうまく乗り切れるかどうかで、その個体が翌年まで生き残れるかどうかが決まる。言い換えると、最も厳しい季節にうまく対処できるかできないかが、自然選択を進める最も過酷な原動力なのだ。

ただ困るのは、一年で最も厳しい時期には有利になる性質、たとえば見つけた食物はなんでも食べられることが、食物が豊富な時期には問題となる可能性があることだ。庭の餌やり器からしょっちゅう餌を食べるさまざまなスズメ科の鳥がなぜ太らないのか興味を感じた研究者たちが行なった調査によると、これらの鳥は食べ過ぎることもあるが、体重を管理するメカニズムを進化させてきたことが示唆された。しかしそれは食べる量を制限するということではない。餌が豊富なとき、鳥は歌ったり飛んだり、その他の日常的な活動の強度を高めて、人間がスポーツをしたり走ったりしてエネルギーを消費するのと同じように、〝エクササイズ〟をすると指摘した[22]。

またメンガタハタオリが好んで食べる季節の食物も、人間特有の行動と思いがちな、人間と仕事の関係の歴史における二つの大きな収束を象徴する他の行動についても、間接的な洞察をもたらしてくれた。その二つの行動とは、食料（となる植物）を育てることと、どんどん広がっていく大都市で協力しながら仕事をすることだ。

真社会性動物の「仕事」

アフリカ大陸北部のカラハリ砂漠は、昔ながらの生活を続けている狩猟採集民の人口が最も多い土地である。しかしそこは世界最古の農耕を行なう種族が住む土地でもある。そこでは私たちの種が農耕を始める三〇〇〇万年も前から自給自足の生活をし、都市で暮らしてきた。

その古代農耕社会の目印は何百万もの高い建物で、その中には温度管理された市民エリア、都市型農場、保育園、王族エリアなどがあり、よく整備された通路のネットワークで結ばれている。これらの都市の中には、数世紀も前のものもあり、カラハリ砂漠の金や白や赤の砂を固めてつくられている。最も高いものは二メートルもあり、バルセロナにあるガウディの有名なサグラダ・ファミリアのように、高さの違う尖塔がいくつも空に向かって伸びている。

そしてバルセロナのような都市と同じように、眠らない市民たちが何百万も住んでいる。それぞれやるべき仕事があるのだ。これらの都市の住民は私たちよりはるかに小さいが、特に勤勉で野心的なホモ・サピエンスでさえ張り合えない労働倫理に突き動かされている。そう、シロアリは睡眠を削って労働し、休むことなく死ぬまで働き続けるのだ。

シロアリの大半は肉体労働に従事する。目が見えず羽もない彼らは、主要な公共の構造物をつくってメンテナンスを行ない、都市全体の温度や湿度を管理するシステムが最適に動作するようにして、他の役目を持つ者たち（兵士や生殖担当者）に食物や水を与えたり、世話をしたりする。またそれらはコロニーを支える都市の中心にある菌室も管理する仕事も課せられている。菌室は女王アリの部屋のすぐ下にあり、コロニーを維持するための食物を生産する場である。働きアリは毎晩、盛り上がった巣から餌の採集に出かけ、戻るのは腹の中に草や木くずをいっぱいに詰め込んでからだ。巣に戻ると彼らは耕作室に向かう。そこで半ば消化された木や草を排泄し、巣の深部の温度調節された暗闇の中でしか育たない真菌の胞子をまいて、迷路のような構造物をつくり始める。この菌類は木や草に含まれる丈夫なセルロースを時間をかけて溶かし、シロアリが消化しやすい、エネルギーに富んだ餌に変える。

兵隊シロアリも同じように、自分の仕事をこなすことだけに集中する。侵入者があったことを知らせる警報が鳴った瞬間――シロアリの個体から個体へとフェロモン信号が伝わり、兵隊が通れる道ができる――彼らは前線に駆けつけ、躊躇なく命をかけて戦う。そしてこれらの都市国家には多くの敵がいる。アリは頻繁にそしてしつこく攻撃してくる。彼らは個の命の価値など認めず、戦略といえばただ一つ、自分たちよりはるかに大きな敵に、数の力だけで打ち勝つことだ。もっと大きな獣もいる。頭から爪まで鎧でおおわれたセンザンコウ、奇怪なまでに筋肉質な前肢と、岩のように硬いシロアリの巣の山を紙のように引き裂ける爪を持つ、舌の長いツチブタ。そして鋭い聴覚を活かして働きアリが夜に農場をつくる材料をさがしに出かけるのを見計らってやってくるオオミミギツネ。

シロアリには生殖を担当するキングとクイーンがいる。彼らもまた他のシロアリと同じように、与えられた特殊な役目だけに専念する。どちらも兵隊の数倍の大きさで、仕事は生殖、子供をつくることだけだ。

巣の奥深くにある部屋の中で、彼らは生殖の苦役を強いられ、キングはクイーンが産む何百万もの卵を一心不乱に受精させる。ただクイーンは生殖以外にも、少なくとも一つ、女王としての役割があると生物学者は考えている。それは新たな市民に役目を割り当てることだ。それはフェロモンを分泌して、労働者、兵隊、将来の王族など、遺伝子がさまざまな違う形に発現するのを抑制したり促進したりするのだ。[23]

南米やオーストラリアに多く見られる、高い巣をつくるシロアリの種が生き残っているのは、環境を自分たちの都合のいいようにつくり変えることができるからだ。シロアリの進化上の祖先が、いつから高度な地域社会主義への道を歩み始めたのかははっきりしない。しかし現在のような、王家をいただき、巣のために命をかける兵隊に守られながら、市民のために巣づくりに励むようになったのは、たった一度の遺伝子の突然変異による変化でないのは確かだ。それは段階的なプロセスなのだ。巣の新しい重要な設計が反復されるうちにシロアリの進化を形成する選択圧を変えるのと同じように、シロアリが進化させた新しい性質によって、巣の形がさらに修正される。そのようにしてシロアリの進化の歴史と、彼らのニーズに合わせて環境を修正した仕事とを、かつてないほど緊密に結びつけるフィードバックループが生まれた。

複雑で何世代にもわたる社会共同体を形成し、個体が協力してエネルギー需要を確保して生殖を行なう種は、分業体制をとることが多く、ときにはチームのために自らを犠牲にすることもある。これらは単に〝社会性（social）〟ではなく、〝真社会性（eusocial）〟と呼ばれる。この「eu-」は、ギリシャ語で「よい」を意味する「εὖ」に由来し、この種の明確な利他主義を強調している。

真社会性は自然界ではまれである。他の昆虫の間でもそうだ。すべてのシロアリの種、そしてほとんどの種のアリが、程度の差こそあれ真社会的だが、ハチ類では一〇パーセント未満、何千種類もいるスズメバチの種のごくわずかである。昆虫の世界以外では、真社会的な生物はもっと少ない。海洋生物で本当に〝真社会的〟であるという証拠があるのはテッポウエビだけである。しかもその複雑な社会生活よりも、ハサミからすばやく繰り出されるパンチのほうがよく知られている。

またカラハリのリカオンのように、生殖するアルファ雌のために協力して狩りをするような社会性の高い哺乳類がいる一方で、本当に真社会的な脊椎動物は人間の他に二種しかいない。それは東アフリカに生息するハダカデバネズミと、カラハリ西部に棲むダマラランドデバネズミである。この二種の地中生物は、いずれも進化する中で、生息環境を自分たちで大きく変化させてきた。またシロアリと同じように、コロニーの中で生殖するのは一組の雌雄だけで、階層的な社会を築いている。ほとんどの個体は〝働きネズミ〟となる運命で、自分たちと、生殖を担当するロイヤル・カップルのための餌を集めること、巣のインフラの構築と整備、そして捕食者の撃退（あるいは食べられる）に専念して生きている。

人間は昔から、自然界に自分たちの行動との類似点を見出してきた。そして高潔な労働については、真社会的な昆虫がメタファーとして使われるケースがたくさんある。旧約聖書では、〝怠け者〟のキリスト教徒に「蟻のところへ行ってみよ。その道を見て、知恵を得よ」（新共同訳[24]）と指示しているし、いまではシロアリを勤勉さ、ミツバチを忙しさの象徴のように表現するのがふつうのことになっている。

しかし人々が自然選択を支配している最も重要な科学的法則と思われるものを、自分たちの行動を正当化するのに使うようになったのは、ヨーロッパの啓蒙主義、そしてその後ダーウィンが一八五九年に『種の起源』を発表したあとのことである。そしてハーバート・スペンサーが自然選択を説明するのに使った〝適者生存〟という、印象的だが誤解を受けやすい言葉を、市場のマントラへと昇華させたのだ。

〝適者生存〟が生んだ誤解

一八七九年、ハーバート・スペンサーは「誤用された言葉が、誤解を招く思考を生み出すことがいかに多いか」を嘆いた[25]。彼は他者に対して思いやりがないのに、他人の野蛮さを軽々しく口にする〝文明人〟たちの偽善について書いていた。しかし彼は最も有名で、ダーウィンの進化論の代名詞になった言葉について、同じように軽々しく書いてしまったのかもしれない。

〝適者生存〟という言葉ほど、誤用されて誤解を生んでいる言葉はめったにない。この考え方は、企業買収、大量虐殺、植民地戦争、公園でのけんかなど、さまざまなことを正当化するために繰り返し使われてきた。たとえスペンサーが人間は動物界で高い地位にあると信じていたとしても、彼がこの言葉をつくった意図は、最も強く、最も賢く、最も勤勉な者が成功するはずだということではない。むしろゆっくり進む進化の過程で、ある特定の環境的ニッチに〝適合〟した生物が繁殖でき、適応力の低い生物はその踏み台にされるということだった。つまりスペンサーからすれば、ライオンもウィルドビーストも、ライオンの耳に入り込んでただ乗りするノミも、ウィルドビーストが、良心の呵責など感じないライオンに喉を食いちぎられる直前に食べた草も、みなそれぞれの流儀で同じように適合しているのだ。

スペンサーが進化を荒っぽくて死ぬか生きるかの戦いのように描いたのは、深い考えがあったわけではないのかもしれない。しかしそれでも彼は、目抜き通りの店が顧客と現金をめぐって競争するのと同じように、生物は互いにエネルギーをめぐって競い合うと信じていた。ダーウィンとは違って、彼は生物が生きている間に獲得した特性は、その子孫に受け継がれると考えていた。したがって進化とは、進歩を推し進めてより複雑で高度なものを生む原動力であると考えた。適合するものがしだいに〝不適合〟なものを除去していくことになるからだ。これはつまり、彼は小さな政府と自由市場を熱心に擁護していると同時に、社会主義や社会福祉全般を、人間の繁栄を阻害し、さらに悪いことに〝不適応者生存〟を人為的に支援するものとして、厳しく批判しているということになる[26]。

ダーウィンはエネルギーをめぐる競争が、〝生存競争〟と呼ぶものの中心にあると考えていた。しかしそれが進化のための唯一の原動力であるとは思っていなかった。彼は性選択について、多くの種が純粋に「自分たちの美の基準に従って」派手でエネルギー効率の悪い性質を発達させると主張した[27]だけでなく、自然選択もまた共適応によって形成されるとも主張していた。たとえばほとんどの植物種が、受粉や種子の拡散を鳥やハチなどの生物に依存し、寄生虫が宿主の健康に依存し、清掃動物が狩猟を行なう動物に依存していると指摘した。

「このような見事な共適応が最も明確に見られるのは、キツツキとヤドリギだ」と、彼は『種の起源』で説明し、「それよりは少しだけ劣るが、四足動物の毛や鳥の羽に付着する小さな寄生動物にも見られる[28]」と述べている。

競争と共生

ダーウィンが『種の起源』を発表してから一五〇年、さまざまな生態系の中で、それぞれ違った生物の運命を形成する進化のダンスについての理解は大幅に進歩した。たとえばダーウィンが同書を書いた当時は、遺伝子形質の分子メカニズムを理解している人はいなかった。ほとんど目に見えない微生物（バクテリアのような）の間で、何百万という相互作用が起きていて、その微生物はすべての生物量（バイオマス）の中で、地球上に棲むすべての動物を合わせたよりも大きな割合を占めていること、また最初はほとんど関係がないように見えていた種が、生存や繁栄のために間接的にどのくらい依存しあっているのかについても、現在ではわかっている。

そのため生物学者による生態系の説明は、シロアリのような互いに直接競合しない種についての解説に加え、常に種の間の相互作用と依存関係の広大で動的なネットワークを明らかにする。これらの関係には、相利共生（二つ以上の種が共に利益を得る共生関係）、片利共生（一方の種が利益を得て他方の種は利益も害も受けない共生関係）、寄生（一方の種が宿主を犠牲にして利益を得る）といった形がある。一部の研究者はさらに踏み込んで、競争を積極的に回避することは、進化において新種を形成する原動力として、競争と同じくらい重要だと示唆している[(29)]。

競争の回避が、競争と同じくらい自然選択の重要な原動力となるかどうかはともかく、スペンサーとダーウィンがこのような見解に到達したのは、彼らがどちらも裕福で成功した男性で、世界最大の帝国の中心に住み、人間の世界は、個人、町、企業、人種、文化、国家、王国、帝国、さらには科学理論まで、いくつもの競争が同時に起きて動かされているという考えを疑う人がほとんどいなかった時代に生きていたことが大きな要因だったことは間違いない。

経済を動かす基本的な原動力は競争であると叫ばれることについて、何より不思議なのはおそらく、無慈悲さをよそおった男性的なかけ声の裏で、ほとんどの企業やビジネス界の人々が、実際の生態系にはるかに近い形で働いていることだ。だからこそ、たとえば大企業はどこも、シロアリのように巣の中で協力しながら効率的に機能を果たすことを目指し、ほとんどのビジネスリーダーが、供給業者やサービス・プロバイダーや顧客と、共利的な〝ウィン・ウィン〟の関係を築こうとする。自由市場の神話を最も積極的に受け入れている国でさえ、多数の独占禁止法が存在し、企業間の談合、カルテルやその他の〝反競争行為〟という形での、過剰な協力を防ごうとしているのもそのためだ。

自由市場を支持する経済学者や政治家などによってパロディー化されたダーウィン主義と、自然界における生物同士の関係を考える生物学者の考え方との間に、あまり共通点がないのは明らかだ。またもう一つ明白なのは、忙しく働くメンガタハタオリが教えてくれたように、エネルギーさがしが成功するか失敗するかで、種の進化の方向性が左右されるのが常だが、動物の説明の難しい特徴や行動の多くは、希少なリソースをめぐる争いではなく、季節により過剰になるエネルギーによって形成されてきた可能性があるということだ。そこにすべての種の中でいちばんエネルギーを浪費する私たち人間が、なぜこれほど必死に働くのかを理解するヒントがあるかもしれない。

第三章　道具とスキル

ハタオリドリもシロアリも、少なくとも私たちが見る限り、特に目的意識を持つ生物ではない。どちらも何を成し遂げようとしているのか、明確なビジョンを持って、巣づくりや温度調節された大きな塚の建造を始めるわけではないだろう。しかし身の回りのものを意図的に道具につくり変え、それを使ってさまざまな仕事をする多くの生き物の中で、目的意識を持つことと目的を果たすことを切り分けるのははるかに難しい。

現在、道具を使うことが確認されているのは、無脊椎動物で一五種、鳥類で二四種、霊長類以外の哺乳類で四種（ゾウ、シャチなど）である[30]。習慣的に道具を使い、さまざまな作業を行なうために、最も研究対象となっているのは、二二種のサルと五種の類人猿である。それは彼らの中に、私たち自身を見られるからでもある。

ホモ・サピエンスは、生命の歴史上、群を抜いて多くの道具をつくり、使いこなしてきた。私たちがすることとすべてに何らかの道具が使われ、私たちが何らかの形で手を加えた空間で行なわれている。いま人間が獲得するエネルギーのほとんどは、肉体の維持や生殖に加え、道具を使って私たちのまわりの世界を改変するのに消費されている。

私たちの進化上の祖先が生み出したさまざまに異なる物は、奥深い仕事の歴史において、重要な到達点を示すものとなっている。しかし私たちの進化の祖先がどのような仕事をしていたか、そしてその仕事が今度は人間の進化にどう影響したのかを理解するには、他にも頼りになるものがある。顕微鏡手術から石工の技術まで、ホモ・サピエンスがこうしたスキルを身につける能力を語るものは、私たちの手、腕、目、口、体、そして脳に書き込まれている。それは私たちが身体的にも神経学的にも、その進化上の祖先が行なった仕事の産物であることを教えてくれるだけでなく、私たちは一生を通して、行なう仕事の種類によって徐々につくり変えられていくよう進化してきたことがわかる。つまり進化上の祖先の化石化した骨も、この物語の重要な節目を示すものなのだ。

ゲノムや考古学的な証拠から、現生人類らしき種が少なくとも三〇万年前にはアフリカで生きていたと考えられている。しかし古代の人らしき動物の骨が、私たちの直接の祖先のものなのか、あるいは進化が行き詰まってのちに消滅してしまった関連する系統のものなのか、判断がつかないことも多い。

とは言え考古人類学者は、ネアンデルタール人やデニソワ人と同じく、私たちホモ・サピエンスも、三〇万年から五〇万年前に、ホモ・ハイデルベルゲンシスの親戚、あるいはもっと古くに存在していたと考えられているホモ・アンテセッサーという種から派生したと、かなりの確信を持っている。ホモ・ハイデルベルゲンシスは六〇万年から八〇万年前にホモ・エレクトスの系統から派生し、ホモ・エレクトスは一九〇万年前にホモ・ハビリスから、さらにホモ・ハビリスは二五〇万年前にアウストラロピテクスから派生したと考えられている。アウストラロピテクスは、チンパンジーと、ホモ・サピエンスの前かがみで歩くティーンエイジャーを掛け合わせたような姿をしていた。しかしホモ・ハイデルベルゲンシスの若い男性に、ジーンズとTシャツを着せ、デザイナーズシューズを履かせて、眉毛の上の目立つこぶを大きめの帽子で隠せば、大学のキャンパスを歩いていても、ときどき訝しげな目で見られるくらいですむだろう。

石器や何かの破片から、進化上の祖先がどのような生活をしていたかを推測するには、いくらかの想像力が必要だ。また彼らが身につけていたと思われる、多くの認知・身体的スキル——踊る、歌う、道順を考える、追跡するなど考古学的な記録に明白な痕跡が残らないもの——を推測するにも、いくらかの想像力が必要だ。そして考古学者の想像力を何よりもかきたてる古代の道具と言えば、人類史上最も広く使われた石器であるアシュール石器の手斧である。

アシュールの手斧

アブヴィルの町からさほど遠くないソンム渓谷の下流で砂利を掘っている石切り工たちは、フラン硬貨がちゃりちゃりと鳴る音に耳を澄ますようになっていた。それは税関局長ジャック・ブーシェ・ド・クレヴクール・ド・ペルテスの訪問を告げる音だからだ。本業に飽きたブーシェは、渓谷の砂利採取場を歩き回って、古代世界の秘密を明らかにしてくれるかもしれない、面白い〝古代の物〟をさがすことに、喜びと目的を見出していた。

ブーシェが定期的に採取場を訪れるようになったのは一八三〇年、自分で見つけた石器の塊を、石切り工たちに見せたのがきっかけだった。それは人間の手のひらの二倍ほどの大きさで、対称的で少しへこんだ面が二つあり、涙型に加工されて、周囲は鋭い刃になっていた。石切り工たちは、それが何かすぐに気がついた。砂利の中に埋まっていて、だいたいは古い骨と一緒に見つかる〝ラング・ド・シャ（猫の舌）〟と呼んでいる石で、ふだんはあまり深く考えずに捨てていた。しかしそれからは、ブーシェのために捨てずに取っておくことを約束した。ブーシェが感謝の気持ちとして数フランを用意したからではあったのだが。しかしまもなく、石切り工たちの中から、さらに数フランを税関局長から引き出すため、自分たちで猫の舌の複製をうまくつくるようになる者が現われた。(31)

その後の一〇年で、ブーシェはこれらの不思議な石器（多くはまがいものではなかった）を少しずつ集め、それがかなり大きなコレクションとなった。彼はそれをほぼ左右対称に削ったのは、大昔の人間であると確信するようになっていた。その人間は、やはり砂利採取場に散在していた骨の持ち主である動物と同じ時代に生きていたのだと。

ブーシェ以前にも、この奇妙な物体がどこからやってきたのか、疑問を抱いた人々がいた。たとえば古代ギリシャ人もそれらが細工されたものだと認識していたが、なぜそこにあるのか明確な説明をできず、それは最高神であるゼウスによって放たれた稲妻のとがった先端、つまり〝雷石〟であると結論づけた。

一八四七年、ブーシェは三巻からなる論文『ケルト人とアンテルヴィアア人の古代史（Les Antiquités Celtiques et Antédiluviennes）』の中で、猫の舌は遠い昔に絶滅した古代人が制作したものだという説を唱えた。残念ながらこの論文は下手な説明と突飛な論理を、素人が寄せ集めたものと片づけられ、ブーシェはひどく失望した。たとえばチャールズ・ダーウィンは、この本を「くだらない」と切り捨てた(32)。パリのフランス科学アカデミーの大物たちの多くが、それと同じ意見だった。しかしアカデミーの何人かの会員、特に若い医学者マルセル＝ジェローム・リゴロがブーシェの説に興味を持ち、自分たちで猫の舌の調査に乗り出した。その後数年間、リゴロはブーシェのやり方をまねて、ソンム渓谷の周辺にいる石切り工たちにしつこく、それらの物体を見つけたらすぐに知らせるよう頼んでまわっていた。ブーシェと違ったのは、そのほとんどを自分で掘り出そうとしたことだ。

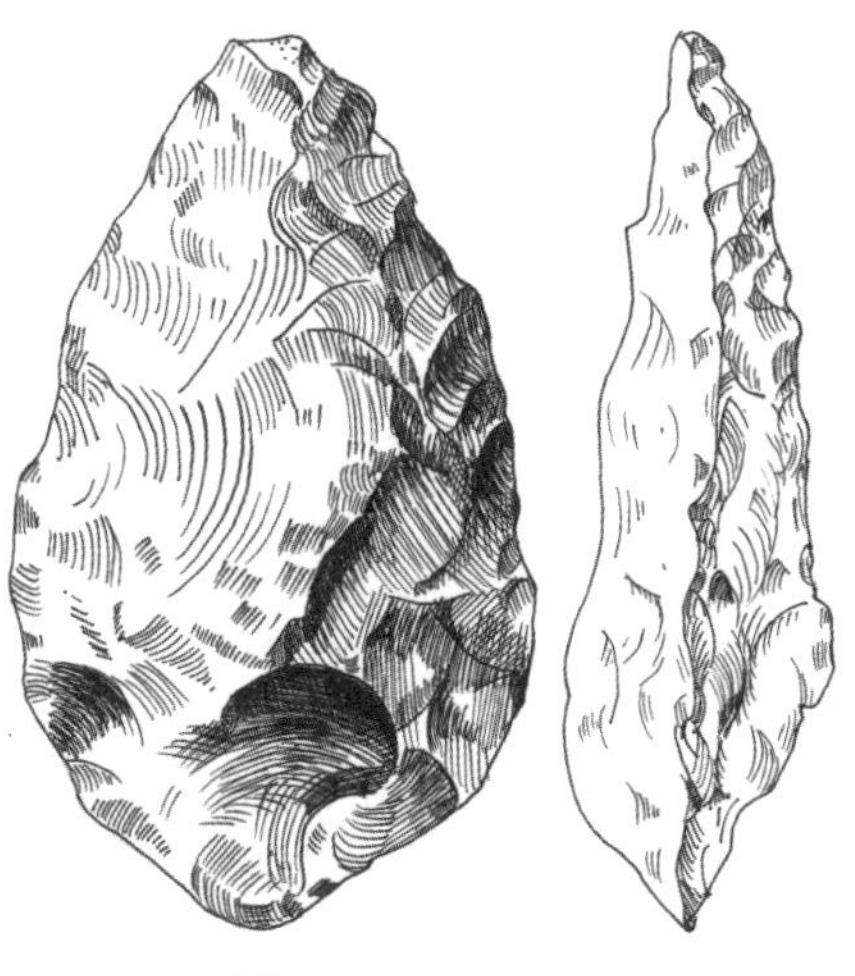

アシュールの手斧

一八五五年までに、アミアンに近いサン＝タシュル郊外にある一つの石切り場から、何百もの猫の舌を回収したことを、リゴロは几帳面に記録していた。その多くは人の手が入っていない地層に埋もれていたもので、そこには古代のゾウやサイの骨も含まれていた。リゴロはそれらが大昔のものであることを疑っていなかった。

もしジャック・ブーシェ・ド・クレヴクール・ド・ペルテスがいま生きていたら、猫の舌が現在ではアシュールの手斧、アシュールの両面石器、あるいはつまらない呼び方だが、大型の切削工具として広く知られているのは、リゴロがサン＝タシュルで発見した石器をていねいに記録したおかげだと知っておおいに腹を立てただろう。ブーシェが石切り工に見せたものと同じく、この時代に特徴的な石器は、だいたいが洋ナシ形か卵形で、とがった刃の両側に、ほぼ左右対称の二つの膨らんだ面がある。両手を少し膨らませて、祈るときのように合わせたときの空間に、形もサイズもぴったり収まるようなものもある。しかしその多くは、厚さも大きさも石工の握り拳の二倍ほどで、とても重い。

それらはその後ずっと、古美術商、人類学者、考古学者を混乱させ悩ませている。

手斧の謎

手斧がこれほどまでに混乱を招いたのは、手で持つ斧として使われたことがないのが、ほぼ間違いないからだ。見た目は頑丈で長持ちし、いかにも役に立ちそうに見えるが、手にしたとたんに現実的な問題が発生する。鋭利な刃やとがった部分に大きな力を加えようとすると、どうしても他の刃の部分が指や手のひらに食い込んでしまう。そのためこの斧で丸太を割ったり、骨髄の多い太い骨を切ったりすると、おそらくその後しばらくは、何も持つことができない状態になるだろう。

アブヴィルの石切り工たちが試行錯誤の末に気づいたように、アシュールの手斧の模造品をつくるのはそれほど難しいことではない。考古学者たちはこの方法を再現して、何世代も前から考古学や人類学を学ぶ学生たちが大学の授業の一環としてこの石器づくりに挑戦し、指の関節を血まみれにするのを見て楽しんでいる。しかしこの手斧が何に使われたのかは、まだ解明されていない。手斧がめったに出てこなければ、謎のままにしておいても気にならないのだが、数多く見つかっていて、ホモ・エレクトスがよく使っていた道具であるという以外の結論を出せないのだ。

手斧の謎をさらに深めているのが、ホモ・エレクトスとその子孫が一五〇万年もの間、ずっと手斧を使っていたという事実である。人類史において最も長く使われた道具の形なのだ。アシュールの手斧の最古のものはアフリカで、一六〇万年以上前につくられている。最も新しいのは一三万年前のものだ。それを使っていたのはおそらく、ホモ・エレクトスの残存集団である。彼らはホモ・サピエンスやネアンデルタール人のような、認知能力の高く、そのころにはすでに柄のついた立派な槍を使っていたヒト属に打ち負かされたのだ。この一五〇万年の間に、手斧をつくる技術は徐々に向上していったが、その核となるデザインや、それをつくるのに必要な基本的な技法は、ほぼ不変である。

最も基本的なアシュールの手斧でさえ、石器製造が広まった最初の時代――古生物学者がオルドワンと呼ぶ時代――に比べれば、格段に進歩している。最初にオルドワンの石器が発見されたのは、タンザニアのオルドヴァイ峡谷だったが、いちばん古いものは約二六〇万年前につくられていた。ホモ・ハビリス（〝器用〟な人）という名は、密接に関わりがあるオルドワン型の石器に由来するが、アシュール石器の製作は、もっと大きな脳を持つホモ・エレクトスだけが持っていた能力のようだ。オルドワンの石器はつい最近まで、私たちの祖先が石で何か便利なものをつくるという、最初の体系的な取り組みだと考えられていたが、アウストラロピテクスも下手ではあるが石を加工していたことを示す証拠らしきものがいくつか出てきている。二〇一一年、東アフリカの大地溝帯にあるトゥルカナ湖周辺でアシュールの石器をさがしていた研究者が、荒削りの石製の道具の山を発見し、しかもそれらは以前に発見されたものより七〇万年も古いと推定された。

オルドワンの道具をつくるのには、それなりのスキルが使われている。それでもそのほとんどは、何かに使えそうなとがった先端や、鋭い刃ができるかもしれないという希望的な考えで、石を適当に叩いたように見える。明確なビジョンを実現するために、きちんと考えてつくられたとは思えない。一方で、アシュールの手斧は、複雑でいくつかの段階があるプロセスでつくられている。まず道具に適した石（どんな石でもいいわけではない）を見つけ、重いハンマーとなる別の石で、使いやすい卵形の原型を打ち出し、さらに小さな石と柔らかい骨や角製のハンマーを合わせて使いながら、表面や縁を滑らかにしていく。手斧が大量に発見された場所のほとんどには、その製造に必要なスキルのもの言わぬ証人であるかのように、完全に破壊された何百もの手斧の残骸がある。それらはハンマーの叩き方が間違っていて強すぎたために壊れた失敗作である。

人類学者の中には、手斧はそれ自体が道具として使われたのではなく、刃先が必要になったとき、小さく鋭い薄片を打ち出すことができる道具箱として使われ、長い時間をかけて、一つの石から何度も薄片を割り出していくうちに、見た目にも美しい対称的な手斧の形が生まれたと推測する者もいる。しかし手斧の刃が摩耗していることから、ホモ・エレクトスは扱いにくい手斧を、薄くて鋭い刃を割り出す以外にも使っていたことは、ほぼ間違いない。その結果、ほとんどの考古学者は断定こそしないが、不細工で実用的でないように見えても、それらの手斧はおそらくさまざまな仕事に使われ、いわばアシュール文化におけるスイス・アーミーナイフのようなものと結論づけている。

木製の道具

ホモ・エレクトスが手斧をどのように使っていたのかを、はっきりと示す証拠はない。そのため、手斧は考古学的にあまり注目されないという宿命を背負ったままだ。しかし私たちの過去の進化という、目に見えない考古学の中に、手斧の難問についての別の見方が見つかるかもしれない。それは私たちの祖先が、木などの有機物でつくった道具である。そのような道具は腐敗してしまうので、痕跡が残らない。

狩猟採集民は移動が必須なので、重い物をあまり持ち歩かない。これが採集民の物質的文化がとても質素であることの、たくさんある理由の一つである。彼らがつくる道具のほとんどは、木、革、筋、生皮、植物繊維、角、骨など、軽くて加工しやすい、自然の材料でつくられている。約八〇〇年前にカラハリ周辺に定住した農耕民によって鉄がもたらされる以前は、ジュホアン族らは粘り気のある物質で貼りつけた石の薄片や、とがらせた骨を矢じりにしたり、石の薄片や刃を使って物を切ったりしていた。つまり石は重要ではあったが、彼らの道具のリストでは、ごく一部を占めるにすぎなかった。アウストラロピテクスからホモ・ハイデルベルゲンシスに至る私たちの進化上の祖先がつくった道具は、二〇世紀の採集民がつくったよりもはるかに少ないにしても、そのほとんどは木や草などの有機物からつくっていた可能性が高い。

二〇世紀の採集民たちの間で、広く普及していた道具が一つある。それが掘り棒である。ジュホアン族の場合、それはスイレンボク（Grewia ウオトリギ属）という、カラハリ中に豊富に生育する硬い低木の、太くてまっすぐな枝でつくられる。長さは約一メートルで、先端を平たく、二五度くらいの傾斜をつけて削り、熱い砂の中で焼いて強化する。掘り棒はその名のとおり、根や塊茎を、特に固まった土から掘り出すのに適した道具である。しかし、それ以外にも、杖、生い茂ったイバラを切り開いて進む、槍、棍棒、投げるといった用途にも使える。

たとえ考古学的な証拠がなくとも、手斧よりもこの初歩的な道具——基本的に頑丈でとがった棒——

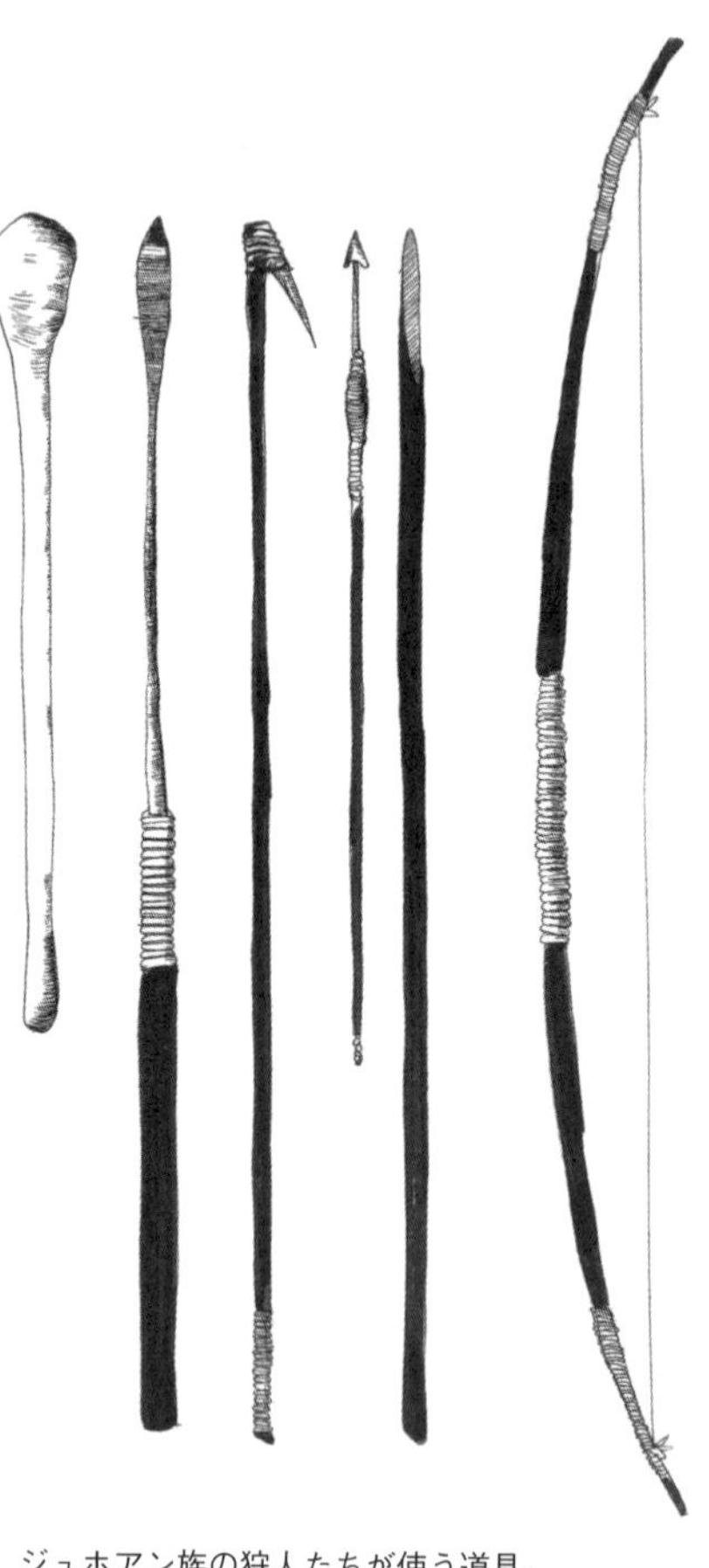

ジュホアン族の狩人たちが使う道具。
左から棍棒、槍、トビウサギ狩猟用の鉤付の棒、毒矢、掘り棒、弓

のほうが、人類の進化史の最も長く使われてきた技術であると主張する根拠がある。セネガルのサバンナに棲むチンパンジーは、わざととがらせた小さな棒を使って、ガラゴ（訳注：キツネザルの一種）を刺すので、石器が出現する前からとがった棒を、組織的に使用していたことはほぼ間違いない。有機物は風雨にさらされると好気性分解するが、このプロセスは清掃動物、昆虫、菌類、細菌などの、さまざまな働きによって加速される。最初に分解されるのは常に死んだ動物の軟組織であり、ゾウの死骸でもほんの数日でハイエナに肉を食いちぎられ、骨を砕かれてしまうこともある。乾燥した好適な条件下では、土にかえるのにリグニン（木材の強度を高める物質）なら数百年、大きな骨では数千年かかる場合がある。しかし湿度の高い環境では、木や骨は急速に分解される。死んだ生物が酸素の乏しい環境、たとえば粘りのある泥に閉じ込められると、分解にもっと長い時間がかかることが多いが、やがて特殊な嫌気性の酸によって分解され、アセトゲンと呼ばれる微生物が発生する。

しかしごくまれに偶然が重なって、有機物がとても長く生き残ることがある。

一九九四年、ドイツ・ニーダーザクセン州の文化遺産庁の考古学者たちのもとに、シェーニンゲン近郊の露天掘り炭鉱にいた地質学者から「考古学的に興味深い埋蔵物を発見した」との連絡が入った。その地質学者の言は正しかった。その後四年間で、文化遺産庁のチームは古代の野生馬二〇頭分の骨と、数頭分の絶滅したヨーロッパバイソンやアカシカの骨を発掘した。骨の一部には、肉食動物の噛み跡が残っていたが、それ以上に興味を引いたのは、多くの骨に人の手で処理された跡が残っていたことだった。古代に大規模で組織的な食肉処理が行なわれていた証拠はめったに出ないので、この発見はきわめて重要なものになった。さらに考古学者たちが骨の中から取り出した、保存状態のよい九本の木製の槍、そのうちの一本はウマの骨盤の骨に埋め込まれたままだったことで、考古学者たちの名声を確立させた。この他に、彼らは掘り棒や槍のようなもの、こまごました山ほどの石器を回収し、その中には、柄をつけられるようになっているものもあった。

保存状態のよい木製の加工品があったことから、最初は、これらの埋蔵物が五万年以上前のものである可能性は低いと考えられていた。しかしのちに放射性炭素年代測定が行なわれ、おそらく三〇万年から三三万七〇〇〇年前に、古代の湖の泥の中に放置されたものだということが明らかになった。それまでに発見されたどの木製品よりも、はるかに古いものだったのだ。[33]近くの白亜の洞窟からの距離からして、それらが埋まっていた泥は強いアルカリ性だったため、酢酸生成菌が働かなかったのだろう。

泥の重さで一部がゆがんではいたが、それをつくるための技術や経験があったのは間違いない。槍はそれぞれ一本の細くてまっすぐなトウヒの茎をていねいに削り、こすって滑らかにしてあり、太い中心部から伸びる両端は、少しずつ細くして弾丸のような形に仕上げてある。しかも槍の重心は軸の前三分の一のところにあり、結果的に現代のスポーツ選手が使用する槍にきわめて近い。

その空気力学的な性質に興味を引かれた考古学者たちは、シェーニンゲンの槍のレプリカをつくり、世界レベルの槍投げの選手に投げてもらった。そのときの最長記録は七〇メートルで、これは一九二八年までのすべてのオリンピックで金メダルを獲得できる距離だった。[34]

四年間の発掘と分析のあと、シェーニンゲンの発掘を指揮した文化遺産庁の考古学者ハルトムート・ティームは、発見されたのは大規模な狩猟と死骸処理の場で、そこからこの槍をつくった人々（おそらくネアンデルタール人）は、非常に社会的に洗練されていたという結論に達した。

三〇万年以上前の槍は、道具の制作におけるイノベーションの新たな基準を示すものではない。そのころには、多くの人類がアシュールの技術を卒業していたことを示唆する同時代の遺物はたくさんある。これらの槍が重要なのは、高度に進化した木工の伝統を語るものだからだ。人類の技術史の中で最も長い時代を、石器製造技術で定義している理由は、石が耐久性に富むからに他ならない。石器製造技術によって示されるのは、せいぜい進化した祖先の一面にすぎないのだ。

ホモ・エレクトスが道具として利用できた有機材料のうち、何千年も長持ちするのは骨、象牙、貝殻だけだ。東アジアでは、ホモ・エレクトスが二枚貝の貝殻を切る道具として使っていた。ここは世界の中で唯一、石を延々と叩き続けて手斧をつくることに興味を示さなかった地域である。南アフリカのスワートクランスで、一五〇万年前にシロアリ塚を切り開くのに、骨の道具が使われていたことを示唆する証拠がいくらかある他は、ヒト属が体系的に骨を道具につくりかえたという証拠がほとんど存在しないというのは意外ではあるが、約三〇万年前にようやく、ときどきゾウの骨を削って手斧をつくり始めた[35]。これは骨が石よりはるかに分解しやすく、使うと分解が早まるからかもしれない。また骨はもともと形も大きさもさまざまなものが豊富にあり、特に加工する必要がなかったからかもしれない。どんな種の動物のものでも、脛骨は棍棒のような形で、叩く、つぶす、打ちつけるといった使い方ができる。ニワトリの肋骨はかたつむりを殻からはずすのに最適で、ロバの顎骨は、聖書のサムソンが発見したとおり、敵を殴るのに便利だ。そして骨髄をさがして、調理していない大きな骨を割ったことのある人なら誰でもわかることだが、割れた骨からはだいたい、鋭くて硬い先端や縁がいくつも現われるので、それで刺したり切ったりできる。

カトゥー・パンの手斧

南アフリカ共和国南部のケープ州にある小さな町カトゥーは、年に数回ある雷雨の日以外は、ふだんからすべてが細かい砂埃でおおわれていて、そのほとんどは、郊外にある巨大な露天掘り鉄鉱山から風に吹かれて流されてくるものだ。鉄分を多く含む岩を求めて、ここの赤い土壌を時間と労力をかけて掘っているのは、鉱山労働者が初めてではない。鉄鉱石を採取し、精製し、溶かし、さまざまな有用なものに加工しようと考えるようになる何十万年も前から、人々は同じことをしていた。最近になって、考古学者たちもまたここで発掘をしていて、その中心となっているのが〝カトゥー・パン〟と彼らが名づけた場所である。

これまでの四〇年間で、カトゥー・パンでは、驚くべき考古学的発見が相次いでいる。その中でも特に重要なのは、後期のホモ・エレクトス、あるいはホモ・ハイデルベルゲンシスが、石と木の両方で巧妙な複合工具をつくっていたことを示唆する最強の証拠である。最近まで、その技術が発達したのは四万年前からだと考えられていた[36]。

しかし複合工具が存在した証拠に劣らず重要なのは、この場所から出土した別の物、想像を絶するほど昔の〝カトゥー・パンの手斧〟である。絶滅したゾウの歯の化石の近くで発見されたこの道具は、おそらく七五万年から八〇万年前に、ホモ・エレクトスの親戚によってつくられたと思われる。トラのような縞模様できらきら光る鉄鉱石を割り削ってつくられたこの特別な手斧は、カトゥー・パンで見つかった、他のよくできた同時代の手斧とは似ているところがない。他の手斧は頑丈で機能的、実用的な職人技が光るが、この手斧は熟練した名工の手による作品のようだ。根元から先端まで三〇センチ近く、最も幅の広い部分が一〇センチほどのこの作品は、見事な対称性、バランス、正確さを備えている。基本的な手斧は、熟練した石工が十数回も打てばつくれるが、この手斧は、正確かつ巧みに何百回も打ってできたものだ。

カトゥー・パンの手斧は、なぜつくられたのか、何に使われたのかについて、黙して語らないままだ。しかしつくり手の技は雄弁に語っている。手斧のくぼみそれぞれに、つくり手の指がそのカーブして盛り上がった面の対称性を判断した記録だけでなく、一つ一つの石の破片と、縞模様のある鉄鉱石を割った、ハンマーの一撃が記録されている。

スキルの習得能力

ゴリラやチンパンジーは、どれほど練習の機会を与えられても、まともな手斧をつくることはできないし、ましてやカトゥー・パンの手斧のように高度なものをつくれるようにはならないだろう。また本を書いたり、きちんとしたピアノ曲を弾いたりすることもできない。一方、ホモ・サピエンスは、多くの異なるスキルを習得することができるし、どの場合でも、いったん習得すると、無意識でやっているように見えるようになる。熟練したピアニストは、指を動かす順序を意識せずに、頭の中にあるメロディーを音に変換する。同じように、ベテランのサッカー選手は、それを行なうための複雑なメカニズムについて考えることなく、四〇メートル離れたゴールの上の隅にボールを蹴り込む。

ある技術をまるで本能のように使いこなせるようになるには、時間とエネルギー、そして多くの労力が必要だ。まずは基礎を学ばなければならないが、それはだいたい、模倣、指導、実験を組み合わせて行なわれる。そしてたいてい何年も練習を重ねてようやく、意識せず自然にできるようになるのだ。スキルを身につけるには、エネルギー、器用さ、認知処理能力を必要とする。さらにはっきりとした形があるわけではなく、科学者が議論に慎重になる性質、たとえば根気、欲、創造力、野心も必要である。

正確に矢を射ることから顕微鏡手術を行なうことまで、ホモ・サピエンスのさまざまなスキルを身につけ熟達する能力は、私たちの手、腕、目、体形に書き込まれている。それは私たちが祖先が行なったさまざまな種類の仕事と、身につけたスキルの産物であるだけでなく、ある重要な意味で働くために生まれてきたと言える。そして私たちは生活の中で行なうさまざまな種類の仕事をするプロセスで、徐々に形成されていく。

時間の経過とともに、私たちの進化上の祖先が道具に依存するようになったことで進化の方向性はしだいに、道具をつくったり使ったりするのに適した体が選択されるようになった。石やその他の物質を便利な道具につくり変えようとする、ホモ・ハビリスによる不器用だが懸命の努力によって獲得して残してくれた何よりも顕著な遺産は、針に糸を通せる器用な手、物体を摑んで操作することができる対置した親指、物を投げるのに適した肩や腕、二つの物体の距離を測るのに役立つ頭の前方についた目、そしてこれらの特技を統合する、細かく調整できる運動能力などがある。

しかし道具の使用による最も重要で、広い範囲に影響が及ぶ生理学的遺産は神経学的なものだ。

私たちの頭蓋骨の中にある白質と灰白質のひだは、アシュールの手斧よりもさらに謎めいている。そして高度な機械が人間の神経細胞を発火させ、シナプスを刺激する電気パルスを追跡、分析、記録できるようになったにもかかわらず、頭の中身は、たとえば肝臓、肺、心臓に比べて、その秘密をなかなか明かそうとしない。しかし私たちの体と環境の相互作用が、年齢を重ねるにつれて脳を形成したり修正したりするだけでなく、道具をつくって使う、あるいは砂に残された足跡の正体を見極めるといったスキルを獲得したことが、進化を決定する選択的圧力を変化させたことがわかる。

それを明らかにしたのは、道具を使って調理することで得られる大量の余剰エネルギーが、人間の祖先の体をより大きく、強く、すばやく、魅力的にするためではなく、さらに大きく複雑で可塑的な脳をつくり、改造し、維持しその並外れて大きな神経組織の塊に合わせて体を再組織化する方向に進んだという事実である。

体に対する脳の大きさの比率は、一般知能の指標として有用だが、決して正確ではない。それは脳組織でも同じである。たとえばどんな生物種でも、一般知能と大脳新皮質の大きさ、形、ひだ（哺乳類で特に発達した特徴）との間には、幅広い相関がある。しかしスキルの習得という視点から最も興味深いのは、幼少期から思春期以降に起こる一連の神経学的な変化である。それによって体と周囲の世界との相互作用が、神経構造を物理的に再形成できるようになる。

徐々に身につけることで、このプロセスを短縮してきた。つまりスキルを身につけることに長けていたのだ。

スキルと脳

ほとんどの動物種は、特定の環境をうまく活用できるような、きわめて特殊な能力をいくつか進化させ、何世代もかけてそれに磨きをかけていくのに対し、私たちの祖先は、可塑的でより汎用的な能力を徐々に身につけることで、このプロセスを短縮してきた。つまりスキルを身につけることに長けていたのだ。

ほとんどの哺乳類は、生まれてすぐに親と離れて動けるようになる。クジラや他のクジラ目の動物は、高級ステーキや〝科学研究〟のために銛（もり）でつかれなければ、人間と同じくらい長く生きるが、生まれつき泳ぎは得意である。有蹄類の動物のほとんどはすぐに歩けるし、霊長類の子は——人間を除いて——胎内から出た瞬間から母親の背中や首にしっかりしがみつくことができる。

ところがホモ・サピエンスの新生児は無力で、さわることを要求されたら抱っこしなければならない。何年も大人にほぼ完全に依存していることが、人間の子の特徴である。生まれたばかりのチンパンジーの脳は成体の四〇パーセント程度だが、一年以内に八〇パーセント近くまで成長する。ホモ・サピエンスの新生児の脳は、成人時の四分の一程度で、思春期を迎えてようやく成人の大きさに近づいていく。これは直立歩行のために危険なほど狭くなった産道を通って、母親の胎内から脱出するための適応の一部である。また適切な発達のために、ホモ・サピエンスの乳幼児の脳は、子宮の中の安全な環境よりも知覚的な刺激の多い環境の影響を受けやすい。

ホモ・サピエンスの新生児は無力だが、その脳はフル回転で働いている。音、におい、接触、そして数週間後には視覚的な刺激に満ちた鮮やかな世界にさらされる。そんな乳児期は脳が最も激しく発達し、新しいニューロンがシナプスと結びつき、雑多な感覚刺激から意味を抽出できるようになる。このプロセスは幼少期から思春期初期まで続き、そのころには生まれたばかりのときに比べてシナプスは倍になり、脳は空想的で、だいたいは不条理な想像で活性化される。この時期に身につけた基本的なスキルが、のちに最も直感的・本能的なものに感じられるのは当然だろう。

思春期に入ると、私たちの体は乳幼児期に形成された大量のシナプス結合を刈り取っていくので、成人になったときのシナプスの数は、だいたいの場合、思春期を迎えたときの半分くらいになる。このシナプスの刈り込みは、成長期と同じくらい、大人の脳への発達に欠かせないプロセスである。この時期、脳は環境の要求に応えて自ら合理化し、エネルギー資源を最も必要な場所に集中させるため、あまり使われていないシナプス結合を退化させて消滅させる。

人間の脳が生活環境によって形成される過程は、それだけに留まらない。神経系の再編成と発達は成人期初期から老年期まで続くが、歳をとるにつれてそのプロセスは成長や再生よりむしろ衰退へと向かっていく。人間が若いときには並外れた可塑性を持つが、歳をとるとそれが衰えていくという性質ゆえに、歳をとると頑なまでに変化を嫌うようになるのは皮肉である。若いときに身につけた習慣を変えるのがひどく難しい、文化的な信念や価値観は人間の根本的な性質を反映していると思いがちになる、そして他人の信念や価値観が自分の考えと違っていると、そんなものは不自然で非人間的だと誹謗するようになるのも、それが原因なのだ。

脳の進化

しかし私たちの進化上の祖先はどうだったのだろう。同じように若いうちは変化についていけたが、歳をとってからは自分のやり方に固執するようになったのだろうか。そして、可塑性の進化は、私たちの祖先が長い間、手斧を使って働き続けた理由を説明できるのだろうか。

化石の記録を見ると、私たちの系統では一貫して、より大きな脳と新皮質を持つ個体が有利な方向へと進化していたが、不思議なことに二万年くらい前に脳が小さくなり始めたことがはっきり示されている。しかし人間のさまざまな祖先の脳が、それらが生存している間にどれほど速く、あるいはゆっくりと発達したかについて語ってくれる化石記録ははるかに少ない。それに関しては、将来のゲノム研究が新たな知見を与えてくれるかもしれない。しかしもうしばらくは、謎の多い手斧を見つめながら、なぜ私たちの祖先は一〇〇万年もの間、懸命にそれらをつくっていたのが、三〇万年前に突然それを捨て、新しい技術を駆使して、より汎用性の高い道具を選んだのか考えるしかない。

一つ考えられるのは、鳥類が遺伝的に特定の形の巣をつくるようになっているのと同じように、人間の祖先も遺伝的にあの形の手斧をつくるようにできているということだ。もしそうなら、ホモ・エレクトスなどは、本能のおもむくままに、なぜつくるのかもよくわからないまま、せっせと手斧をつくり続けていたことになる。[37] そして約三〇万年前、彼らは突然、遺伝子のルビコン川を越え、自ら新しい時代のイノベーションを迎え入れた。

もう一つ考えられる答えは、知能を一つの一般化された特性ではなく、さまざまな認知特性の集合体と考えることで見えてくる。それは少なくとも最初は、異なる適応圧力に対応して異なる仕事をするべく進化した。したがって問題解決は、特定の適応圧力に対する知能の一形態であり、抽象的推論、空間的推論、社会的に伝達される情報を獲得し吸収する能力は、それぞれ別個のものと考えられる。

もしそうなら、ホモ・エレクトスが手斧の形にこだわったのは、最初は他者から学ぶ能力のほうが、問題解決よりもはるかに適応するのに好ましかったからかもしれない。ほとんどの陸生哺乳類、頭足類、一部の鳥類のように、認知機能が可塑的な生物はすべて経験から学ぶ。しかし可塑性だけでは、明確な限界がある。それは個体がそれぞれ同じ教訓をゼロから学ぶ必要があるため、エネルギー・コストがかかり、ときには祖先がおかした致命的な失敗を繰り返してしまう。

しかしそれらが社会的学習に関連した性質と組み合わされると、可塑性の利点は何倍にも増幅される。学んで身につけた役に立つ行動――毒蛇を避けるとか、手斧で何ができるかを知っていること――は、コストはかけず、最小限のリスクで世代を超えて伝えることができるからだ。

私たちはホモ・エレクトスが手斧で何をしたか知らないかもしれないが、彼らは間違いなく知っていた。そして彼らは若いころ、他人が手斧を使うのを見てその知恵を身につけたと思われる。それならば、ホモ・エレクトスが他人を見てまねた結果、他の多くのスキルも身につけたと考えるのが自然である。その中には技術的なもの、たとえば使いやすい掘り棒のつくり方や、死骸の解体や切り分け、また火を起こすといったものが考えられる。また行動に関わるもの、たとえば動物を追跡したり、優しい言葉で人をなだめたりといったものもあっただろう。

言語が単なる言葉の集まりではなく、構文規則に支配されているからこそ、複雑な考えを意図的に伝えることができるという事実は、道具づくりと並行して生まれた可能性がある。思考を効率的に伝えるには、言葉を正しい順序で整理しなければならない。人間が優位な環境で生きてきたココのようなゴリラやチンパンジーの多くは、数千もの生きた語彙を習得したし、サバンナ・モンキーは異なる音声信号を発して、異なる種類の捕食者の存在と位置を仲間に知らせる。アウストラロピテクスも、それができる脳を持っていたと考えるのが妥当である。

しかし危険が迫っていることを的確に知らせることから、ラブソングを歌うことまでには、大きなステップアップが必要だ。言語はいくつもの複雑な文法規則に従って、言葉を整理しなければならないからだ。そのためには知覚と運動制御の両方を統合する神経回路と、階層的な操作に従う能力が求められる。

言葉が特定の順序で並べられて初めて、この文章が意味を持つのと同じように、道具をつくるプロセスでも、特定の階層的な操作に従わなければならない。槍をつくるには、まず穂先をつくり、柄を用意し、それらを束ねるための材料を見つけなければならない。言語処理は、脳内の高度に特殊化され解剖学的に分離された、あるモジュール——ブローカ野——が専門的に行なう機能であると、長い間考えられてきた。しかし現在では、ブローカ野は非言語的な行動、たとえば道具の制作や使用でも、かなり重要な役割を果たしていることがわかっている[38]。つまり道具の制作と使用に関わる選択的圧力が、言語の発達が始まったころに役立った可能性があるのだ。

情報を消費する生物

ジョージ・アーミテージ・ミラーは言葉の世界に生きていた。彼の視界に入るものすべて、耳に入る言葉はすべてが、瞬時に連想の連鎖を引き起こし、同義語や反意語が次々と思い浮かんだ。彼は言語や情報処理の認知過程の理解に関心を持っていた心理学者で、ハーバード大学に認知研究センターを設立した。そしてデジタルネットワークが日常生活の一部になるずっと前の一九八〇年に、ワードネットの開発を後押ししていた。それは現在でも使用可能なオンライン・データベースで、英語で使われる無数の語の語彙的な関係を詳述したものだ。

しかし一九八三年の一時期、彼は生物と情報の関係を表す言葉を見つけるのに行き詰まっていた。エルヴィン・シュレーディンガーの『生命とは何か』を愛読していたミラーは、シュレーディンガーが生命の定義に重要なことを書き残していると確信していた。生物がエントロピーの求めに従って自由エネルギーを消費するためには、それを見つける能力が必要であり、見つけるためには、自分の周囲の世界に関する有用な情報を入手し、咀嚼し、そして反応する能力が必要であるとミラーは主張した。つまり生物が獲得したエネルギーの大部分は、五感を使って情報をさがし求め、それを処理して、さらにもっと多くのエネルギーを見つけて獲得するために使われるということだ。

「体が負のエントロピー（自由エネルギー）を取り込むことで生き延びるように、心は情報を取り込むことで生き延びる」とミラーは説明した。[39]

ミラーは情報を取り込む生物を表わす言葉をさがしたが見つからなかったため〝インフォーマボア（informavores）〟（訳注：情報を消費する生物）という新しい語をつくった。もともとはエネルギーを消費する神経系や脳を持つ、私たちのような〝高等生物〟にのみ適用するつもりだったが、いまでは原核生物から植物に至るまで、すべての生物がインフォーマボアであることが明らかになっている。そのため、たとえば水たまりの中のバクテリアは考えるための物理的装置すら持っていないが、植物が日光を求めて葉を曲げるように、エネルギー源が近くにあることを知らせる刺激に反応するし、もしなければそれをさがすことができる。

脳や神経系を持つ複雑な生物が獲得したエネルギーは、感覚から得た情報をフィルターにかけ、処理することに用いられる。しかしどのような場合でも、的外れと判断された情報は、だいたいすぐに打ち捨てられる。しかしそうでないときは、行動を起こすきっかけとなる。チーターがすぐつかまえられそうな獲物を見つけると狩りのモードに入るように、チーターの尻尾を見るとガゼルは走り出す。

とは言え、多くの種は入手した情報に本能的に反応するだけでなく、パブロフの犬のように、特定の刺激に対して、あたかも本能的に反応することを学習する能力を持っている。また本能と学習した経験の組み合わせをもとに、どう対応するか選択する能力を持つ生物もいる。たとえば空腹のジャッカルが、倒したばかりの獲物の近くで休んでいるライオンを見かけると、ライオンが起きているかどうか、どんな状態かを慎重に確かめながら、肉の塊を奪うリスクを計算し、飛び込むかどうか判断する。

可塑性の高い新皮質と、優れた感覚を持つホモ・サピエンスは、インフォーマボアの世界では貪欲なほうである。私たちは情報を入手し、処理し、整理することに長けており、融通無碍にその情報を使って自分自身を形成する。そして独房の囚人のように、感覚的な情報を奪われたとき、私たちは内なるインフォーマボアに情報を与えるために、闇の中から情報がたっぷりある空想世界を出現させる。

さまざまな臓器や手足など、体の一部を正常に動かすのに使われる脳の部位は、それほど大きくない。頭蓋骨の中のエネルギー消費量の多い組織の大部分は、情報の処理と整理を行なっているのだ。またこの動かない臓器が行なっている熱を発生させる仕事量についても、人間はおそらく他に類を見ない。その熱は感覚を通して収集された、多くはささいな情報についてじっくり考えるとき、電気パルスが生じて発生する。そのため私たちは寝ているときは夢をみて、起きているときは常に刺激や打ち込める仕事を求め、情報を奪われると苦しくなる。

大型の霊長類は、情報を処理・整理するためだけに、脳が膨大な仕事を行なっているという点で、動物界ではすでに異端児である。そして私たちの系統の進化の歴史において、脳が急激に成長したのは、祖先の情報への欲の高まりと、それを処理するために費やすエネルギー量の増加を伝えている。

都市に住むホモ・サピエンスは他人との交流が多いため、人類の進化の物語において可塑性がどのような意味を持つのかに関する研究の大部分は、言語のようなスキルの発達におけるその役割といったテーマが中心だった。つまり文化的知識の伝達を可能にし、個人が複雑な社会的関係の中で生きていくのに役立つスキルである。しかし私たちの祖先が高度な言語を使うようになったのは、進化の歴史の中で比較的遅い時期であった可能性があることを考えると、言語以外の情報を処理するために身につけたスキルについては、そこまで注目されてこなかったのは驚くべきことだ。そのような能力は、周囲の世界を観察し、耳を傾け、触れ、交流することで獲得され、発達してきたと思われる。

カラハリの狩猟採集民は、文化的に伝達される情報の重要性をよく知っていた。たとえばどの植物がいつ熟して食べごろなのか、どの塊茎やウリの実に、狩猟を続けられるくらいの水分が含まれているか知っておくことが、生きるための基本だった。狩猟のようなことなら、重要な知識は言葉で伝えられる。たとえば矢じりに塗る毒として使えるアフリカヤドクムシの幼虫がどこにいるかとか、弓の弦には何の動物の腱を使うのがいいかなど。しかし最も重要な知識は言葉では伝えられない。彼らの言い分は、それは頭だけでなく体の中にあるもので、言葉だけでは決して再現できないスキルなので教えられないということだった。

もちろんそれがどのようなスキルだったかは推測するしかない。しかし道を見つけるとか、目的地に到着するとかといったスキルも入っていたのではないだろうか。また危険な動物の行動や状況を予想したり、リスクを計算して対応したりする能力もあっただろう。また狩猟民には、砂の上の動物の足跡だけで細かい情報を読み取り、それを使って食料を獲得する能力が、ほぼ確実に備わっていたはずだ。

足跡を「見る」スキル

夜明けから数時間たつと、カラハリ砂漠の砂に動物の足跡が現われる。それは一〇〇種類の違うフォントとサイズでタイプされた文字の列が、交差しながら不規則に延々と続いているようだ。一部の種を除いて、カラハリでは夜が最も忙しい時間帯で、毎朝、夜行性の動物たちの冒険物語が砂の上に簡潔に書かれていて、その読み方を知っている人間たちを待っている。

太陽が高くなり影が短くなると、足跡は見えにくくなり、さらに何の足跡かを認識するのはもっと難しくなる。しかしベテランの追跡者にとって、影響はほとんどない。いくつかの文字や単語が黒く塗りつぶされた文章を読む、あるいは聞き慣れた言葉を聞き慣れないアクセントで聞くときのように、彼らは直感を頼って、まず推測し、次に前に来た動物の見づらい足跡を見つける。

採集民であるジュホアンにとって、足跡には限りない楽しみが詰まっている。人間の足跡も動物の足跡と同様に注意深く観察される。これはジュホアンのコミュニティにおいて、泥棒と同じく秘密の恋人たちが特に警戒しなければならないことなのだ。

大人たちは、砂から読んだ物語を子供たちに聞かせることはあるが、追跡の方法を教えるために特別なことはしなかった。彼らは黙って、子供たちが自分のまわりの世界を観察し、関わり合うことでその能力を身につけるよう仕向けていた。小さい弓矢を手にした子供たちは、集落をこっそり通り過ぎていくさまざまな昆虫、トカゲ、鳥、ネズミを追いかけ、捕まえて日々を過ごすようになる。それで子供たちは〝見る〟ことを学び、思春期に備えるのだと、大人たちは言っていた。思春期を迎えると、子供たちは少しずつもっと高度な、追跡する動物たちの視覚世界に入るというスキルを身につける。それがあるかないかで、狩りがうまくいくかどうかが決まる。

ジュホアンのハンターたちは砂漠を、さまざまな動物が行き来して砂に物語を描いていく、広大な双方向のキャンヴァスとして経験する。足跡には詩と同じように、文法、韻律、語彙がある。しかしやはり詩と同じように、それを読み解くには、ただ文字の並びを追いかけたり、足跡をたどったりするよりはるかに複雑で陰影に富んだスキルが必要になる。それぞれの足跡にこめられたいくつもの意味を紐解き、それは何者がいつつけたものか、その動物は何をしていたのかを判断し、どこへ行ったのか、そしてその理由を推測するためには、狩猟者は動物の視点で世界を見なければならない。

ジュホアンの間では、狩猟のスキルは忍耐力や弓の正確さだけで測るものではない。まず動物を見つけること（何マイルも追跡することが多い）、そして十分に狙える距離まで近づけるかどうかで判断される。それを可能にするには、動物の心の中に入り込み、動物の感覚を通して世界を見られるようになるしかない、そしてそのための方法は動物の足跡をたどることだと、彼らは主張する。

カラハリには平原で草を食む動物を見下ろせる丘や高台がほとんど存在せず、低木が生い茂って数メートル先も見えないことが多い。ここでは、エランドやオリックス、ハーテビーストといった大型の肉食動物の狩りができる。武器や道具がなくてもできるが、砂に書かれた物語を読み解く能力は必須である。

持久狩猟

日常的に持久狩猟を行なっているジュホアンはもういない。現在、ニャエニャエ村で積極的に狩りをする狩猟民も徐々に減少しているが、全員が弓と毒矢で肉が取れる大きな動物の狩りを好む。そのほとんどが中年になっていて、健康ではあるが、持久狩猟はもっと若くて、〝ハングリー〟な男性向きである。

一九五〇年代、ニャエニャエのジュホアンの中には、まだ持久狩猟の達人が何人かいた。その技術は私たちの種と同じくらい、おそらくもっと昔から存在していた可能性がある。それはまた、私たちの進化上の祖先が基本的なエネルギーを満たすために行なった作業の多くが大脳を使う知的なもので、周囲の世界から感覚を通して情報を集め、フィルターにかけ、処理し、仮説を立て、議論することに気づかされる。

カラハリでの進化における軍拡競争により、主要な被補食動物のほとんどが、頭の回転が速く俊敏になり、それらを捕食する動物は、鋭い爪を持ち、もう少しすばやく、そしてはるかに強くなった。しかし一部の例外を除いて、捕食するほうもされるほうも、スタミナはあまりない。汗をかくことができないライオンやウィルドビーストのような動物が、獲物を仕留めたり逃げたりするときに上昇した体温を下げるには時間がかかる。クーズーがライオンに、スプリングボックがチーターに襲われたとき、狩りの結果はいつも、エネルギーを消耗する数秒間で決まる。逃げるのに成功したときは、追ったほうにも追われたほうにも休息とクールダウン、そして分別を取り戻す時間が必要だ。

ライオンに突撃されたり、カモシカを追いかけたりするときに、人間は短距離走では絶対に勝てない。しかし人間には毛がなく、汗をかくことができる。ゆったりとした大またの二足歩行ができるので、人間は長い距離を、必要であれば何時間でも、一定のペースで走ることができる。

持久狩猟は理論的には簡単である。それは適当な動物、できれば重い角を持つ動物を見つけ、しつこく追いかけて、相手に休息や水分補給やクールダウンの機会を与えず、最後には脱水と過熱でふらふらになって動けなくなったところに、楽々と近づいてとどめを刺すということだ。

一九五〇年代にジュホアン族がこの方法で狩りをしていたのは、いくつかの浅いくぼ地のそばだけだった。そのような土地は、夏に雨が流れ込んできて、粘り気があって軟らかい灰色の泥が周囲を縁取り、それが乾くともろいセメントのようになる。アフリカ最大のカモシカで、ジュホアンが好んで食べるエランドにとって、この泥が問題だった。くぼ地で水を飲んでいるとき、蹄の割れ目に泥が入り込み、それが乾くと蹄が裂けてしまい、走るのが苦痛になる。くぼ地を越えた乾いた砂地をさがせば、蹄に泥が詰まった、わかりやすいエランドの足跡がすぐに見つかる。

持久狩猟は気温が四〇度近く、あるいはそれを超えるような特に暑い日にしか行なわれず、分別のある動物は、日陰をさがして、できるだけ何もしないでおこうと考える。そこでハンターはエランドの足跡を追い、軽くリズミカルな走りでそれについていく。弓を使った狩猟では、慎重に、そして静かにあとを追う必要があるが、持久狩猟ではエランドをあわてさせ、できるだけ早く茂みの中に飛び込むよう仕向ける。そして二キロほど走ったところで、脅威から逃れたと確信したエランドは、日陰をさがして、息を整えて蹄の痛みを癒そうとする。しかしまもなく、着実に足跡を追ってきたハンターたちが、動物の視界に入るようにして、動物が再び走り出すよう追い立てる。三～四時間後、おそらく三〇～四〇キロくらい走ると、蹄に泥が詰まり、激しい痛みと疲労でまともに動けなくなっているエランドは逃げる気力を失う。ハンターは隠れることもなく堂々と近づいていて、首のところにおおいかぶさって、鼻の穴と口を両手で押さえて窒息させる。

この方法は、アフリカ南部だけに見られるわけではない。パイユート族やナバホ族といったアメリカ先住民は、かつてこの方法でプロングホーンを追っていた。メキシコのタラフマラ族のハンターたちは、シカを追い立て、疲れ切ったところを素手で窒息させていた。オーストラリアのアボリジニも、カンガルーをつかまえるのに、この方法を使うことがあった。

この狩猟方法は物理的な痕跡が残らないため、私たちの進化上の祖先が、この方法で狩猟を行なったという、確たる考古学的証拠はない。しかし技術的な制約があったホモ・エレクトスなどが、他の動物が残した獲物をあさるだけでなく、平原の動物の狩りを行なっていたとすれば、これ以外の方法は考えにくい。また珍しくもない岩の塊から手斧が生まれると想像できる知恵があったのなら、足跡から身近な生物の姿を連想できないと考える理由はない。

一部の人類学者、特に有名なのは自身も追跡の名手だったルイス・リーベンベルクからすると、考古学的、化石学的な記録に残された痕跡は明確である。彼はホモ・エレクトスはこの方法で狩りをしていたのは間違いない、そしてこの狩りの形態は、私たちが二足歩行をするようになった要因の一つであるという見解を持っている。長距離を走れる体をつくり、汗で体温を下げる能力を発達させ、足跡という最古の言葉の意味を推測できるようになった。

彼はおそらく正しい。砂についた足跡から複雑な意味を推測するのに必要なスキルは、いまなら主に人間と関連づけるような目的意識だけでなく、ローランドゴリラのココよりも高度な方法で文法や構文を使うための認知特性も暗示している。つまり狩猟は、私たちの祖先が複雑な言語を発達させたさいの選択圧の一つだったことは、ほぼ確実だということだ。同じくらい重要なのは、このような狩猟法が、社会性や社会的知性を形成するだけでなく、根気や忍耐力、そして決断力といった、やはり私たちの仕事への関わり方の特色である性質を構築するのに、大きな役割を果たしたということだ。

また考古学的に明確な痕跡を残していない他のスキルも、人類の祖先の食料さがしの効率化にひと役買っていたに違いない。そしてそれらのスキルの中で最も重大だったのは、大きな脳にエネルギーを供給するだけでなく、人類史上最も重要で影響が広範囲に及ぶエネルギー革命を起こすきっかけとなったこと、すなわち火を支配することだ。

第四章　火の恵み

火は、ジュホアンの生活を大きく変質させた。それは神々が稲妻を通して与えてくれるものだったが、やり方を知れば誰でも二本の乾いた棒や火打ち石で火を起こすことができる。火を使えば生ものを調理し、冷えた体を温め、濡れた木を骨のように硬くなるまで鍛え、鉄を溶かすことができる。さらに、暗闇を明るい場所に変え、好奇心旺盛なライオンやゾウやハイエナが、寝ている人間のじゃまをするのを防いでくれる。また毎年、乾季にはカラハリ全体で山火事が発生し、枯れ草を一掃して、夏の最初の雨を降らせ、新しい年と新しい生命を迎え入れる。

ジュホアンのシャーマンは、火が与えてくれるエネルギーによって精神の闇の世界へと導かれ、癒しのダンスをしているときに、燃えさかる炎の中へ飛び込んだり、炭を浴びたりできる。それで彼らのヌーム（腹の奥に宿って熱を与えられると体をコントロールする治癒力）を呼び起こすと主張する。

もし火によってこのシャーマンたちが古代の世界へと入り込むことができたら、彼らはその炎の中に、私たちの祖先が火を使いこなすようになって食物をさがすのに費やす時間と労力が大幅に減り、その結果として言語、文化、物語、音楽、芸術が発展し、また人間が唯一、筋肉をつけるより脳を発達させたほうが生殖に有利な種になったことで、自然選択と性選択のパラメータが変化した光景を見ることになるだろう。そして私たちの祖先が余暇や言語、文化を与えられて、娯楽とは逆の不快なものまで、火が生み出したことを理解するはずだ。それは〝仕事〟という概念である。

エネルギー革命

果実を取るのに木に登って枝からもぎ取るよりも、棒で叩いて落としたほうが労力も危険も少ない。マストドンの皮をはぐには、歯で死骸にかじりつくよりも、黒曜石の破片を使って切ったほうが、労力が少なくてすむ。歯は柔らかい果物を潰したり、野菜を消化しやすいペースト状にするほうが適しているのだから。道具を使う習慣ができたことで、私たちの祖先に食べられるものが大幅に増え、そのおかげでこの世界において万能のゼネラリストとしての地位を確立することができた。他のほとんどの種は、基本的なエネルギーを確保するために、生態的ニッチを利用するよう、スペシャリストとして進化していた。しかしエネルギーという観点から見ると、物理的な道具のどれも、人間の進化の歴史上最も重要な道具である〝火〟にはかなわない。

約二〇〇万年前、アウストラロピテクスは、世界からエネルギーを取り出すことを、何かに代行してもらわなければならなかった。他の多くの種と同じように、光合成によって主に太陽エネルギーを獲得し、貯蔵して、葉、果実、塊茎など、食べやすい形になっている植物を食べることでエネルギーを得ていた。

そして一五〇万年前、ホモ・ハビリスがこのモデルを拡大し、植物の栄養とエネルギーを肉、臓器、骨へと変換し、濃縮してくれる、もっと複雑な生物を好んで食べるようになった。これが私たちの系統の最初のエネルギー革命だった。肉、脂肪、骨が与えてくれる追加の栄養とエネルギーによって、ホモ・ハビリスは脳を大きく成長させることができたからだ。またエネルギー密度の低い、採集した食料への依存度が下がり、食料をさがすために費やす総時間が短くなった。

しかし生肉や脂肪、骨そのものでは、ホモ・サピエンスのように、大きくてエネルギー消費の激しい脳を成長させ、維持するには不十分だった。そこで彼らは食料を調理する必要があり、調理するためには火を自由に使えるようになる必要があった。そのプロセスが人類史上二番目の、そしておそらくは最大のエネルギー革命だった。

私たちの進化上の祖先が、最初に火を使いたいと思ったきっかけは何だったのかは知る由もない。山火事で焼け野原になった土地で、焼け死んだ動物の死骸をあさっているとき、肉の焼ける匂いに陶然となったのかもしれないし、炎の危険な美しさに魅入られたのかもしれない。私たちはどの祖先が最初に火を自由に扱えるようになったのかも、それがいつだったのかもわかっていない。

山火事の跡からまだくすぶっている熾火（おきび）を拾ってきて、肉を焼いたり暖を取ったりするのに使える小さな火を起こそうとするのも画期的なことだ。しかしそれをいつでも好きなときに起こして、無限に近いエネルギーを手に入れられるのは、もっと特別なことだ。そして火を自由に扱えるようになったのは、遠い昔のある時点で私たちの祖先が身の回りのものをあれこれいじり、操作し、他のことに使っていたからこそできたことだ。火を起こす方法の発見という出来事があったのは一度や二度ではないはずで、そのいずれもが幸運な偶然であるのはほぼ間違いない。おそらくまったく別の目的を想定して、何かの道具を使ったりつくったりしているときに起きたと思われる。鉄分を多く含む黄鉄鉱のような石を叩いていたとき、火花が散ったのを見たのがきっかけということもあるかもしれない。しかしもっと可能性が高いのは、何かをつくっているとき、木片同士がこすり合わされて、火を起こす秘密を発見したということだ。

二本の棒で火を起こすのは、複雑なプロセスである。棒で木の実を落としたり、小枝でシロアリを誘い出したりするのに比べ、手先の器用さはもちろん、すばやくこすり合わせる技と、火がつく因果関係について、はるかに高度な理解が必要である。これらは現代のホモ・サピエンスと結び付けられる特徴だが、私たちの進化上の祖先は、三〇万年前に私たちの種が出現するよりずっと前から、火を利用していたと考えていいだろう。

火の利用の始まり

アフリカーンス語で「奇跡の洞窟」を意味するワンダーワーク・ケイブは、南アフリカの半乾燥地帯、北ケープ州の小さな町クルマンの北にある白雲石（ドロマイト）の丘の頂上にある。この洞窟の名前は二世紀ほど前に、乾燥しきった砂漠を旅していたアフリカーナ（訳注：南アフリカのヨーロッパ系白人）の一団が、洞窟の内部に命をつないでくれる水たまりを発見したことに由来する。地質学者はこの奇跡を、自然現象がもたらしたものと考えるが、地元の使徒教会の信者はそんなことには構わず、それを〝聖なる水〟として、この洞窟を占有しようとした。

ワンダーワークを見て信心深い人々は奇跡だと感激し、その内部に希望とひらめきを見出す人間たちがどんどん増えていき、ずっと遅れてではあるが古代考古学者たちもおおいに興味をかきたてられるようになった。

洞窟は丘の内部一四〇メートル近くにまで伸びている。壁から天井はひと続きになって滑らかに弧を描き、まるで岩を削ってつくられた航空機の格納庫のように見える。よく晴れた日でも自然光は五〇メートルくらい先までしか入らず、その先は完全な暗闇だ。

洞窟に入ると、まず指で描かれたエランド、ダチョウ、ゾウ、謎めいた幾何学模様がずらりと並び、自然光の届く限りのところまで岩壁を飾っていて、これが歴史的に重要であることをはっきりと示している。これらは七〇〇〇年前にアフリカ南部の先住民である採集民の祖先によって描かれたものだ。しかしワンダーワーク洞窟には、そうした新参者たちが指で描いた絵よりも、仕事の歴史を解き明かす、はるかに重要な手がかりが隠されている。

洞窟の入り口には、高さ五メートルの拳を握った形をした石筍（せきじゅん）が門番のように立ち、考古学の発掘現場のスタート地点を知らせている。最奥へと進んでいくと、考古学者が地面から数メートル下まで掘った穴がある。そこで露出した堆積物の層はそれぞれ、私たちの種の長い歴史における、約二〇〇万年前からの新たな章を明らかにするものだった。

ワンダーワークで最も重要な発見は、約一〇〇万年前のものだ。その中には火で焼かれた骨や植物灰が含まれていて、人類がどこでも計画的に火を使っていたという最古の証拠となっている。そこにあった骨と灰は、多くのホモ・エレクトスのうちの一人が残したものである可能性が高い。ホモ・エレクトスは直立歩行した最初の人類で、体型は明らかにホモ・サピエンスに似ている。しかしワンダーワークの灰では、火をどのように起こし、それが何に使われたのかはわからない。

五〇万年以上前に計画的に火を使っていたという証拠がワンダーワークにしかないのであれば、それは一過性のものとして片づけられたかもしれない。しかし他の場所でも火を使っていたという興味深い証拠があり、中には一〇〇万年をゆうに超えるものもある。ケニアのトゥルカナ湖に隣接するシビロイ国立公園で、考古学者が約一六〇万年前のヒト属の存在と火の使用を結びつけるものを見つけたが、他の例がないため、それが計画的な使用だったかどうかはわかっていない。

しかしもっと新しい時代については、火を計画的に使用した証拠がたくさんある。四〇万年前にイスラエルのケセム洞窟に住んでいた初期の人類が、長期的に火を使用していたことを示す多くの証拠を、考古学者が発見した。このデータを補足しているのが、やはりこの時期にこの洞窟に住んでいたヒト属の歯の遺物である。そこでは誰もが煙を吸いすぎた結果、ひどい咳をしていたことが示唆されている。(40)イスラエルの別の遺跡でも、管理下での火の使用を示唆する有力な証拠が発見されている。ヨルダン渓谷北部のフラ湖畔にあるその発掘現場では、大昔の炉と思われる物が見つかり、そこに野生の大麦、オリーブ、ブドウの灰、焦げた石器の破片などもあった。これらは七九万年前のものと推測されている。(41)

しかし大昔の祖先が火を管理して使っていたという、決定的な証拠を見つけるのは不可能に近い。第一の問題は、火の使用の証拠は常に、不都合なことだがいつも燃やされていて、灰は突風や暴風雨ですぐに散乱してしまう。一般的に火が使用された痕跡として発見されるのは、同じ場所で何度も火を焚いて、少しずつ灰がたまって盛り上がったもので、山火事によって残された灰とはっきり区別できる。

もう一つの問題は、多くの〝穴居人〟が、灰や焼けた骨が数カ月以上保存される可能性が高い唯一の場所である洞窟に住んでいなかったということだ。サバンナの住人である彼らの多くは、だいたいは星の下で眠り、風雨から身を守るための簡単なシェルターくらいしか用意していなかった。それは二〇世紀になっても、多くの狩猟採集民が行なっていたことだ。ジュホアン族などのコミュニティから知られるようになったことだが、腹をすかせた夜行性の肉食動物を寄せつけないためには、火さえあればいい。もう一つの明白な問題、それはケセム洞窟の例でわかるとおり、狭い場所で焚き火をすると、窒息してしまう危険があることだ。煙に耐えられなくなるのが先かもしれないが。

火の利用と脳

ワンダーワークのような場所にあった古代の燃えさしの他に、一〇〇万年も前にある種のヒトが火を使いこなしていたことを示す最も有力な証拠は、それが継続的かつ急速に脳が大きくなる時期の始まりを示しているという事実である。これはハーバード大学の進化考古学者、リチャード・ランガムの主張である。

二〇〇万年前まで、私たちの祖先であるアウストラロピテクスの脳は、現代のチンパンジーやゴリラの頭蓋骨の大きさの範囲に収まっていた。それはだいたい四〇〇から六〇〇ミリリットルの間である。

ホモ属（ヒト属）の最初の正式な仲間であるホモ・ハビリスは、約一九〇〇万年前に出現した。しかし彼らの脳はアウストラロピテクスより少し大きい程度で、平均して六〇〇ミリリットル強しかなかった。しかし化石の証拠から、彼らの脳はアウストラロピテクスのものとはつくりがやや違っていて、現代人の神経可塑性や高次認知機能（特に大きな新皮質など）を思わせるいくつかの特徴が、より高度に発達していたことがわかった。

ホモ・エレクトスの最古の頭蓋骨の化石は一八〇万年前のものだ。その脳はホモ・ハビリスよりかなり大きく、この時期に起こった何かのせいで脳が急速に大きくなったことが示唆される。ホモ・エレクトスが最も賢い霊長類として君臨していた一〇〇万年の間には、脳はほとんど大きくなっていなかった。ところが六〇万年前から再び脳が大きくなり始め、ホモ・ハイデルベルゲンシスが現われ、さらに数十万年後には初期のホモ・サピエンスやネアンデルタール人が現われた。彼らの多くは現在の私たち大半よりも、大きな脳を持っていた。

脳が急に大きくなったこの二回の現象を説明するために、さまざまな理論が提唱されている。しかし大きな新皮質を持つ大きな脳をつくり維持するには、エネルギーの需要もきわめて大きいことを説明できる説は一つだけだ。

私たちの脳は体重の二パーセントを占めるにすぎないが、エネルギー資源の約二〇パーセントを消費する。脳が私たちの三分の一の大きさのチンパンジーでは一二パーセント近く、他のほとんどの哺乳類では五〜一〇パーセントである[42]。

それほど大きな脳をつくって維持するには、採集したものを生で食べるのが基本の食生活では不可能だったはずだ。たとえ毎日、起きている間ずっと食べていたとしても、ゴリラやオランウータンが、野生の果物、葉、塊茎だけで、人間と同じ大きさの脳を動かすのに必要な、膨大なエネルギー摂取をすることはできないだろう。大きな脳のためには、より栄養価の高い食物を食べる必要がある。ホモ・ハビリスからホモ・エレクトスへの移行期には、そのような食物を前よりも頻繁に摂取していたことを示す考古学的証拠がある。五〇万年前までは火を使用していた考古学的証拠はほとんどないことから、調理できるようになったことが、再度、脳が急激に大きくなる要因となった可能性が高いと思われる。

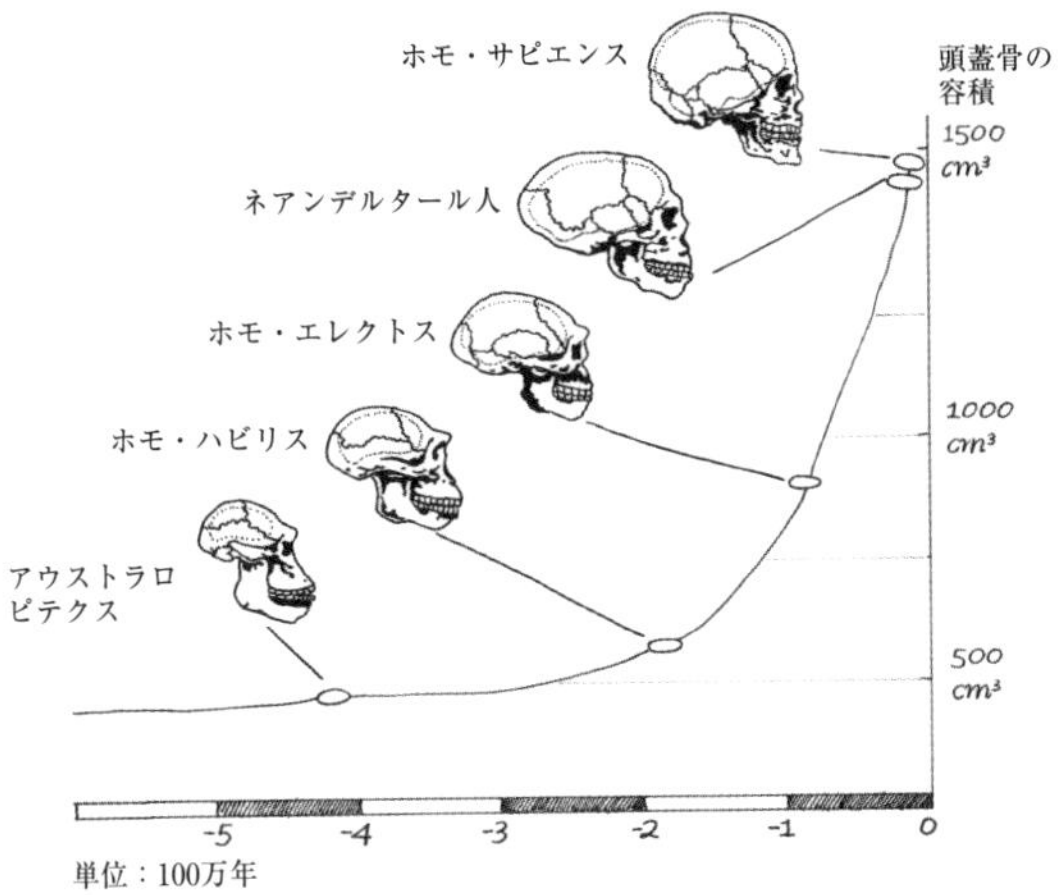

肉や内臓はカロリーやアミノ酸などの栄養素を豊富に含んでいるが、生ではぬるぬるして硬く、噛むのも消化させるのも手間がかかる。いま先進国では赤身を好む人が多いが、これはその栄養価よりも、現代の食品産業の驚異的な生産性を示す指標と言える。狩猟採集民や、二〇世紀以前の人類は、ヒレのような赤身の肉を避け、脂肪が多くて噛み応えのある臓物肉を好んで食べていた。栄養価がはるかに高かったからだ。そして狩猟採集民なら誰でもこう言うと思うが、長くてすじばっていて、脂肪の多いすじ肉を飲み込んだり、バッファローのすねの骨から髄をすっかり取

り出したりするには、先に火を入れればとても楽になる。

調理すると肉がおいしくなるだけではない。植物性の食物の範囲も大きく広がる。(43) 塊茎、茎、葉、果実には、生では消化できない、あるいは有毒のものがたくさんある。火を入れることで栄養価が高くなり、風味がよくなる。たとえばイラクサを加熱せずに食べると具合が悪くなることがある。しかし茹でれば健康的で、驚くほどおいしいスープをつくれる。そのためカラハリのような環境では、野生の草食動物の多くは、ごく少数の近親の植物種を大量に食べるしかなかったが、ジュホアン族は火を使えたので、一〇〇種類以上の植物を食べられるようになり（動くものならほぼ何でも、その肉を食べていたことに加え）、調理によってはるかに少ない労力で、はるかに多くのエネルギーを得ることができた。

火のおかげで、かつてほとんど採食だったヒト科の動物が栄養的に価値の高い肉を食べられるようになり、それが脳を大きくする助けとなったのなら、現代の私たちの生理機能の他の側面の形成にも寄与しているのはほぼ間違いない。チンパンジーやゴリラなどの霊長類は、人間よりも大腸がはるかに長い。繊維質の多い葉ばかりの食事から栄養を搾り出すためには、大腸の面積を増やす必要がある。調理というプロセスで食物を〝消化しやすく〟なったことで、この消化管のかなりの部分が不要になったのだ。火による調理により、顔のつくりも変わった。調理で軟らかくなった食物を食べるようになり、大きな筋肉がついたあごは、自然選択において有利ではなくなったのだ。そうして私たちの祖先の脳は大きくなり、あごは小さくなった。(44)

火がもたらした自由な時間

おそらく私たちの多くが、かまどを仕事の象徴と見ているため、火がもたらした最も重要な恵みにほとんど目が向けられていない。その恵みとは自由な時間である。火は私たちの種の歴史における最初の大きなエネルギー革命であっただけでなく、初めての省力化技術だった。

ゴリラが食べるものは特に栄養豊富というわけではないので、健康を維持するためには毎日、体重の約一五パーセントの食物を摂取しなければならない。これではけんか、生殖、遊びの時間は多くとれない。そのため大型霊長類の研究者は、自分たちの研究対象が丹念に餌を集めて食べるのを延々と眺めながら、もっと面白いことをするのを待つことになる。大型霊長類の多くは、一日に八時間から一〇時間は餌を集めて食べていることがわかっている。これは週五六時間から七〇時間の労働に相当する。葉や髄や茎や根を噛み砕き、消化し、処理するのにも時間と労力がいる。そして残りの時間の大半は睡眠をとったり、のんびりと毛づくろいをしたりして過ごす。

私たちの祖先で見かけがサルに似ていたアウストラロピテクスも、おそらく似たようなものだっただろう。

食べ放題のビュッフェを前にすると、私たちも霊長類の親戚に匹敵する食欲があるように感じる。しかしホモ・サピエンスは一日に体重の二～三パーセントしか食べない（狩猟採集民の食生活に基づいて）のに、健康でいられる。そしてジュホアンのような集団を基準に判断すると、比較的過酷な環境に住む経済活動をしているホモ・サピエンスの成人は、一年のうちほとんどの時期で、平均週に一五時間から一七時間働けば、自分たちと同じ数の生産力のない家族を養えることがわかっている。それはつまり一日に二時間だ。他の大型霊長類が食物をさがすのに費やす時間、そして現代人の多くが仕事に費やす時間の数分の一である。

もしホモ・エレクトスが火を手に入れ調理ができるようになったおかげで、より少ない労力でより大きなエネルギーを得たのなら、脳が大きくなるにつれ、食物をさがし、消費し、消化する以外の活動に、知恵とエネルギーを使える時間も長くなっていったはずだ。考古学的な記録には、私たちの祖先が調理できるようになって得た自由な時間をどのように使っていたかを示す手がかりは残されていない。脳が大きくなると、道具をつくるのが格段にうまくなり、生殖のための時間も増えただろう。しかしそれ以外のことは推測するしかない。

退屈と創造性

ホモ・サピエンスの知能の進化を明らかにする研究において、多くの研究者は、協力して狩りをするような活動が、問題解決能力やコミュニケーション能力を高めるのにどのくらい役立ったかに注目している。役に立ったのはほぼ間違いないが、そのような活動が重視されるのは、私たちの進化上の祖先の日常生活の実態というよりも、現在の私たちが、文化的に重要なことを経済活動の成果とみなしていることの反映かもしれない。

ホモ・ハビリスとホモ・エレクトスが食物をさがすことから解放された時間をどのように使ったかも、進化の方向性を決めるうえで何らかの役割を果たしていた。つまり進化という面から言うと、私たちは労働だけでなく余暇の産物だったという、きわめて興味深い予想が成り立つ。

退屈するのは人間だけではないが、退屈は種によってさまざまな違った形で現われる。そのためハイデガーをはじめ一部の哲学者は、動物がおとなしいときは退屈しているという説は、単なる擬人化であると主張した。本当に退屈するには自己認識が必要であり、ほとんどの動物は自己認識を持っていない、というのが彼らの理屈である。

散歩に出かけようとすると尻尾を振って喜ぶイヌの飼い主は、それに反論するだろう。動物園で檻に閉じ込められ、刺激の少ない生活を強いられる動物たちのストレスを軽減する方法を懸命にさがしている動物行動学者も同じである。人間が他の多くの種と明らかに異なるのは、退屈がどのくらい創造性を刺激するかということだ。私たちは遊び、物をいじり、実験し、おしゃべりし（自分自身にさえも）、空想にふけり、想像し、やがて立ち上がって何かすることをさがしにいく。

意外なことだが、退屈に関する科学的研究はほとんどなされていない。私たちの多くが、かなり長く退屈な時間をすごしているにもかかわらずだ。歴史的に見ても、退屈にずっと興味を持ち続けるのは、哲学者や作家といった孤独な職業の人々だけだった。ニュートン、アインシュタイン、デカルト、アルキメデスらの偉大な功績は、すべて退屈に起因している。

ニーチェ（やはり自分の最も影響力のある思考のいくつかに生命を吹き込んだのは退屈だったと考えていた）はそれについて「思想家や繊細な精神を持つ者にとって、退屈は楽しい航海や明るい風が吹く前の、不快な風のない魂が平安な状態である」と述べている。

ニーチェの言うことは、ほぼ間違いなく正しい。退屈することの唯一の明白な適応優位性は、創造性、好奇心を刺激し、リスクをいとわず冒険や新しい経験をしたいという気にさせる力である。心理学者はまた、退屈は必要よりも豊饒な発明の母であり、まったくニーチェらしくない向社会的な思考や、禅宗で神学的に理論化されている、自己認識の高まりを刺激することを気づかせてくれる。(45) さらに退屈は種としての目的意識を高め、忙しくすること以外に直接的な目的がない趣味を追求することで、満足感や誇り、達成感を得られるようにしてくれる。退屈がなければ、私たちは列車を見て記録する鉄道マニアも、ときどきジェダイの騎士になる人も、切手収集家も、木彫り職人も、そしておそらくは歴史を変えた発明品もない世界に住んでいただろう。

アウストラロピテクスが、石をぶつけて割れば鋭い刃ができてそれで物が切れることを知ったのは、物理学的な本能というよりも、むしろ退屈のおかげだった可能性のほうが高いだろう。また私たちの祖先が火に興味を持ち、手を動かしているうちに、木の棒をこすり合わせると熱が生じて小さな火になることを発見したのも、退屈のおかげだったかもしれない。

退屈するとそわそわしたり、落ち着かなくなったり、何かをつくりたくなったりするという性質も、私たちの祖先が芸術作品をつくるようになったことにひと役買っているはずだ。その活動は仕事であり娯楽でもあり、感情的、知的、美的な機能を持つが、食料をさがすという点では、採集者にとって実用的価値のない活動である。

純粋な具象芸術の証拠が考古学的記録に現われるのは、もっとあとのことだ。現存する最も古い、質の高い岩窟壁画は約三万五〇〇〇年前のもので、ホモ・サピエンスが考古学的記録に初めて登場してから約二六万五〇〇〇年後のことである。明らかに具象的な彫刻は、黄土の板にきっちりした幾何学模様が彫られていて、七万年から九万年前のものとされている。しかし象徴性だけで芸術を定義することは、目と心を世界の半分にしか向けていないことになる。入念で熟考され、美的にも力の入った職人技をも含めるなら、ホモ・サピエンスが登場するずっと前まで遡る。

カトゥー・パンの手斧は、一部のホモ・エレクトスが美的感覚を備えていただけでなく、食物をさがすこととは直接関係ない活動に費やすエネルギー、時間、欲求を持っていたことを示している。つまり、仕事という概念があったことはほぼ間違いない。

また私たちの進化上の祖先の芸術的感性は、カトゥー・パンの手斧のようなものをつくる能力より前に、さらに象徴芸術の最初の明確な証拠よりもずっと前に存在していた可能性もある。歌、音楽、ダンスなどは、それを演じたり、見たり、聞いたりした人たちの記憶の中にしか残らない。また象徴的な表現の最も重要な媒体である話し言葉も同様である。

退屈と言語能力

個々のホモ・エレクトス、ホモ・ハビリス、ホモ・ハイデルベルゲンシス、古代のホモ・サピエンスが対処しなければならない、最も複雑な存在は同じ種の他者だった。そして火を手に入れて、自由に使える時間をいくらか得た人間は、調理した食物によって与えられた余分なエネルギーをどう使おうかという考えもなく、多くの時間を他者とともに過ごしていたはずだ。社会的な関係性にどううまく対応するかが、以前よりはるかに重要視される状況と思われる。

けんかが得意なことも、複雑な社会集団の秩序を保つために重要なスキルである。霊長類の多くの種はヒエラルキーを確立して、のちにそれを強制し、攻撃性を見せつけ、いよいよとなったら身体的な力を行使して平和を保っている。このようなヒエラルキーの中に争いがあると、霊長類の集団生活は確実にとげとげしく不愉快なものになる。

しかしそれが初期およびのちのヒト科動物にとってどれほど重要だったかは、攻撃的で階層社会の霊長類と、徹底した平等主義的で、超協力的な狩猟採集民との間のスペクトルのどこに位置していたかによるだろう。私たちの祖先の自由な時間が増えると、相手を殴って服従させるのではなく、満足させ、楽しませ、説得し、引き込むことで、平和を築いて維持することがさらに重要なスキルになる。そのためには、感情的な関わり、共感、そして何よりもコミュニケーション能力が求められた。

私たちの種に独特のコミュニケーション・スキルは、発声能力がなければ、いまのように進化したとは考えにくいが、不可能ではない。

他の高等霊長類の言語能力を評価しようとした初期の試みが失敗に終わったのは、主に研究者たちが、これらの生物が人間と同じような、さまざまな発声をするのに必要な身体機能を持っていなかったことに気づかなかったためだ。大昔のさまざまなヒト科動物の頭蓋骨の形態を評価したところ、私たちの発声能力と、直立の姿勢との関連が示されている。さらに調理した食物を食べることで口、咽喉、喉頭の形態が変化して、話すための装置が用意された可能性はある。

しかし万能の声帯と発声に適した喉頭があるだけで、言語が生まれるわけではない。他の霊長類をはるかに超えるレベルの認知処理能力が求められる。

言語の発生については、人類学、神経科学、言語学、比較解剖学、考古学、霊長類学、心理学など、さまざまな分野の研究者が関心を寄せている。これが重要なのは、ある一つの分野の研究だけでは、人間が優れた言語能力を獲得した要因を的確に説明することはできないからだ。しかしそれで各分野の専門家があきらめることはない。提唱されている説の一つである文法化理論は、言語の規則が、少数の基本的な言語概念の使用から徐々に増えていくことを示唆するものだ。またノーム・チョムスキーの〝シングル・ステップ理論〟は、私たちの祖先が言語を使用できるようになったのは、進化のある一つの段階で、認知文法形成装置のスイッチを入れるのに必要な回路が完成した直後であるとするものだ。

矛盾する理論のほとんどと、余暇の増大が言語能力の発達を促した選択圧の一つであるという考えとは、ある程度まで両立できる。特に霊長類学者のロビン・ダンバーが提唱する〝ゴシップと毛づくろい〟説はそうだ。それは言語の起源は霊長類の集団で見られる、寄生虫を取るために互いの皮膚を優しくこする毛づくろい（グルーミング）にあるという説で、私たちの言語能力は声によるグルーミングの一形態として進化し、ヒト科の動物は離れた場所にいる相手とも触れ合って、いっぺんに複数の相手とグルーミングできるようになったと示唆している。このテーマのゴシップの部分は、私たちは複雑な社会的存在であり、他人と他の人についてゴシップをすることが大好きであるという事実から来ている。

グルーミング行動の延長線上に言語が生まれたという考えには説得力がある。言語には強い感情的要素があることを認めているだけでなく、言語能力の発達においては、おそらく男性よりも女性のほうがはるかに重要な役割を果たしたことも示唆している。「もし女性がこれらの初期の人類の集団の中核を成し、言語がこれらの集団を結びつけるように進化したとすれば、初期の人類で最初に言葉を発したのは女性だと考えるのが自然である」とダンバーは論じている[46]。

「他者のための仕事」の誕生

人間は言葉、映像、音、動作に受動的に関与できる能力を持つ点で、唯一無二の存在である。たとえそれがラジオから流れる実体のない声や、電子的に生成された解像度の低いスクリーン上の二次元の複製であっても、誰かの言葉を聞くだけで、音楽に没頭したり、別世界に浸ったりすることができる。

自由な時間があると落ち着かなくなる人間を忙しくさせることが進化への圧力となり、他の人たちを退屈から解放させてくれるタイプが選択された可能性が高い。たとえば社交的な人、話がうまい人、想像力豊かな人、音楽ができる人、言葉巧みな人など、言語を使って物語をつむぎ、他者を楽しませ、魅了し、落ち着かせ、喜ばせ、励ます、口説くといったことができる人たちだ。この問題で口説くことが特に重要なのは、自然選択は不適格者を取り除くだけでなく、性交渉の相手にどの性質が選択されるかという建設的なプロセスでもあるためだ。多くの霊長類の社会集団では、高位で身体的に優勢な個体だけが、下位の個体へ性的にアプローチできるのが一般的である。

しかし食物をさがすのに時間がかからなくなり、体がそれほど頑丈でなくてもすむようになると、言語能力を高めていた男たちが、しだいに生殖のパートナーを得る競争で勝利できるようになっていることに気づいて、その遺伝子を次の世代に確実につなげられるようにしたのかもしれない。言い換えると、私たちの祖先が必要とするエネルギーの一部を、火によって獲得できるようになり、彼らは身体的に強い者が、言語明瞭な者やカリスマ的人物の脇役に甘んじることがある世界を築く最初の一歩を踏み出したのだ。

また火を計画的に使えるようになると、初期の人間のコミュニティでは、自分で食物をさがせない人や、おそらく物質以外の価値をもたらしてくれる人、たとえば有能な語り部やシャーマンなども養えるようになった。他の種において一方的な共有関係が広く見られるのは、離乳前の母親（父親の場合もあるが例は少ない）と子との間だけだ。もちろんシロアリのように、働きアリが兵隊アリと生殖専門の女王アリを養うような、真社会的な種も存在する。また餌をたくさん獲得できる個体が、餌を取らない、だいたいは支配力を持つ個体と〝食料を分け合う〟種もある。それでいちばん有名なのは、獲物を支配的な雄に〝分け与える〟ライオンの雌だろう。

しかし動物の世界には、歳をとって自分で餌を取れない個体の世話を、体系的かつ習慣的に行なうという、明確な例はない。とはいえきわめて社会性の高い種、たとえばカラハリに棲む母権制のリカオンなどが、そのような行動をしていたという記録がある。つまり親子以外で、体系的かつ組織的に、一方が与えるだけの関係という人間特有のものは、火がなければありえなかっただろう。

ホモ・ハビリスやホモ・エレクトスが、非生産的な仲間の世話をどの程度していたのか、言い換えると他者のための仕事をどのくらい行なっていたのかはわからない。しかし約五〇万年前に生きていたネアンデルタール人の祖先とされるホモ・ハイデルベルゲンシスは、それを行なっていたという十分な証拠がある。[47] しかしホモ・ハビリスやホモ・エレクトスが火を手に入れていたとすれば、それができるだけの経済力があったということになる。老人の世話ができるということは、死への恐れが生じるくらい、共感、同情、そして自意識が発達したことを示唆する。これほどの認知・感情面での認識レベルの高さを示すわかりやすい証拠は、死者を埋葬するような慰霊の儀式である。

三万年前まで、私たちの遠い進化上の祖先の間で儀式的な埋葬があったことを示す明確な証拠はほとんどなかった。ところが不思議なことに、約二五万年前、ホモ・エレクトスやホモ・サピエンスと同時代に生息していた、別の小さな脳を持つヒト属のホモ・ナレディについては、死者を埋葬していたというはっきりした証拠がある。アフリカ南部の研究者が、ホモ・ナレディが二三万六〇〇〇年から三三万五〇〇〇年前に、死体を意図的に、近づきにくい広い洞窟の、おそらく埋葬のために用意された部屋に運んでいた証拠を発見したのだ。[48] それが事実なら、認知能力が発達したヒト属の動物も死を恐れ、老人の世話をし、死者を弔っていたと考えるのが妥当である。

それは彼らが自分のまわりの世界と、そこでの経験を分ける概念的な装置を持っていたことを意味し、未熟な形ではあっても文化や言語も持っていたことになる。それなら彼らは、ある活動を「仕事」、別の活動を「娯楽」と分けていたことは、ほぼ間違いないだろう。これはとても重要である。なぜなら仕事とは私たちが行なうものというだけでなく、言語や文化の中で表現され、あらゆる種類の意味や価値を持たされる考えでもあるからだ。

構造主義

下水道が整備され、ごみが回収されるようになり、第二次世界大戦後のパリを美食の都にした市場の屋台やカフェ、レストランの厨房から流れてくる匂いをかげば、ほとんどのパリ市民は、食事をしていないときは、食事について考えるか話すかしていることがわかる。当時、セーヌ左岸をうろうろしていた他の多くの知識人と同じように、クロード・レヴィ＝ストロースも著作で、火、食べ物、調理をよくとりあげている。「調理は言語であり、社会はそれを通して無意識のうちにその構造を明らかにしている」と、レヴィ＝ストロースは説明する。

人類学者ではあるが、見知らぬ土地で〝先住民〟と交流することを嫌った人類学者のレヴィ＝ストロースは、他の人類学者の実地調査をまとめて、文化を解釈するまったく新しい手法を考案し、それを〝構造主義〟と呼んだ。

レヴィ＝ストロースの構造主義の手法は、何冊もの重厚な書物、特に四巻からなる大著『神話論理』で詳述されている。そして彼の思考における火と食の重要性を反映して、『神話論理』の四巻のうち三巻のタイトルは、料理と火に関するものだ。一九六四年に出版された第一巻は『生のものと火を通したもの』、一九六六年の第二巻は『蜜から灰へ』、一九六八年の第三巻は『食卓作法の起源』。レヴィ＝ストロースにとって、料理は人間であることの意味そのものだったのだ。

レヴィ＝ストロースが料理について書いたものは、パリ市民たちにとっては驚くほどつまらないものだった。そして彼に対して批判的な評論家にとっては、彼の他の多くの著作と同じく『神話論理』で提唱されている考えは、入念に整理され、高度に専門的で、陰気だがとても賢明なクロード・レヴィ＝ストロースの頭の中身について、その向こうにある世界についてよりも多くの知識を与えてくれる」と片づけられるものだった。

レヴィ＝ストロースの著作には複雑なものもあるが、彼の壮大な文化の「構造」論は、きわめて単純な前提に基づいている。文化を構成する個々の信念、規範、慣習は、それだけでは意味がないが、いくつもの関係性の一部として見たときに意味を持つということだ。

彼は言語学者からヒントを得ていた。そのころ言語学者たちは、ある言語の単語が指すものと、単語そのものとの間には、本質的な関係がないことを立証していた。「d-o-g」という文字は、私たちの多くが一緒に暮らしている生物と本質的な関係はなく、だからこそ、同じ生き物がフランス語の〝シアン(chien)〟やジュホアンのクリック言語の〝グィン(g!huin)〟のように、他の言語では異なる、結局は任意の音で表わされるのだ。dogという音が何を意味するのか理解するためには、それを言語全体のコンテキストに当てはめる必要があると、言語学者は説明する。つまりd-o-gという文字がつくる音は、英語を構成するもっと幅広い語群の中で意味をなし、h-o-gやj-o-gといった音素的に類似した語とは、まったく異なる意味を持つ。

レヴィ＝ストロースは、増え続ける民族誌の記録を調べ、物理的な音が恣意的であるように、文化的な規範、象徴、慣習も恣意的であると確信していた。そのためにある文化圏では礼儀正しいとされる動作、たとえば初対面の人にキスで挨拶することが、別の文化圏では著しく不快とされ、さらに別の文化圏ではまったく意味を持たないということになる。したがってそれぞれの文化的慣習は、同じ文化圏における他の慣習との関係を見ることによってのみ理解できると、彼は主張した。それならばフランスで頬にキスすることは、英国での握手や、北極圏でイヌイットが互いの鼻をこすり合わせることに相当するとわかるのだ。

レヴィ＝ストロースはまた、文化は私たちの心の働きの反映であると考えていた。そして、あくまで彼に言わせると、人間は反対のことから考えるようにできている。たとえば〝よい〟は、その反対である〝悪い〟がなければ意味をなさない。左と右、暗いと明るい、生と調理したもの、仕事と休息など。これで彼は、人類学者が特定の文化を理解するためには、反対のものを特定し、それらの間の絡み合う関係を整理する必要があると確信したのだ。生と調理の対立は、世界中のさまざまな民族の神話や文化的慣習の中に、繰り返し登場している。「すべての文化は、自然と文化との間の戦いを管理しなければならない」と彼は書いている。「自然（〝生〟）は本能や体と、文化（〝調理〟）は理性や精神などと結びつけられる」。

またこの対立について彼が特に興味を持ったのは、そこに移行が匂わされるということだった。左が右になることはないが、生のものが調理されることはある。

「調理は自然から文化への移行を示すだけでなく、調理を通じて、また調理によって、人間の状態をすべての属性とともに定義できる」と、彼は論じた。

レヴィ＝ストロースが仕事を始めたばかりのころ、人間以前の存在から人間へ移行した点、つまり動物から人間へ、自然から文化へ移行した点を特定するという考えに夢中になった。しかし構造主義を発展させるようになると、それについてはあまり考えなくなった。

人類を理解しようとすることは、「軟体動物を研究する」ようなものだと彼は説明している。「決まった形がなく、ぬめぬめした柔らかい体から、完璧な幾何学的な殻をつくりだす。それはちょうど人間性のごった煮から、構造的に完全な文化的工芸品が生まれるのに似ている」。彼は構造的に完全な外形を研究するのが民族誌学者の仕事で、ぬめぬめした内部を突いたり押したりするのは、他の人の仕事だと考えていた。

たとえ歴史的事実の記述ではなく、壮大な比喩だとしても、料理は人類の重要かつ決定的な属性、私たちには文化があること、その文化の決定的な属性は、生のものを調理したものに変えられる、あるいは何かを人間の目的に合わせて使えることを、他の何よりもよく象徴している。

そしてこれはもちろん、明白な仕事の特徴である。生の食物が、人間の力と火が力を合わせた〝仕事〟によって食事になるように、数学者の仕事によって代数学の問題が解に変わるのだ。プラスチック製の食器メーカーは、化合物をプラスチックの刃物に成形する仕事を行ない、教師は、生徒の状態を変化させる仕事を行なう。教師は学生を無知の状態から、啓蒙された人間に変える仕事をする。そしてマーケティング幹部は累積在庫を利益の出る商品へと変える仕事をする。

現在の人類学者で、レヴィ＝ストロースの構造的手法に従う人は、ほとんどいないだろう。認知科学の進歩により、私たちの心――そして文化――は、対立や連想から生まれる軟体動物の殻をはるかに超えたものであることが明らかになっている。またすべての文化が、彼が想定したような方法で自然と文化を区別しているわけではないことも、私たちの文化が彼のような人物が認識していた以上に、身体を使って行なうことの産物であることもわかっている。

しかし文化をシステムとして理解するという考え方は、いまだ近代の人類学研究の多くを形成している。また個々の文化的行為、信念、規範を理解するためには、それらが何でないかを理解しなければならないという考え方も同様である。

そしてここでレヴィ＝ストロースの構造モデルが、仕事の歴史にもう一つの重要な次元をつけ加える。それは火によって私たちの祖先が余暇を手に入れるのと同時に、余暇の反対の概念である仕事に生命が吹き込まれ、私たちの種が森での採集から工場の現場へ向かい始めたことを示唆しているからだ。

第二部　豊潤な環境

第五章　独自の豊かな世界

二一世紀の初めには、体が現代人に近いホモ・サピエンスが、少なくとも一五万年前から存在していたことを示すしっかりした考古学的証拠が見つかっていた。しかしほとんどの人類学者は、私たちの祖先の〝行動〟が現代人に近くなったのは、もっと最近のことだと考えていた。およそ五万年前まで、祖先の認知能力は進化上の重要な基準を超えられないままだったため、人生の謎について考えたり、神を賛美し悪魔を呪ったり、面白い話をしたり、きちんとした絵を描いたり、夢に彩られた眠りにつく前に一日の出来事を振り返ったり、愛の歌を歌ったり、雑用から逃れるための巧妙な言い訳をしたりといった能力は持ち合わせていないと信じていた。

同じように、ホモ・サピエンスがこの基準を超えるまで、私たちの祖先はある状況で得たスキルを、いまの私たちがしているように、工夫して他の違う状況で利用するような、知的な明敏さを備えていなかったと考えていた。つまり人間の祖先が現代の私たちのような目的意識と自己認識を持って仕事ができるようになったのは、ごく最近のことだと考えていたのだ。

その理由は、それまでこうした知恵と器用さ――熟練した岩絵や彫刻、象徴的な彫像、複雑で多様な道具づくり技術の継承、優美な宝飾品、儀式化された埋葬など――を示す最も古い明確な証拠が、四万年前のものだったからだ。この時期にホモ・サピエンスの身体に目立った変化がなかったことから、おそらく約六万年前に目に見えない遺伝子のスイッチが入り、この〝大躍進〟が起こったと推測されている。その結果、アフリカ全域の人類、そしてヨーロッパやアジアに渡った人類がこのころ同時に、〝現代人の行動〟をするようになったと、彼らは論じている。そして新たに身につけた能力に刺激されて、すぐに世界の他の地域へと移動して集団をつくるようになり、そこに自分たちの器用さ、創造性、知性の痕跡を残していった。あまり忙しくないときは、その土地の巨大動物を絶滅させたり、ネアンデルタール人のような遠縁の人類と戦ったりした。

世界中の博物館の地下や大学のアーカイブに保管されている、ネアンデルタール人やその他の初期人類の壊れた頭蓋骨は、いま誰に何を言われようが気にしない。しかし主に彼らがつくった物の種類に基づき、人々の認知レベルを判断する際に生じる、明らかな問題を無視することはできない。何しろ世界中の先住民の多くは、つい最近まで、物質文化の単純さに基づいて、人間未満の存在とみなされていたのだ。とりわけ一八世紀のタスマニアのアボリジニは、たいへん効率的に採集を行ない、必要な食料をすべて調達していたが、使っていたのはホモ・エレクトスの手斧が最先端技術に見えるほど、ごく基本的な道具だった。

現在ではデータが急速に増えつつあり、初期のホモ・サピエンスは現在の私たちと同じように自意識と目的意識を持っていただけでなく、ホモ・サピエンス自体、これまで考えられていたよりはるか以前から存在していたことが明らかになっている。アフリカ南部やその他の地域で発見された新しい考古学的発見からも、認知革命が起こったとされる時代の何万年も前から、人間はすでにあらゆる種類の巧妙なものを制作していた。そして地理的に隔絶され、二〇世紀にも採集で生計をたてていた民族を調査した人類学者の研究と合わせると、私たちの種の歴史の九五パーセントは、仕事が現在のように人々の生活の中で、神聖視されていなかったことが、データに示されている。

ホモ・サピエンスの誕生

ダーウィンが『種の起源』を発表してから一世紀以上、大昔の人々の遺伝的関係をめぐる学術的な論争は、実際の確たる証拠よりも、インスピレーションや想像力、アリストテレス的推論、オックスフォード大学やケンブリッジ大学の討論室で磨かれたレトリックによって左右されていた。純粋に身体的な類似性に基づいて、個体同士の遺伝的な関係を証明する方法がなかったのだ。

古代のゲノムから人類の深い歴史を引き出す古遺伝学はまだ幼児に等しいが、それは巨大な幼児である。この二〇年で技術が進歩し、古代の骨や歯から遺伝情報を取り出して生きた集団と比較することがうまくできるようになると、これまでの約五〇万年間にわたる、私たちの種の進化や拡大、相互作用に関する新しい洞察や疑問が次々と生み出されるようになった。

いまやヒトゲノム配列を調べられる研究所が何千もあり、どこでも半日ほどで結果が出て、価格も五〇〇ドルでおつりがくる。そして価格が下がるとともに規模も拡大した。現在では数百万人（生きている人も死んでいる人も）分のＤＮＡについての高解像度のデータが詰まった、想像を絶するほど巨大なデータベースを、昼夜を問わず多数のアルゴリズムがさがしまわっている。それらのアルゴリズムの大半は医学や疫学研究のため、個々のゲノムの中か、いくつものゲノムを横断して、興味深いパターンを発見し、比較し、掘り下げるよう設計されている。しかしその中には、人類の進化の歴史の謎を解明するために特別に設計されたものもある。それは保存状態のよい古代の骨から採取した祖先のＤＮＡと、現代人の集団から採取したＤＮＡとの類似を明らかにするものだ。そこから得られたデータから、私たちの種が歩んできた長い歴史の大部分を完全に見直す必要に迫られることになった。

現在では証拠に基づく新たな発見が頻繁にあり、その多くが意外なものなので、遺伝史研究者はどんなデータが出ても、解釈を一つに絞ることはめったにない。いつまた新たな事実が明らかにされて、それまでの考えがひっくり返されるかわからないと知っているからだ。

そうした新しい発見の中には――たとえば私たちの多くがネアンデルタール人の祖先を持つことを示す明確な証拠――人間であることの意味について新たな問いを投げかけるものもある。また進化の歴史を樹木に見立てる（世代を超えた遺伝情報の分布、すべての生物を構成する異なる界、クレード、目、科、属、種を、分岐した幹、枝、小枝で表す）確立された視覚的メタファーが通用しないものもある。この木を拡大してみると、何千もの水路が交差し、さまざまな形で合流・分岐している、内陸の川の三角州に似ている部分もあるからだ。

しかしこれまでのすべての発見で最も興味深かったのは、ホモ・サピエンスがアフリカのどこかで、大昔の人類の小さな一つの系統から進化し、その後、世界中に広がったという、よくできた物語がほぼ間違っていたということだ。いま可能性が高いと考えられているのは、約五〇万年前に共通の祖先を持つ、いくつかの異なるホモ・サピエンスの系統が並行して進化し、三〇万年前に北アフリカ、アフリカ南部、東部の大地溝帯にほぼ同時に出現して、現代の人間はすべて、それらすべてから受け継いだ遺伝的特徴の寄せ集めでできているという説である。(49)

黒曜石とチャートの石器

新たなゲノムのデータは多くを明らかにしてくれるが、ホモ・サピエンスの歴史の始まりから二五万年の考古学的記録は断片的で不完全であり、せいぜいその生活をかいま見るくらいしかできない。三〇万年前、アフリカのホモ・サピエンス（およびネアンデルタール人）は、手斧を使うことをやめ、互いに協力して他のさまざまな道具をつくり使っていた。より小さく、より形の揃った石片を、それぞれ違う仕事に合わせてカスタマイズしたものだ。

石器はときとして、つくった人の技術的な熟練度よりも、その生活について多くを語ることがある。この時代の石器で特に情報を多く含むものは、ケニア南部のオロルゲサイリから出土した三二万年前の黒曜石とチャート（微小な珪岩の結晶からなる堆積岩）の破片である。これらの薄片は、特に面白いものでも珍しいものでもない。そのころには多くの集団がよく似た道具をつくっていて、黒曜石の破片は外科医のメスよりも刃先が細く、チャートが、それに続く便利なものであることをよく知っていた。

これらの破片の特別な点は、黒曜石とチャートの原石は、一〇〇キロメートル近く離れた採石場で採取され、[50] さまざまな大きさや形の刃物や錐(きり)に加工されたことだ。これは数百平方キロメートルに広がる複雑な交流や社会的ネットワークの存在を示しているのではないか。この石器の破片を見つけた考古学者は、そのような仮説を立てている。少なくとも、これらの破片をつくった人々は、石器をつくるのに最適な素材を得るために、特定の場所まで長い距離を歩くくらい、十分な目的意識と決断力を持っていたということだ。

今後もオロルゲサイリのような非常に古い遺跡が発見されて、アフリカにおける初期の人類の生活についての理解にさらに厚みが増す可能性がある。しかしアフリカ大陸の多くの地域の環境条件は、ヨーロッパやアジアの凍てつくような地域に比べると、骨やその他の有機的な素材でつくられたものを保存するのには不向きであるということを知れば、その考えは楽観的すぎるように思える。いまのところ、アフリカの初期ホモ・サピエンスの一部がどのように過ごしていたかを示す最も強烈で驚くべき証拠は、アフリカ南部の海岸に並ぶ洞窟から発掘されたものだ。

アフリカの繁栄

ブロンボス洞窟は、インド洋と大西洋が合流するアフリカ南東部の海岸からほど近い、静かな湾を望む場所にある。洞窟の入り口からは、眼下に広がる海域で越冬することもある、ミナミセミクジラを見られる。

現在では洞窟の入り口から三五メートルほど下には、岩石がひと続きに並んで露出し、小魚やタマキビガイ、イガイ、タコ、カニなどが豊富に生息している。しかし過去二〇万年の間、この潮だまりは干上がっていた。そのころ何千兆トンもの水が氷の塊に閉じ込められていて、海は遠い遠い水平線上に浮かぶ黒い油膜のようにしか見えなかった。洞窟から海岸まで行くには、起伏に富んだ草のはえた広大な丘と、刻々と変化する河口や膝まで浸かる潟湖を通って延々と歩いていかなければならなかった[51]。しかし一〇万年前から始まる三万年間、この海岸線の海水位は過去五億年間のどの時期よりも高く、それは現在とそれほど変わらない。

当時、湾内にいたミナミセミクジラは、自分たちが水面に出たり尾を振ったりする様子を人間が上から眺めていることや、海岸のそばの潮だまりで軟体動物や二枚貝を集めていることに気づいていたかもしれない。人々にとってその洞窟は、眺めがよくて東や西の海岸に行きやすい場所というだけでなく、冬の間、南からこの海岸に襲いかかる暴風雨から守ってくれる避難所でもあった。しかしこの洞窟の最大の魅力はおそらく、肉も魚も豊富に手に入れられることだった。その目玉の一つは、浅い湾で移動しつづける砂の土手に引きずり込まれて、近くの海岸で死んだクジラの巨大な肉とエネルギー豊富な脂肪である。

洞窟内の化石を見ると、この洞窟の住人は焼いたクジラ肉以外にも多くのものを食べていたことがわかる。カサガイ、タマキビガイ、ムール貝を海岸でつまむのに加え、たくさんの甲殻類を持ち帰り、洞窟の中でゆっくりと味わった。さらにアザラシ、ペンギン、カメ、大きなイワダヌキ、小さなメクラネズミなども獲っていたので、食生活はバリエーションに富んでいた。また考古学者は洞窟から魚の骨も回収している。魚の骨は腐敗が早いので、ブロンボスのさまざまな住民が実際にどれだけの魚を食べていたのか、またどれがフクロウが残したものなのか、確固とした結論を出すのは難しい。しかし骨の種類も量も豊富なことから、その住民の一部は魚をつかまえる技能を持っていたことが示唆される。

植物は軟体動物の殻ほど長くは残らない。しかしこの地域は緑豊かだった。彼らの食料の多くが、内陸や海岸沿いで採れた野菜や塊茎、菌類、果物であったことはほぼ間違いない。

また洞窟の中にはとがった石やその破片がたくさんあり、刃がカミソリのように細い矢じりも含まれていて、彼らがいまでもジュホアンの狩りで使われているような、高度な複合工具をつくっていたことを物語っている。しかしブロンボス洞窟の名を知らしめたのは、そこの住民が食料採集をしていないときにしていたことだった。

七万五〇〇〇年前の海貝の殻でできた穴の空いたたくさんのビーズに、おそらく筋や革、植物繊維の紐を通したものは、そこに住んでいた人々が、自分を飾る装身具をつくることに興味を持っていたことを示唆している。洞窟の上部からは、考古学者たちが二つのオーカーの塊を発掘した。その石片それぞれに、不格好だが明らかに人為的に描かれた菱形模様が刻まれていた。また似たような柄がオーカーのチョークで描かれた、滑らかな石も見つかった。これらは七万三〇〇〇年前から七万七〇〇〇年前につくられたと推定されている。そのどれもが特に芸術的に優れたものではなく、カトゥー・パンの手斧をつくった人々に比べれば、技量ははるかに低い。しかしそれでも、これまでに発見された中では最古の具象芸術として語る人が多い。

最古のものは洞窟の最も深い層から発掘された、約一〇万年前のものである。その中に顔料をつくる〝ツールキット〟が二つあった。アワビの殻の容器の中に粉末のオーカー、炭、その他の結合剤。そし

南アフリカのブロンボス洞窟から発掘された、7万年から7万5000年前の首飾りの復元

てそれらを叩いて粉末にするための石臼、ペースト状にするための骨でできた攪拌棒。オーカーと炭は糊として使われた可能性があるが、より正しいと思われるのは、脂肪と混ぜて、オールインワンの日焼け止めや虫よけとして用いられていたという説だ。それらの道具が、誰かがペーストを混ぜている途中で、ちょっと手を止めて脇に置いたように並べられていた。そうした置き去りにされたツールキットから、彼らが送っていた文化的な生活が、何らかの理由で阻止されたことがうかがえる。

アフリカ南部には他にも、ブロンボスのように同じような遺物が豊富にある場所がいくつかあるため、考古学者の多くは、わずかな材料の断片から完全で複雑な生活を想像するのは避けるという、ふだんの慎重さをかなぐり捨てそうになっている。たとえばブロンボスからさらに北上し、少し内陸に入ったところにあるシブドゥ洞窟では、七万七〇〇〇年前から七万年前にかけての時期、住民たちが、貝殻から美しい装飾品をつくり、スゲなどの香草で編んだマットレスで眠っていた。また骨から削り出した千枚通しや針を使って、革をていねいに加工・装飾していたことを示す証拠もある。こうした活動に時間を割く余裕があったのは、ヨーロッパやアジアのホモ・サピエンスの集団が気づく約六万年前から、弓矢の原理を解明していたためと考えられている。[52]

またこの種の文化的生活が、アフリカ南部に限られたものではなかったという興味深い証拠もある。コンゴのセムリキ川近くの地域（大昔の加工品を長期保存するには向かない。また政治的に不安定なため長期的な発掘ができなかった）で、九万年前の骨でつくった銛の頭を、考古学者がいくつも発見した。[53]これらは片方の刃の部分に切り込みを入れてつくったかえしがきちんと並んでいる形で、脂肪が多く栄養価の高いナマズを突くのに最適なものとなっている。銛の頭と一緒にナマズの骨も見つかっている。さらに北へ向かうと、北アフリカ全体のいくつかの遺跡には、[54]ブロンボスの住民のように、人々が習慣的にコモチカワツボの貝殻で装身具をつくっていたことを示す十分な証拠が見つかっている。

ゲノムのデータから見ると、古代アフリカの採集民の集団は、その歴史の大半において驚くほど人口動態が安定していたようだ。これは彼らがきわめて持続可能な生活を送っていたということを意味する。文明の成功の尺度が、長く続くことであるとすれば、アフリカ南部のコイサンの直接的な祖先は、人類史上最も成功した文明を築いていることになる。しかも他に大差をつけて。

アフリカ全体の遺伝的多様性は世界のどこよりも高く、現在一〇万人ほどしかいないコイサンは、他のどの民族よりも遺伝的に多様なのである。この多様性の一部は、二〇〇〇年前の短期間、東アフリカから向こうみずな移住者が流入したことで説明できる。しかし多くは、過去六万年の間にときどき起こっていた、ヨーロッパとその周辺に拡大した採集民を全滅させるような飢饉やその他の大災害の頻度が比較的少なかったことでも説明できる。

アフリカ南部での新たに見つかった証拠には説得力があるが、そこから採集民がどれだけ働いていたか、あるいは彼らが仕事についてどう考えていたかを細かく推測することは難しい。しかし彼らの経済活動、物質文化、社会組織に関しては、二〇世紀まで狩猟採集を続けてきた小規模な採集民と共通する部分があることは、十分に示されている。

ジュホアン族の調査

一九六三年一〇月、カリフォルニア大学の人類学博士課程に在籍していたリチャード・ボルシェイ・リーは、ボツワナ北東部の辺境の砂漠にある水飲み場の近くに仮設キャンプを設営した。彼は世界でも数少ない孤立した最後の狩猟採集社会の一つである北部ジュホアン族（当時彼は「クン・ブッシュマン」と呼んでいた）とともに生活することになっていた。彼らはスクーンハイドなどに住む南部ジュホアン族と同じ、広範な言語共同体の一部を形成していた。しかし重要なのは、一九六〇年代のジュホアン族は、祖先たちが三〇万年間も暮らしてきた、ライオン、ハイエナ、ヤマアラシ、ツチブタなど無数の動物が生息する伝来の土地で、自由に採集生活することができたことだ。

当時、人類学を専攻していた多くの学生たちと同じように、リーもまた、断片的な考古学的記録からは、狩猟採集をしていた私たちに近い祖先ですら、現実の暮らしぶりが伝わってこないという事実に不満を抱えていた。彼からすれば、壊れた矢じりや、長く放置されていた炉や、かじられて砕けた動物の骨の残骸は、どれも古人類学者にとっては商売道具ではあるが、答えよりも多くの疑問を生じさせるものだった。たとえば狩猟採集民の集団の規模は？　どのような組織だったのだろうか？　集団ごとの生態系に大きな違いはあったのだろうか？　そして彼らの生活は、本当に誰もが想像していたような厳しいものだったのだろうか？

リーは二〇世紀まで狩猟採集を続けていた少数の社会を研究することで、「一万年前まで普遍的だった」人間の生活を明らかにできるのではないかと考えた[55]。リーのこの手法が斬新だったのとは別に、何よりの驚きは、それをやろうとした人がそれまでいなかったことだ。ピグミー族やジュホアンのブッシュマンは生きた化石であり、地理的条件、周囲の状況、あるいは単に不運によって、他の人類が科学知識の時代への壮大な旅路へと踏み出す一方で、石器時代に取り残された人々であるという考えが、数十年間も信じられていた。

リーが何よりも知りたかったのは、狩猟採集民がどのくらい食料不足に対処できているかということだった。そのためには、おそらくわずかだと思われる食料を調達するために、どれだけの時間を費やしたか記録するのが一番だと考えた。当時の科学的なコンセンサスは、狩猟採集民は常に飢餓寸前の生活をしていて、いつも空腹で、三〇代まで生きられれば運がいいというものだった。学問の世界以外では、狩猟採集民についての見方は、役に立たない高齢の〝エスキモー〟は凍った海に捨てられるとか、人里離れた土地に住む部族の母親が、生まれたばかりの子を養えないからと、ハイエナの群れに放り込むといった、悲惨な話の寄せ集めによって形成されていた。

リーが組織的な狩猟採集民が存在するオーストラリアや南米ではなく、カラハリ北部を選んだのは、ジュホアンのブッシュマンの集団が、どこよりも石器時代の生活についての洞察を得られると考えたからだ。アフリカ南部の他の地域のブッシュマンが、部分的に「文化変容」していたのに対し、白人が経営する大牧場から遠く離れたところに住む北部のジュホアンは、カラハリの厳しい自然環境のために、農業社会からほぼ隔絶されたままであったことを、リーは理解していた。また偶然だが、その環境が「初期人類が生活していた土地の植物相と動物相」に似ているとも推測していた。[56]

狩猟採集民の生活を体験したいというリーの願いは、学問的な好奇心だけで形づくられたものではなかった。子供時代の最初の記憶が第二次世界大戦中の出来事であるという他の多くの人々と同じく、リーも両親や祖父母の生活、仕事、幸福に対する考え方を形成してきた進歩の物語を、心から受け入れられなくて苦労していた。狩猟採集民だった祖先がどのように暮らしていたかをもっとよく理解できれば、「農業、都市化、先端技術、国家や階級の対立によってもたらされた、よけいな付加物や複雑さを排除した」私たちの種の基本的性質について、何らかの洞察を得られるのではないかと考えたのだ。

「人間は、自らつくり出したきわめて複雑で不安定な生態系で生き延びることができるのか」、また、農業革命に続く「テクノロジーの開花」が人間をユートピアに導くのか、それとも「絶滅」に導くのかは、まだ議論の余地がある問題であると、リーは書いている。[57]

ささやかな労働、豊かな生活

カラハリの生活リズムになじむと、リーは複雑なクリック言語をすばやく理解し、受け入れてくれた人々を感心させた。彼らはリーの気前のよさと気さくさに好感を持っていたが、リー自身はしょっちゅう食物やたばこをくれと要求されることに消耗するようになった。一方のジュホアンの人々は、人類学者が尋ねてくる何百もの退屈な質問にていねいに答えるだけでなく、日々の仕事をこなしている間ずっとつきまとい、腕時計をチェックしたり、手に入れた食物の一口まで重さを量ったりするのも我慢した。

カラハリに到着してから一八カ月後、リーはノートをまとめ、キャンプをたたんで米国に戻った。帰国後、彼は調査結果を『マン・ザ・ハンター（Man the Hunter）』と題された会議で発表した。これは彼が一九六六年四月に、長年の研究パートナーであるアーヴェン・デヴォアとともにシカゴ大学で開催した会議である。この会議で驚くべき新たな知見が発表されるという噂が流れ、偉大なるクロード・レヴィ＝ストロースを含めた人類学の大物たちが、会議に参加するため大西洋を越えてやってきた。

リーの驚くべき新事実の暴露が、この近代人類学史上、最も話題となった会議の方向性を決定した。いまやよく知られている発表の中で、リーはジュホアンの生活を見て「自然状態での生活は必ずしも、それまで信じられてきたように、危険とか、悲惨とか、食べ物が足りないとかいうわけではない」と考えざるをえなくなったと説明した。(58)

リーは聴衆に、調査を行なったのは深刻な干ばつに見舞われていたときで、ボツワナの農村部の農民のほとんどが緊急援助物資のおかげで生き延びていた状況だったにもかかわらず、ジュホアン族は外部からの援助を必要とせず、野生植物の採集と狩猟によって、容易に食べていくことができたと語った。

彼が追跡していた集団では、個人が一日平均二一四〇カロリーを摂取していた。これはその体格の人に推奨される一日の摂取量を一〇パーセント近く上回っていると述べた。特に注目すべきは、ジュホアンは必要な食料をすべて、〝ささやかな労働〟で獲得できたということだ。それで先進国のフルタイム労働者よりも、はるかに多くの〝自由時間〟があった。子供や老人は他者に養われているとして、彼の計算によれば、経済活動をしている成人は、週平均一七時間強を食物の調達に費やし、さらに約二〇時間を、他の仕事（食事の用意、薪集め、住居づくり、道具の製作や修理）に費やしていると計算した。これはアメリカ人の雇用労働者が、仕事、通勤、家事などに費やす時間の半分以下である。

リーが発表したデータに、会議の参加者全員が驚いたわけではない。聴衆の中にはアフリカや北極、オーストラリア、東南アジアなどで、過去数年間、採集民の集団の中で生活し、仕事をしてきた人もいた。彼らは詳細な栄養調査を行なったわけではないが、ジュホアンと同じく、それらの社会の人々もまた、食料調達については意外に楽観的で、必要な栄養は楽に摂取でき、ほとんどの時間を娯楽に費やしていたと言う。

「物質的に多くを求めない」人々

リチャード・リーが『マン・ザ・ハンター』の会議を開催したとき、他の多くの社会人類学者は、

〝部族〟の人々の不可解な経済行動を、当時競合していた二大経済イデオロギーと、なんとか折り合わせようと苦心していた。その二つとは、西側諸国の市場資本主義と、ソ連や中国の国家主導の共産主義である。そのころ経済学は社会人類学の主要な専門分野の一つとして出現していて、この問題が経済人類学者を「形式主義者」と「実体主義者」という、対立する種族に分裂させることになった。

　形式主義者は、経済学はハード・サイエンスであり、すべての人々の経済行動を形成する普遍的なルールに基づいているという立場をとっていた。ジュホアンや、さまざまなアメリカ先住民の〝原始的〟経済は、現代の資本主義経済の素朴な形として理解するのが最善であると主張した。その理由は、同じ基本的欲求、ニーズ、行動によって形成されているからだ。異なる社会の人々が何に価値を置くかを判断するうえで、文化が重要な役割を果たすと、彼らはわかっていた。だからこそ、たとえば植民地時代以前のアフリカ東部、南部の多くの文明では、所有する家畜の数、大きさ、色、角の形、気質で、富と地位を測り、クワキウトル族や海岸セイリッシュ族といったアメリカ北西部の先住民文明は、皮革、カヌー、スギの樹皮で編んだ毛布、奴隷、美しく彫刻された曲げ木の箱といった贈り物を、どっさりと他人に与えられる能力で評価していた。

　しかし形式主義者は、すべての人間は根本的に〝合理的〟であり、たとえ文化が違えば価値観が違うにしても、希少性と競争は普遍的だと主張していた。誰もが価値の追求に関しては利己的で、誰もが希少資源を割り当て、分配するために特別な経済システムを開発する。

　これに対して実体主義者は、二〇世紀の経済学において、より急進的で独創的な声からインスピレーションを得ていた。その反逆者たちの大合唱の中で最も声が大きかったのはハンガリーの経済学者カール・ポランニーで、彼は市場資本主義で普遍的なものは、熱狂的な支持者の傲慢さだけだと主張した。彼は市場資本主義は文化現象であり、近代国家が主に血縁、共有、互恵的な贈与に基づく、より細かくて多様な、社会的な基盤を持つ経済システムに取って代わったときに出現したと論じた。実体主義者は、形式主義者が人間の本質的な性質であると信じていた経済合理性は市場資本主義の文化的副産物であり、他の人々がどのように価値を割り当て、仕事をし、互いに物を交換することを理解するには、もっと心を開くべきだと主張した。

『マン・ザ・ハンター』会議に出席していたマーシャル・サーリンズは、この特別な議論の複雑さに夢中になった。彼はまた戦後の活況に湧くアメリカが当時自らに問いかけていた、より広範な社会的、経済的な問題にも取り組んでいた。

クロード・レヴィ＝ストロースと同じように、マーシャル・サーリンズも現地調査はいくらか行なったものの、遠い異国の地でクロバエや赤痢と戦うよりも、理論と格闘するほうが性に合っていた。才気あふれてはいるが無作法だと評判だった彼は[59]、日焼けした同僚たちよりも少し大局的にものごとを見られ、心の中で、ジュホアンのような採集民族は「他に類を見ない豊かな社会」であるのは間違いないと思っていた。

サーリンズは、ジュホアンのような狩猟採集民が、物質的な困窮や果てしない闘争に耐える生活をしていたわけではないという事実を知っても驚かなかった。彼は数年前から、単純な社会から複雑な社会への進化という問題に集中的に取り組んでいた。リーたちが砂漠やジャングルでブーツについたサソリを取り除いている間、彼は人類学の書籍や植民地時代の報告書など、ヨーロッパ人と狩猟採集民との出会いを記した文書を漁っていた。そこから彼は、少なくとも狩猟採集民が絶えず窮乏との闘いに耐えて生活しているというステレオタイプなイメージは、あまりにも単純すぎるという結論に至った。

サーリンズが最も興味を持ったのは、狩猟採集民が農業や工業で働くストレスの多い労働者に比べ、どれだけ娯楽を楽しんでいたかではなく「彼らが物質的にそれほど多くを求めていないこと」だった。狩猟採集民が他の人々よりはるかに多くの自由な時間を持っていたのは、物質的な必要が満たされていた以上に、わずらわしい欲望に振り回されることがなかったためだと結論づけた。

「欠乏を簡単に満たすには、多くを生産するか、多くを望まないかのどちらかだろう[60]」とサーリンズは述べた。狩猟採集民は、多くを望まないことでそれを成し遂げていて、彼らなりの豊かさを手に入れている。ウォールストリートの銀行家たちは、彼らよりも多くの不動産や船舶、車、時計を所有しながら、それらをどう使えばいいのかわからず、さらに多くを手に入れようと常に苦闘している。

多くの狩猟採集社会、そしておそらく人類の歴史の大部分で、欠乏は人間の経済生活を体系化する特徴ではない。そのため、少なくとも古典派経済学が「根本的な経済問題」と説明しているものは、人間という種にとっての永遠の苦しみではないと、サーリンズは結論づけた。

第六章　森林の幽霊

三八歳のジョセフ・コンラッドにとって、コンゴの熱帯雨林は悪夢の大釜だった。小説家であり、のちに『闇の奥』を著すことになる彼は、一八九五年、コンゴ川のほとりにある象牙とゴムの取引所を往復する、一五トンのおんぼろ汽船ロワ・デ・ベルジュ号の煙突の下で、デッキチェアにへたりこんでいた。彼は、このジャングルが「その無慈悲な胸」に引き寄せられた人々の中に「忘れていた残忍な本能」を生み育てると考えた。そして彼にとって何よりもそれを想起させるのは、樹海の向こうに隠れた村から、湿度の高い夜空を漂ってくる「激しい太鼓の鼓動」と「奇妙な呪文」であり、それは「許された願望の範囲を超えて魂を魅了する」ものであった。

コンラッドのアフリカ最大の森林についての印象的な描写は、コンゴ東部での半年間の冒険の中で、マラリアや赤痢に何度もかかり、せん妄状態に陥ってみた幻覚によって独特の雰囲気をまとっている。しかし何よりも、それは彼がのちに「不正に利得を得るためのこの上ない卑劣な略奪で、人間の良心と見知らぬ土地の探検の歴史をひどく傷つけた」ものを目の当たりにした証言でもある。ベルギー国王レオポルドの公安軍は、コンゴの村人に要求したゴム、象牙、金の代金を恐怖という通貨で支払い、ノルマを達成できなかった者の手を切り落とし、反論した者の首を取った。

コンラッドの猟奇的な悪夢の中で流れていたのと同じ「奇妙な呪文」に誘われ、二九歳だった英国の人類学者コリン・ターンブルは、六〇年後の一九五三年にコンゴ北部のイトゥリの森を訪れた。合唱音楽の愛好家であったターンブルは、現地のムブティ（ピグミー族）の歌の複雑なカスケーディングやポリボーカル・ハーモニーの録音を聴いて興味を持った。彼はそれを生で聴きたいと思った。

一九五三年から一九五八年にかけて、ターンブルは長期旅行で三回イトゥリを訪れた。しかしジョセフ・コンラッドが森から絶え間なく流れてくる「音のカスケード」に「執念深い闇」しか見出せなかったのに対し、ターンブルは「すばらしい世界」を讃える「たくましい賞賛の合唱」に魅了される。ムブティにとってこの森は、暗いとか陰鬱だとか恐ろしいとかいうものではないと、ターンブルは言っている。森は彼らにとって「母であり、父である」。「食物、水、衣服、暖かさ、愛情」を惜しみなく与えてくれる。ときには蜂蜜などの甘いもので「子供」である自分たちを喜ばせてくれる存在だった。「彼らは森の中に、人生を単に生きる価値のあるもの以上にしてくれる何かを見つけた人々だった」とターンブルは説明する。「苦難や問題や悲劇があっても、それを喜びと幸福に満ち、心配から解放された、すばらしいものにしてくれる何かにしてくれるものだ[61]」。

帰国後、彼は義務として課せられていた学術的、技術的な作品を著した。しかし彼の最も重要な著作である『森の民（The Forest People : A Study of the Pygmies of the Congo）』（藤川玄人訳　筑摩叢書）は、この副題から想像されるような学問的な書物ではなかった。ムブティの生活を叙情的に描いたこの作品は、コンラッドがその森林にまとわせた陰鬱なベールを取りのぞき、アメリカや英国の読者の共感を呼んで、一時期、大ベストセラーとなった。この成功により、ターンブルは一時的にファッショナブルな雑誌や、昼間のテレビのトークショーの世界に入り込むことになったが、同業である人類学者たちからの賞賛を浴びることはなかった。中にはターンブルの商業的な成功に憤慨し、粗野なポピュリストと断じた者もいた。ターンブルは夢見る男で、その著作はムブティたちの森の世界よりも、彼の燃え上がる情熱について多くを語っているとささやかれていた。一方で、ムブティの生活を繊細かつ共感的に記録したことを評価する人もいたが、彼の著作が学術的に大きな価値があるとは認められていなかった。ターンブルはそういう声について、特に思い悩んだりはしていなかった。ヴァージニア州でも特に保守的な小さな町で、ゲイであることを公表し、人種の違うパートナーと新居を構えたとき隣人たちの噂話に動じなかったように、ほとんどの同業者たちの議論も大して気になることではなかったのだ。

ターンブルによるムブティの生活の描写は、欠乏や仕事についての採集民の考え方を形成する、奥深い論理を考えさせるものだった。まず採集社会に特徴的な〝共有〟経済が、子育ての環境との関係から自然に延長したものであることを明らかにした。第一に、環境が彼らに食物を分け与えてくれたように、彼らは食物や物質を互いに分かち合っていたのだ。第二に、たとえニーズが小さくて、すぐにそれが満たされたとしても、採集民の経済は環境の摂理への信頼によって支えられていることを明らかにした。

「食料を貯蔵しない」謎

二〇世紀の採集民で、森林の暗闇に寛大で愛情深い親を見たのは、ムブティだけではなかった。数百マイル西に位置するカメルーンのバカ族やビアカ族といったピグミー、インドのケララ州のナヤカ族やマレーシア中央部のバテク族など、森に住む採集民も同じだった。

熱帯雨林よりも開放的で、包み込むような環境ではない土地に住む狩猟採集民は必ずしも、自分たちを愛し、食べさせ、守ってくれる土地の〝子供〟だとは表現しない。しかし彼らはその環境の中に、食物やその他の有用なものを分け与えてくれる精霊や神々、その他の形而上学的な存在の手を見ていた。たとえばオーストラリアのアボリジニの多くは、神聖な川や丘、森、池には、〝夢の時間〟である天地創造のとき、〝歌って〟土地を生み出した原始の精霊が住んでいると、いまでも信じている。

北方遊牧民、中でも多くのイヌイット社会には、急速に氷が溶けている北極圏の片隅で狩猟生活を続けている人々がいる。彼らは生活の支えであるヘラジカ、トナカイ、セイウチ、アザラシなどの生物に魂が宿っているだけでなく、その肉や臓器を食べ物として、皮や毛皮は防寒具として、人間に分け与えてくれていると信じていた。

狩猟採集民の基準からすると、カラハリの採集民は環境に対して冒瀆的な見方をしていた。それは彼らが神々に対して抱いていた複雑な感情を反映したもので、神々は愛情深く、寛大で、人間の問題に対して関心があるとは思っていなかった。しかしそれでもジュホアンは環境の摂理を十分に信頼し、食料を蓄えたり、その日に必要とする以上のものを集めたりすることはなかった。

温帯や熱帯に住み、きちんとした記録が残っている小規模な狩猟採集社会もほぼすべて、余った食料を貯蔵することに関心を持たなかった。そのため野生の果物や野菜が旬を迎えても、一日で食べられる以上を収穫することはなく、しばらく必要でないなら、ためらわず蔓についたまま腐らせていた。

この行動は、のちに狩猟採集民とよく接触するようになった農耕民や、植民地や政府関係者、開発労働者を困惑させた。彼らにとって食料の栽培と貯蔵こそが、人間を他の動物と分けるものだったからだ。とりあえず物が余っているのなら、その機会を生かして、将来をより確かなものにするために、なぜ狩猟採集民はもう少しがんばって働かないのだろうかと、彼らは不思議に思っていた。

それらの疑問に対し、一九八〇年代初頭になってようやく一人の人類学者が答えを出した。彼は二〇年にわたり、東アフリカの大地溝帯にあるセレンゲティ高原のエヤシ湖畔に住む二〇世紀の狩猟採集民ハッザ族と生活をともにして、仕事をしていた。

即時報酬型と遅延報酬型の経済

ハッザ族の長老の中には、自分たちの最も古い祖先は天空から地上に降りてきたと主張する者がいる。しかし特に背の高いキリンの首から滑り降りたのか、巨大なバオバブの木の太い枝をつたって降りたのかはさだかではない。彼らはどちらであろうとあまり気にしないし、考古学者や人類学者でも、この東アフリカの古代の採集民の血筋についてはよくわかっていない。

ゲノム解析によれば、彼らは隔絶された地域に住むはぐれ者であり、数十万年前から続いていた狩猟採集民の系統の一部をなしている。また言語的にも特異であり、ほとんどの人が三〇〇〇年前に東アフリカに進出した最初の農耕民族に関わる言語を話す土地で、まったく違う言語を話すはぐれ者でもあった。彼らの言語は音声学的に複雑で、コイサン語特有のクリック子音もある。それはアフリカ南部の先住民族と直接的かつきわめて古い言語的なつながりがあったことを示唆している。ハッザ族が住むサバンナ環境はカラハリ北部ほど過酷ではなく、水も豊富である。しかし、彼らは伝統的に同じくらいの規模の集団をつくり、ジュホアンのように季節ごとの野営地を移動している。

アフリカ南部の採集民族であるジュホアンとは対照的に、ハッザ族はまだ十分な土地を利用する権利を保持していて、採集をやめてタンザニアの主流の暮らしと農耕経済に同化することを望む政府関係者の勧めを、集団で拒絶することができた。その結果、現在でも多くの人が、基本的に狩猟と採集で生活している。そのためエヤシ湖には、人間の進化史における栄養と仕事とエネルギーの関係を解明しようとする科学者が引きつけられる。

一九五七年の夏、ジェームズ・ウッドバーンはセレンゲティ高原からエヤシ湖畔に到着し、そこで社会人類学者として初めて、ハッザ族と長期的な関係を築いた。一九六〇年代には、狩猟採集民研究の復活を先導した、若い人類学者の集団で最も影響力を持っていた一人だった。そして彼もリチャード・リーと同じように、弓で狩りをするハッザ族が、それほどの苦労なく食べていけていることに衝撃を受けた。一九六〇年代初頭、彼はハッザ族について、次の食事の材料をどこで調達するか心配するより、矢を賭けて行なう偶然のゲームで勝つか負けるかに夢中のけちなギャンブラーと表現した。またジュホア

ンと同様に「たいした努力、熟考、設備、組織なしに」、簡単に必要な栄養を摂取できていたと述べている。(62)

二〇〇〇年代前半に退職するまで、ウッドバーンは半世紀近くにわたってエヤシ湖とロンドン・スクール・オブ・エコノミクスを往復していた。彼は大学で社会人類学を教えていた。ハッザ族について彼が興味を持った多くのことのうちの一つは、単に食物さがしに費やす時間が短いということだけでなく、やはりジュホアンと同じく、その日に食べる以上の収穫をする気がなく、食料を蓄えようとしなかったという事実である。そして長くいればいるほど、このような短期的な思考こそが、彼らの社会が平等で、安定し、永続的であることを理解する鍵だと確信するようになった。

「人々は労働をすればすぐに直接的な見返りを得られる」と、彼は説明する。「狩猟や採集に出かけ、手に入れた食料をその日のうちに、あるいは特に何も考えず、その後の何日かで食べる。ていねいに加工したり、保存したりすることはない」。彼らは比較的単純で持ち運び可能、実用的、入手しやすく交換可能な道具や、巧みにつくられた武器を使うが、それらはそれほど苦労せずつくれる。(63)

ウッドバーンはハッザについて「即時報酬型経済」と表現した。(64) 彼はそれを工業社会や農業社会の「遅延報酬型経済」と対比した。後者では、労働力はほぼ常に、将来の報酬を確実に得ることに主眼が置かれていると指摘した。これがジュホアンやムブティのような集団と、農耕社会や工業化社会だけでなく、大規模で複雑な狩猟採集社会（アメリカ北西海岸のサケの豊富な海辺での生活など）との違いであると、彼は述べている。

ウッドバーンはある社会がすぐに見返りを得られる経済から、見返りが遅れる経済へとどのように変化したのか、またその変化が私たちの仕事に対する考え方をどのように変えたのかについては、特に興味を持っていたわけではない。

しかし彼は、すぐに見返りを得られる社会がすべて、階級が存在せず、首長やリーダー、組織的な権威者を持たず、個人間の物質的豊かさに大きな格差が生じることを許さなかったという事実に興味を引かれた。彼は採集民の仕事に対する姿勢は、単に環境の摂理に対する信頼からくるものではなく、食料やその他の物質的リソースを均等に分配するための社会規範や習慣に支えられていたという結論に達した。言い換えると、誰も他人の上に立つことができなかったのだ。そしてその中でも特に重要だったのが〝分かち合いの要求（デマンド・シェアリング）〟だった。

分け与えるのが当たり前

二〇世紀後半、世界にまだ残っていた採集文化の中に入って生活していた多くの人類学者にとって、受け入れてくれた相手から、当たり前のように食物や贈り物、道具、鍋、石鹼、衣服などを要求されるのは、最初のうちは安心できることだった。まったく異質な世界と感じられた生活に適応しようとする自分たちを、便利な存在として歓迎されていると感じられた。しかしそのうちに、自分たちの食料が相手の腹の中に消えていくのを目の当たりにすると、いらだちを感じるようになった。薬や絆創膏、包帯、軟膏などが入っていた薬箱がどんどん空になり、数日前まで自分たちのものだった服を着ている人がいることに気づいた。

だいたいは一時的なものだが、受け入れ先の採集民から搾取されているという感覚は、物質の流れが主に一方向で、自分たちが取られるばかりであると感じるときに大きくなった。また自分たちが慣れ親しんでいた社会的な気配りに欠けていることに対して強い不満を抱くこともあった。採集民たちは食料や物を要求することと、「どうぞ」や「ありがとう」といった、他のたいていの土地では頼み事や贈答をするときには不可欠な、個人間の恩や感謝の表現とを結びつけてはいないことを、彼らはすぐに理解した。

採集民の生活リズムになじめず、どうしても利用されているという感覚から抜け出せなかった者もいた。しかしほとんどの人は、人間同士の間の食物や物質の流れを支配する論理について、もっと直感的な感覚を把握して、贈答に関する社会的なルールが、ある面で自分の育った環境とは正反対の世界であることを受け入れられるようになる。他人に何かをくれとストレートに頼むことはまったく失礼ではないが、何かを頼まれたときに断るのはきわめて無礼であり、断ると自分勝手という誹りを受け、暴力に発展することも少なくないことが明らかになった。

また採集社会では、分かち合う価値のあるものを持っていれば、すぐにそれをくれと要求されることに気づいた。自分たちが多くを要求されるのは、たとえわずかな研究費しかもらっていなかったとしても、物質的には採集民よりはるかに豊かだったからだ。つまりこれらの社会では、分かち合いの義務に制約はなく、与えるものの量は、他の人と比べて自分がどのくらいの物を持っているかで決まるということだ。その結果、採集社会では特に生産性が高く、他の人よりも多くの貢献をする人々が存在し、また、（批判的な政治家や当惑している経済学者の言葉で）しばしば「フリーローダー（たかり屋）」と呼ばれる人々も存在した。

〝分かち合いの要求〟と〝容認された窃盗〟

一九八〇年代にオーストラリアのアーネムランドでアボリジニのヨルング族の採集民と生活を共にした人類学者ニコラス・ピーターソンは、彼らの再分配の習慣を〝分かち合いの要求〟と表現したことで知られる[65]。そのときからこの言葉が定着している。現在では、与える側からの申し出ではなく、受け取る側からの要求に基づいて、食料や物質を分かち合う社会全般を指す言葉として使われている。分かち合いの要求が人々の間で物や材料がやりとりされる主要な手段となっているのは、狩猟採集民の社会だけかもしれないが、この現象は、彼らの社会だけのものではない。これは他のすべての社会でも、特定の状況における食料その他の物質の再分配を行なう重要なメカニズムでもある。

しかし当時の人類学者すべてが、あるコミュニティにおける物の再分配モデルの説明として〝分かち合いの要求〟という語が最適であると賛同していたわけではない。ニコラス・ブラートン・ジョーンズは、一九七〇年代から八〇年代にかけて、カラハリを出たり入ったりしながら、短期調査プロジェクトをいくつも実施した社会人類学者集団の一人だった。彼はむしろこれは〝容認された窃盗〟と考えたほうがいいのではないかと提唱した[66]。

〝容認された窃盗〟とは給与明細を見ていて、給料の多くが税金として取られていることに気づいたときに考えることだ。しかし正式な課税が分かち合いの要求と同じように再分配という目的を果たすとしても、国家の課税制度についての説明なら、「合意に基づく命令の共有」のほうがいいのではないか。少なくとも民主制が成立しているところなら。分かち合いの要求は、与える側と受け取る側の間に親密な結びつきがあるが、国家の課税システムは制度的な匿名性に包まれ、顔の見えない国家の力に支えられている。たとえその究極の権威は、国民から彼らの金を取ることを委託された政府から与えられているとしても。

ジュホアンの人々に、分かち合いの要求は〝窃盗〟の一種ではないかと尋ねると、あきれたような顔をした。彼らにとって窃盗とは、断りなく奪うことだった。また彼らが自由に採集していたころは、互いに盗むことに意味はなかったことも指摘された。欲しいものがあれば、頼めばよかったのだ。

〝容認された窃盗〟や〝フリーローダー〟という言葉は、寄生経済で生活している人々、つまり不労所得で生活する人、金貸し、スラムの地主、悪徳弁護士、その他、一般庶民の懐に手を入れる悪役として描かれる人々を説明するのに使われることがある。それは新しいことではない。課税を盗みにたとえることは、ゆすりと同じくらい昔から行なわれている。そして歳入が王や泥棒政治家の贅沢な生活や利己的な野心を維持するために不正に使用された場合、課税が盗みの一形態であるという考えを否定するのは難しい。しかし不平等がはびこらない社会を守るために、人々が公共の利益のための集団的責任を負っている場所で、その批判を定着させるのはさらに難しい。

市場資本主義者も社会主義者も同じように、〝フリーローダー〟による盗みを容認する現象を腹立たしく感じている。ただ敵意を向けるフリーローダーの種類が違うのだ。社会主義者は怠惰な金持ちを悪者扱いし、資本主義者は「怠惰な貧乏人」に対して軽蔑の目を向ける傾向がある。あらゆる政治的立場の人々が、定義が多少異なっていても、つくる人と取る人、生産者と寄生者を区別するようになったことは、社会における勤勉な人と怠惰な人の対立が普遍的なものであることを示唆しているのかもしれない。

しかし需要を共有する採集民の間では、こうした区別はそれほど重要でないと考えられていたという事実からは、この独特の対立は、はるかに新しいものだと考えられる。

ジュホアンのような採集社会は、物質的平等と個人の自由は相入れないもので、両立できないと思い込んでいる人々にも問題を提起している。なぜなら分かち合いを要求する社会は高度な個人主義でもあり、他者による高圧的な権威には誰も従わないが、同時に強烈な平等主義でもあるからだ。これらの社会において、自然に他の誰にでも負担を負わせる権利を与えることで保証されているのは、第一に、物質的な豊かさがほぼ均等に行き渡ること。第二に、生産性が高いか低いかにかかわらず、誰もが食物を得られること。第三に、希少なもの、価値ある物が広く流通し、誰でも自由に使えること。最後に、物質的な富を誰よりも多く蓄えることが実際的な目的にかなうことではないので、それにエネルギーを費やす理由がなくなることだ。

分かち合いの要求を規制する規範やルールは、狩猟採集社会ごとに異なっていた。たとえば採集民であるジュホアンの間では、分かち合いの要求は微妙な妥当性の原理によって節度が保たれていた。誰かが食べている食物を、公平な取り分以上くれるとは期待しないし、自分のシャツを誰かが着ていても、それがその人が着られる唯一のシャツなら、当然、返してくれるとは思わない。また誰が何を誰に対して、いつどのような状況でなら要求できるのかについて、細かな禁止事項や規範がたくさんあった。誰もがこれらのルールを理解していたので、理不尽な要求がなされることはほとんどなかった。同じくらい重要なのは、たとえ惜しいと思ったとしても、何かを分けてほしいと頼まれて、憤慨する人はいなかったことだ。

ジュホアン族にはもう一つ、もっと正式な贈答のシステムがあった。装飾品、衣服、楽器といった物については、別のルールでやり取りされていた。そのようなルールが、個々の集団や家族グループを超えて、人々を相互の好意のネットワークで結んでいた。特筆すべきなのは、こうしたシステムの下でもらった贈り物を、長く持ち続けることはないということだ。大切なのは「贈る」という行為であり、受け取った物はすぐに他の誰かに贈られ、その人も当然、次へ回すというのが、そのシステムの楽しさの一部になっているということだ。その結果、たとえばダチョウの卵の殻を使ったネックレスが、数年の間、他の人の手を渡り歩き、つくり手のところに戻ってくるということもある。

利己的本能と社会的本能

嫉妬（ジェラシー）や羨望（エンヴィー）は悪いものとされている。なにしろそれは「大罪」であり、トマス・アクィナスは『神学大全』の中で「心の不純物」であると述べている。このきわめて利己的な性質を批判しているのはカトリックばかりではない。主要な宗教すべてで、地獄にはこの緑色の目をした怪物に溺れた者を待ち受ける特別な場所があるとされている。

言語によっては、嫉妬と羨望を区別するものもある。ほとんどのヨーロッパ言語では、羨望は他人の成功、富、幸運を欲しがったり賞賛したりするときに生じる感情を表わすのに使われ、嫉妬は、自分がすでに持っているものを他人から守らなければならないという、圧倒的な負の感情と結びついている。しかし現実的に、ほとんどの人がこの二つの言葉を同じような意味で使っている。意外なことではないが、これら二つの言葉は、他の多くの言語にそのまま置き換えられない。たとえばジュホアン語ではこれらを区別せず、英語やアフリカーンス語にも堪能なジュホアンは、「嫉妬（ジェラシー）」という語をどちらの意味でも使う。

進化心理学者が嫉妬のような利己的な性質を、社会的な性質となんとか折り合いをつけようとするのは理解できる。またダーウィンが高度に社会的な昆虫種の協力行動を「特別な難題」と考え、進化論に〝致命的〟な影響を与えるのではないかと心配した理由も理解できる。[67]

個人レベルでは、利己的な感情の進化上の利点は明白である。物質的に困窮しているときに生き続ける助けとなるだけでなく、生殖の相手を見つける活力を与えてくれる。それで私たちの生き残る可能性が高まり、自分の遺伝子をうまく引き継がせることができるのだ。私たちは、他の種でこのような現象が常に起こっているのを目にする。そして社会的なヒエラルキーを確立するため、あるいは食物や生殖パートナーを得る競争で優位に立つため戦い合っているとき、嫉妬や羨望によって刺激される感情のようなものが、他の動物のシナプスからあふれ出ていると考えるのが妥当である。

しかしホモ・サピエンスは社会的で高度に協力的な種でもある。私たちは協力して仕事をすることにうまく適応している。また私たちは苦い経験から、私利私欲による短期的な利益よりも、長期的な社会的コストが上回ることがほとんどであると知っている。

利己的な本能と社会的な本能の対立の謎を解明することは、進化心理学者だけの領域ではない。私たちの進化上の祖先が、年下のきょうだいの口から食べ物を取るのはよくないと考えるようになったときから、これは私たちの種において、ほぼ普遍的に重要な問題だった。また考えられるあらゆる芸術媒体で表現されていて、神学者や哲学者の間で、果てしない議論と討論を巻き起こしてきた。この対立はまた、現代の経済学者が得意とする込み入った定理、レーダーチャート、複雑な公式の裏にあるものだ。経済学が主に、希少なリソースを配分するために発展したシステムを扱うとすれば、リソースが希少になるのは、各個人が自分のためにそのリソースを欲しがるから、そして社会の働きを維持するために、リソースを公平に割り当てるための社会のルールを認める必要があるからだ。

現代の経済学者で、その仕事における根本的な対立に表立って言及している人はほとんどいないが、啓蒙思想家のアダム・スミスが、のちに近代経済学の祖と呼ばれることになるものを書こうとしたとき、このことを念頭に置いていた。

利己心と平等主義

一七九〇年にアダム・スミスが亡くなって以降、歴史家、神学者、経済学者たちは、彼が宗教的な人間だったかどうかを立証するために、彼の著作を徹底的に検証した。スミスが信仰を持っていたとしても、それほど熱心な信者ではなかったというのが、大方の意見である。彼は周囲の世界を理解するために、信条(ドグマ)よりむしろ理性を第一に考えていた。とはいえ、説明や分析はできても、完全に明確化できない謎があると確信していたのは間違いない。

スミスは人間は突き詰めれば利己的な生物であるという立場を取った。彼は「人は自分の利益しか考えない」と信じていた。しかし利己的な行動がなぜかすべての人に利益をもたらすとき、まるで「見えない手」によって行動が導かれ、「人」が意図するよりも効果的に、社会の利益が増大するとも信じていた。

これについてスミスが参考にしたのは、一八世紀のヨーロッパのマーケットタウンである。そこでは貿易商、製造業者、商人たちが、それぞれ富を得るために働いていたが、彼らの尽力のおかげで町や地域が全体として豊かになっていったのだ。それでスミスは、規制による干渉を受けない自由な企業は、意図せずすべての人のための富を生み出し、「地球がすべての住民に等しく分割されていたら起こっていたはずの、生活必需品の分配」が必ず起こると結論した。

アダム・スミスは、特に激しい批判者や熱烈なファンによって描かれるように、利己主義を堂々と支持していたわけでもなければ、規制なき市場の唱道者でもなかった。またスミスが述べた「見えざる手」が、いまだ福音として恭しく引用されることがあるが、現在、その頑なな解釈を擁護する人はほとんどいないだろう。スミス自身もおそらく、複雑な金融派生商品と、資産価値が膨らみ続ける現代の経済界は、利己的な商売の意図せぬ利益について考えたとき前提としていた、「商店主や行商人」が住む世界とは、まったく異なる場所だとすぐ認めるだろう。

確かに、彼の哲学的な著作からは、たとえばシャーマン法を支持しなかったとは考えにくい。シャーマン法はスミスの死後一世紀を経た一八九〇年に、連邦議会で全会一致で可決され、当時、じわじわとアメリカの産業の首を絞めていた、鉄道や石油の独占を解消することを目的としていた。

しかし皮肉なことに、採集社会における利己主義と嫉妬の社会的役割が示唆しているのは、スミスの言う見えざる手が後期資本主義には特に当てはまらないとしても、個人の利己心の総和によって「生活必需品」のきわめて公平な分配が確実にできるようになるという彼の信念が、小規模な集団社会のみであったにしても、正しかったということだ。ジュホアンのような社会では、羨望によって起こる分かち合いの要求が、どこの市場経済よりもはるかに公平な「生活必需品の分配」を保証していたからだ。

つまりジュホアンのような採集民の「徹底した平等主義」は、規則も正式な法律も制度もない、きわめて高度な個人主義かつ流動的な小規模社会における、利己的に行動する人々の相互作用から自然に生じた結果だったのだ。それはまた小規模な採集社会では、利己心は常にその闇である嫉妬に監視されていることから、誰にも公平な取り分が保証され、各自が公平を意識して欲望を抑えるからでもある。また天賦のカリスマ性を持つ者も、その生来の権威を行使するのに慎重になる。それ以外に、狩猟採集民が徹底した平等主義を維持するために用いた重要な武器は嘲笑である。ジュホアンをはじめ、十分に調査された他の多くの狩猟採集社会では、嘲笑は誰であれ、そしてすべての人に、公正に加えられた。それは痛烈で露骨なことも多かったが、悪意に満ちていたり、有害であったり、意地悪であったりすることはほとんどなかった。

階層社会において、嘲笑はしばしば、権力が道徳的権威を超える威張り屋が行なうものである。しかし嘲笑は弱者の道具でもあり、権力者をさらし者にして、その責任を問う手段でもあった。ジュホアンの場合、これは「狩人の肉を侮辱する」という伝統的な習慣に特によく現れている。

ジュホアン族の採集民は、脂肪、骨髄、肉、内臓を、あらゆる食物の中で「最強」であると考えていた。採集した木の実や塊茎、果物では不足しがちなエネルギー、ビタミン、タンパク質、ミネラルが豊富で、肉の有無は、どんなに冷静な人でも、我を忘れてしまうくらいの問題だった。

また狩猟者が肉を居住地に持ち帰っても賞賛はされないし、それを期待してもいないということでもあった。むしろその獲ってきたものを馬鹿にされ、肉の分け前をもらう人たちから、獲物が痩せているとか、どんなに大きくても、肉が少なくて全員に行き渡らないとか文句を言われると思っていた。狩猟者は死骸を差し出すとき、申し訳なさそうにして、自分の手柄については常に謙虚であることが求められた。

ジュホアンの説明によると、そのようなことをする理由は、狩猟者への「嫉妬」と、肉の分配を担当することが増えると、その人の政治的、社会的リソースが大きくなりすぎるという懸念があるからということだった。

「若い男が多くの獲物を殺すと、自分を首領や大物だと思うようになり、他人を自分の下僕、あるいは目下の者と思うようになる」と、弁が立つジュホアンの男がリチャード・リーに説明した。「私たちはそれを受け入れられない。だから肉に価値はないと、いつも言っている。そうやって頭を冷やしてやれば、そいつは優しくなる」。

軽い冷やかしのようなものであれ、侮辱されること以外にも、優秀な狩猟者が自分の仕事とスキルに払わなければならない代償があった。

獲物が大きくて、全員が好きなだけ食べられるならば問題ない。しかし肉の量が少なくて行き渡らないときは、誰がどの部分を、どのくらい食べるかは難しい問題になる。狩猟者は常に決められた手順で肉を分配するが、自分の分け前に納得できなくて失望する者が出る可能性はある。彼らはそれを嫉妬（ジェラシー）を意味する言葉で表現していた。肉は食べると快感を呼ぶが、狩猟者としては、それを分配するときのプレッシャーを、価値あるものではなくむしろ面倒だと思っていた。

ジュホアンにはそれについて別の対処法があった。本当の肉の所有者、つまりその分配を担当するべきなのは、獲物をしとめた者ではなく、その矢の所有者であるという主張である。たいていの場合、それは狩猟者本人だった。しかし狩りに熱心な者が、それほど熱意のない者に矢を借りることは珍しくなく、それはまさに、肉を分配する重荷を負わないようにするためだった。これはまた、老人や近眼、足の悪い者、怠け者でも、注目の的になるチャンスがあったということだ。

遅延報酬型の狩猟採集民

記録が残されているすべての狩猟採集社会が、ジュホアンやハッザ族のように階級社会を嫌っていたわけではない。

約一二万年前、一部のホモ・サピエンスがアフリカとアジアをつないでいた陸地（現在のスエズ運河で結ばれている）を渡り、中東に定住した。その後、そこの住人たちが、いつごろこの暖かい地域から、中央ヨーロッパやアジアに広がったかはわかっていない。大昔の骨や歯から採取されたゲノムからは、アフリカ以外の主要な民族すべての遺伝的構造の多くを占める現生人類は、約六万五〇〇〇年前に誕生したことが示唆されている。これは最終氷期のまっさい中で、地球の気温が現在より平均五度低く、冬の氷床が急速に南へと広がっていて、しだいにスカンジナビア全体、アジアの大部分、そしてヨーロッパ北部（ブリテンとアイルランドを含む）を飲み込もうとしていた。その結果、どこかのツンドラが南フランスや現代のイタリア、イベリア半島、コートダジュールの大部分まで広がり、現在のような太陽が降り注ぐ土地というよりも、東アジアの寒冷な大草原（ステップ）のような場所になった。

また同じゲノムデータから、この拡大の波の先頭はまず太陽が昇るほうに向かい、やがて四万五〇〇〇年前から六万年前の間にオーストラリアまで到達したことも示唆されている。氷に閉ざされたヨーロッパ本土では、西と北への拡大ははるかに遅く、イベリア半島は約四万二〇〇〇年前までネアンデルタール人しかいなかったと思われる[68]。

過去三〇〇年間のヨーロッパからの移民がそうであったように、ホモ・サピエンスの祖先にとっても、アメリカ大陸はまさに新天地だった。現生人類は二七万五〇〇〇年以上にわたり、アフリカ南部で採集生活を続けていたが、初めて北米へと渡ったのは、一万六〇〇〇年前だった。そしてのちに新大陸に到達した多くの人々と同じように、最初にアメリカ大陸に渡った者も、おそらく船でそこに向かったのだろう[69]。

ヨーロッパやアジア、その他の地域の、もっと温暖な地域に定住した採集民の中には、アフリカの親類たちとほぼ同じように生活し、働き、社会を築いた集団もある。しかしすべてがそうだったわけではない。

もっと寒冷な土地に定住した人々は、湿度の高い熱帯や亜熱帯であるアフリカの採集民からすると、季節ごとに気候がまったく違っていたため、少なくとも一年のうち何カ月かは、異なるやり方で仕事をせざるをえなかった。そうした集団はある意味で、四四〇〇年前くらいから出現し、一九世紀後半まで繁栄していた、クワキウトル族や海岸セイリッシュ族、ツィムシアン族といった、アメリカ太平洋岸北西部の「複雑な」狩猟採集社会に似ているはずだと主張する人類学者もいる。

彼らのスギで造られた優美な共同住居と村には、数百人の人々が暮らしていた。かつて北はアラスカからブリティッシュコロンビア、ワシントン州を経てオレゴン州に至る太平洋西海岸の湾や入り江に、そうした村が点在し、堂々たるトーテム像が、数々の小島と大陸を隔てるように走る水路網を守っていた。これらの社会は、狩猟、採集、魚釣りで自給自足し、環境がそれらを与えてくれるという信頼を持っていたという事実以外に、ジュホアンのような採集民との明確な共通点はほとんどなかった。「複雑な狩猟採集民」とか「遅延報酬型狩猟採集民」と、さまざまに説明される彼らはむしろ、生産性の高い農耕社会とよく似ている。大規模で永続的な集落に住み、大量の食料を貯蔵し、社会的なランクを上げることに熱心で、そのために贈り物をばらまく。彼らがそのようなことをするのは、春から秋にかけてずっと繁茂するベリーやキノコやガマなど、季節ごとの食物が驚くほど豊富な土地に住んでいたからだ。しかしそこに変化をもたらしたのは、彼らの魚介類好きと、漁業民としてのスキルだった。

彼らは一年を通じて、海で獲れる銀ダラ、キンムツ、小型のサメ、ヒラメ、フエダイ、エビやカニ、カレイ、また内陸の川や湖で獲れるマスやチョウザメなどを食べていた。しかし採集民であるジュホアンのような厳格な手法を捨てることができたのは、沖合数マイルを群れを成して泳ぐニシンやユーラカン（訳注：ワカサギの一種）など脂の乗った魚や、毎年初夏から秋にかけて産卵のために地元の川を数百万単位で上ってくる、五種類のサケのおかげだった。それらを大量に捕獲できたので、数週間という短い期間で、翌年まで命をつなげるだけのサケをつかまえて保存することができた。

彼らの漁猟は季節ごとに行なうため、こうした社会の住人たちは一年の大半の時間とエネルギーを、豊かな芸術的伝統の発展、政治活動、手の込んだ儀式、贅を尽くした宴会であるポトラッチの開催に費やし、そこで主催者たちは互いに競い合って大盤振る舞いをしていた。彼らの物質的な豊かさを反映し、宴会では贅沢な富が誇示されることが多く、ときには所有物を儀式的に破壊する行為——船を燃やす、奴隷を儀礼的に殺すなど——が行なわれることもあった。客がカヌーに魚油や精巧な織物の毛布や曲げ木の箱、銅板などの贈り物を積んで帰路につくと、主催者たちは自分たちが求める地位にふさわしい豪華な贈り物をするための借金の計算を始めることもあっただろう。

越冬と仕事の変化

五万年前から中央アジア、北アジア、ヨーロッパに定住した採集民が、紀元前一五〇〇年から一九世紀後半にかけて、太平洋沿岸北西部に栄えた文明のように物質的に洗練していたことを示唆するものは何もない。また彼らが大規模な永続的コミュニティで生活していることを疑問視する声もない。しかし彼らの仕事が季節性であるという重要な性質が、太平洋沿岸北部に住む人々と似ていて、それは温暖な地域の小規模な採集民が、自給自足の生活をしている方法とは大きく異なるということは、十分に説明がつく。

まずたとえばアジアの凍てつくような大草原に住み着いた人々は、生きていくためだけにも、アフリカの採集民よりも多くの仕事をしなければならなかった。一年中、裸で歩き回ったり、星空の下で眠ったりすることはできなかったのだ。長い冬を越すには、工夫された衣服や丈夫な履物をつくり、火を維持するための燃料を大量に集めなければならない。また冬の吹雪に耐えられるような頑丈なシェルターをさがす、あるいはつくる必要があった。

意外なことではないが、ほぼ永続的な構造と住居をつくったことを示す最古の証拠は、最後の氷河期でも最も気温の低い時期――だいたい二万九〇〇〇年から一万四〇〇〇年前――に人類が定住した場所から出た。それは頑丈なドーム型で、何百本という重く乾燥したマンモスの骨でつくられ、ウクライナ、モラヴィア、チェコ、ポーランド南部の遺跡で発見されている。使用するときは、防風・防水のために動物の皮でおおっていたと思われる。大きいものは直径が六メートルを超え、手間がかかっていることから、製造者は毎年それらに手を加えていたことが示唆される。発掘された最古のものは二万三〇〇〇年前のものとされているが、同じような構造物が他の場所で、マンモスの骨より耐久性が低い木などの材料でつくられていたと考えていいだろう。

このような環境での生活では、より多くの仕事をしなければならないだけでなく、少なくとも一年のどこかで、違う形で仕事を整理することが求められる。冬支度は、アフリカの採集民が行なうよりも、はるかに入念な計画を必要とした。マンモスの骨で家をつくり、それに皮をしばりつけることは、最初の冬の嵐が吹き荒れたあとにできることではない。また狩猟や防寒のための皮や毛皮の準備も、事前にしておかなくてはならない。

また一年を通して、意識的に数時間働いただけで、新鮮な食料を手に入れることは現実的ではなく、もちろん可能でもなかった。雪と氷におおわれる数カ月間は、採集は不可能に近く、狩猟ははるかに危険だった。しかし何カ月も広大な深い氷の中で生活することには、いくつかの利点があった。それは食べ物が腐らないということだ。厳寒期の初めに解体した肉が、数カ月後に雪が解け始めたときにまだ食べられた可能性がある。余ったものを保存しておくという考えがなければ、マンモスのような大きくて危険な動物を日常的に狩猟していたことを示す証拠が存在する意味を理解するのは難しい。

真冬の間は、生活や仕事のペースも遅くなる。ときどき狩りをしたり、薪を集めに行ったりする以外は、火のそばに集まって長い時間を過ごすことになる。世話好きの人が、物語、儀式、歌、交霊体験などで楽しませ、気を紛らせてくれたのだろう。器用な人は、新しいスキルを開発して、それに熟達することに目的を見出す。かつて考古学者や人類学者は、ヨーロッパやアジアでのアートの開花を、ホモ・サピエンスが重要な認知域を超えた証左であるとしたが、それらも長い冬があったからこそ生まれたものであると考えたのは偶然ではない。またフランスのショーヴェ洞窟の壁を飾るマンモス、野生のウマ、ホラアナグマ、サイ、ライオン、シカなど、三万二〇〇〇年前のフレスコ画のようなアートの多くが、雨の入ってこない洞窟を照らす火の光の中で描かれたのも、偶然とは考えにくい。アフリカやオーストラリアなどでは、岩はほとんど露出した表面にある。

その時代の人々が冬に火を囲んで何をして過ごしていたかを教えてくれるのは、ヨーロッパとアジアの遺跡から出土した大昔の骨やシカの角、マンモスの牙の彫刻、精密で巧妙な装身具である。中でも有名なのは、ホーレンシュタイン・シュターデルにある世界最古の表象的な彫刻、レーヴェンメンシュ

（「ライオンマン」）である。三万五〇〇〇年から四万年前に彫られたマンモスの牙の像は、採集者が自分たちとまわりにいる動物との関係を存在論的に流動的なものと考えていたことだけでなく、仕事の媒体としての牙の特異性に対応するために、さまざまな技術や道具をつくり、使いこなしていたことに気づかせてくれる。

しかし冬のいちばんつらい時期が過ぎるのを待つ間、そこの人々が何をしていたかについてのヒントをくれたのは、一九五〇年代にロシアの都市ウラジーミルの東にあるクリャージマ川の泥沼のほとりで発見されたスンギルという遺跡だった。石器や他のよくあるこまごまとした物の他に、考古学者がそこでいくつかの墓を発見した。中でも目立ったのは、精巧につくられた二人の少年の墓だった。その少年たちは三万年から三万四〇〇〇年前のある時期に一緒に埋葬され、その横にはマンモスの牙をまっすぐに伸ばした槍が置かれ、一万個近いマンモスの牙のビーズ飾りがついた服と、一〇〇匹以上のキツネの頭蓋骨から抜いた歯で飾ったベルトなどを身につけていた。

考古学者はこのビーズをつくるだけでも、一万時間はかかったと推定している。これは週四〇時間労働をして五年間フルタイムで働くのに相当する。この少年たちはおそらく貴族のような立場にあり、その結果、これらの墓は採集民の間の不平等が形で示されたものだという指摘もある[70]。しかしそれは階級制度があったことを示す証拠としては薄弱である。平等なジュホアンの採集民たちも、同じくらい精巧な物をつくっていたのだ。しかしマンモスの牙のビーズや他のアイテムをつくるのに費やされた時間とスキルから考えて、太平洋沿岸北西部の先住民のように、年間の労働サイクルは季節的で、冬には屋内でのアート活動に力を注ぐことが多かったと思われる。

　ヨーロッパとアジアの採集民は、折にふれて食料を貯蔵し、激しい季節的な変化に合わせて年間の仕事のやり方を決めることで、長期的で将来を見据えた仕事との関係を築くための重要な一歩を踏み出した。そうすることで、彼らは希少性とも異なる関係を発展させた。それは現在の私たちの経済生活を形成するものと、ある重要な点で似ている。しかし温暖な地域の採集民に比べ、事前計画が必要だったとしても、彼らは少なくとも季節的な環境の摂理を、広く信じていた。これはいささか皮肉なことだが、一万八〇〇〇年前に地球が暖かくなり始めたとき、誰もが食料生産に向けた最初の運命的な一歩を踏み出し、私たちの種のエネルギー消費量の増加、仕事への執着の土台を築くことになった。

第三部　畑で骨折って働く

第七章　崖から飛び降りる

一九五七年一〇月一九日土曜日の夕方、オーストラリアのブルーマウンテンズにあるゴヴェッツ・リープ近くの崖を歩いていたハイカーたちが、畳まれたレインコートの上に、メガネ、パイプ、コンパス、帽子が、きちんと並べて置かれているのを見つけた。それらは当時引退したばかりの、世界的に有名できわめて変わり者であることでも知られていた考古学者、ヴィア・ゴードン・チャイルド教授のものであることが、のちに判明した。彼は近くのキャリントン・ホテルに宿泊の予約をしていたが、その日、山歩きのあとに姿を消し、運転手から行方不明であると報告されていた。捜索隊が派遣され、ゴヴェッツ・リープから五〇〇フィート（一五二・四メートル）下の岩場をさがし、教授の無残な死体を連れ帰ってきた。地元の検死官が簡単な調査を行ない、近眼の教授はメガネをなくして足を踏み外し、転落死した痛ましい事故であると結論した。

二三年後、この検死官の判断は間違いであることがわかった。

チャイルドがキャリントン・ホテルにチェックインする一年前、六四歳の彼はエジンバラ大学の考古学教授に始まり、のちにロンドン大学考古学研究所の所長まで務めた、長く輝かしいキャリアに別れを告げていた。ゴヴェッツ・リープから飛び降りる数日前、チャイルドは研究所の後継者であるウィリアム・グライムズ教授に手紙を書き、スキャンダルを避けるために、少なくとも一〇年間はその手紙の内容をグライムズだけの胸にしまっておくよう依頼していた。グライムズはその言葉に従った。彼がようやくチャイルドの秘密を明らかにしたのは、考古学の一流雑誌『アンティクイティ（Antiquity）』だった。グライムズがチャイルドの手紙を送り、同雑誌がその全文を掲載した[71]。

「自殺に対する偏見はまったく不合理だ」とチャイルドはグライムズに書いている。「意図的に人生を終わらせることは、現実には死者を埋葬する儀式以上に、ホモ・サピエンスと他の動物とを分けるものだ。山の崖ではいつ事故が起きてもおかしくない」と語り、こう続けている。「人生は幸福で健康なうちに終わらせるのがいちばんいい」。

断固として生涯独身を貫いたチャイルドにとって、不十分な年金で孤独な老後を送るという見通しが、人生の幕引きを決意させる一因だったと思われる。しかしウィリアム・グライムズに宛てた手紙は、何よりも有益な仕事のない人生の無意味さについて、感情を排して熟考したものだった。その中で彼は、高齢者は若者のエネルギーと勤勉さを搾取し、寄生する存在であるという見解を示した。役に立つことを証明しようと働き続ける高齢者にも、彼は共感を示さなかった。老人は進歩の妨げであり「より若く有能な後継者」から昇進の機会を奪っていると主張した。

一八九二年にシドニーで生まれたチャイルドは、両大戦間における先史学の第一人者であり、現役時代には何百本もの影響力のある論文と二〇冊の本を発表した。しかし六四歳になって「これ以上有益な貢献はできない」こと、そして振り返ると自分の仕事はほとんど無駄だったという悲壮な結論に至った。「実を言えば、証拠のバランスが、私が支持した理論に反している、あるいは私が強い偏見を抱いていた理論を支持しているのではないかと思った」と、彼は告白していた。

チャイルドの自殺は、革命が大きな役割を果たした人生における、最後の革命的行為だった。彼はマルクス主義者を自認していて、第一次世界大戦の大量殺人によって帝国時代の終焉が早まり、世界的な共産主義的革命の機運が高まるかもしれないという若者らしい希望を抱いていたことで、オーストラリアでは多くの人から白眼視されることになった。またその思想のため、のちにアメリカへの渡航を禁止され、英国の諜報機関MI5からは「要注意人物」とレッテルを貼られ、常に手紙のやり取りが監視されるようになった。しかし彼の最も革命的な仕事は、先史学という、政治的な煽情性は少ない分野でのものだった。

彼は私たちの祖先が狩猟採集から農耕へと移行したことは、たいへん大きな変化をもたらすものだったので、単なる変化ではなく「革命」と考えるべきだといち早く主張した。この考え方は、彼がキャリアを通じてずっと育み、発展させたものだったが、それが最も明確に表現されているのが、一九三六年に出版された彼の最も重要な著書『文明の起源（Man Makes Himself)』（ねず・まさし訳　岩波新書）である。

彼が考古学者として仕事をしていた時期の大半で、考古学者が主に使っていた道具は、こて、ブラシ、バケツ、ふるい、パナマ帽、そして想像力だった。晩年、チャイルドは自分の優れたアイデアの多くが無価値であることが証明されるのではないかと、ますます心配するようになった。そのころ考古学者は、地質学者や気候学者、生態学者と協力するようになっていて、彼らの発見により、農耕へと移行した流れが『大明の起源』で説明したよりはるかに複雑であることが明らかになりつつあった。また農業が導入された結果として生じたと彼が考えていたもの（たとえば人々が集落に定住するようになったこと）が、実はその原因の一つであった可能性も高まっているようだ。

しかし、農業への移行は、あとにも先にも他のどんな出来事より大きな変化をもたらしたというゴードン・チャイルドの評価は完全に正しかった。彼はどちらかと言えば、その重要性を過小評価していた。確かに、それ以前とそれ以後の技術によって進んだ変革——火の扱いから内燃機関の発明まで——もまた、人間が利用して仕事に使えるエネルギー量を飛躍的に増加させた。しかし農業革命は人口の急増を起こしただけでなく、人間とまわりとの関係も根本から変えた。秩序ある宇宙における立ち位置、神々や土地、環境との互いの関係をどのように評価するかである。

ゴードン・チャイルドは、文化に特別な関心を抱いていたわけではなかった。少なくとも社会人類学部の同僚たちと同じような興味は持っていなかった。また同時代の多くの人々と同じく、オーストラリアのアボリジニのような小規模な狩猟採集民が、比較的ゆとりのある生活を楽しんでいた可能性や、彼らの住む環境では、ずっと将来の心配をする必要がないと考える理由もなかった。その結果、彼は仕事を通じて有益な貢献ができなくなったと考えたときに感じた深い虚しさと、農業を受け入れることによって自然に生じた文化的・経済的変化とを関連づけることができなかった。また仕事を引退したあとの生活費についての不安を抱かせる経済システムを支えている前提、つまり怠惰は罪であり、勤勉は美徳であるという考え方は、人類の永遠の闘いの一部でないとは想像もしていなかった。それらもまた、採集生活から農耕へ移行する過程で生まれたものである。

農業という「最大の革命」

ゴードン・チャイルドの手紙に陰謀を匂わせる符号がないかどうか、考古学の現地報告書をくまなく調べたＭＩ５の職員にとって、〝革命〟という言葉は反逆的な計画を連想させるものだった。しかしチャイルドの大学の同僚たちにとっては「既成の理論が自らの矛盾の重みに耐えかねて音もなく崩れ落ち、古い問題を解決しようとする新しい方法を見つけるための地ならしをする」というもっと穏やかなイメージだった。

数百万年にわたる人類の歴史を考えれば、食物の採集から生産への移行は、あとにも先にもない革命的なことだったのだ。それは人々の生き方、世界についての考え方、働き方を変え、人々が手に入れ、活用できるエネルギー量を急速に増やした。これもまた進化の過程で瞬く間に起こったことだった。

しかしこの革命の一部であった人々は、自分たちが何か特別なことをしているとは思っていなかった。結局のところ一人の人間の人生、あるいは数世代にわたる期間で見れば、農業の導入は漸進的な変化でしかなかった。その間に人間とたくさんの植物や動物の運命がゆっくりとしかし厳然と、かつてないほど近づいてきて、それによって互いに変化して戻れなくなった。

一万年少し前から始まる五〇〇〇年間で、アジア、アフリカ、オセアニア、アメリカ大陸の、地理的に離れた少なくとも一一の地域に住んでいた、血縁関係のない複数の民族が、いくつかの作物を栽培し、

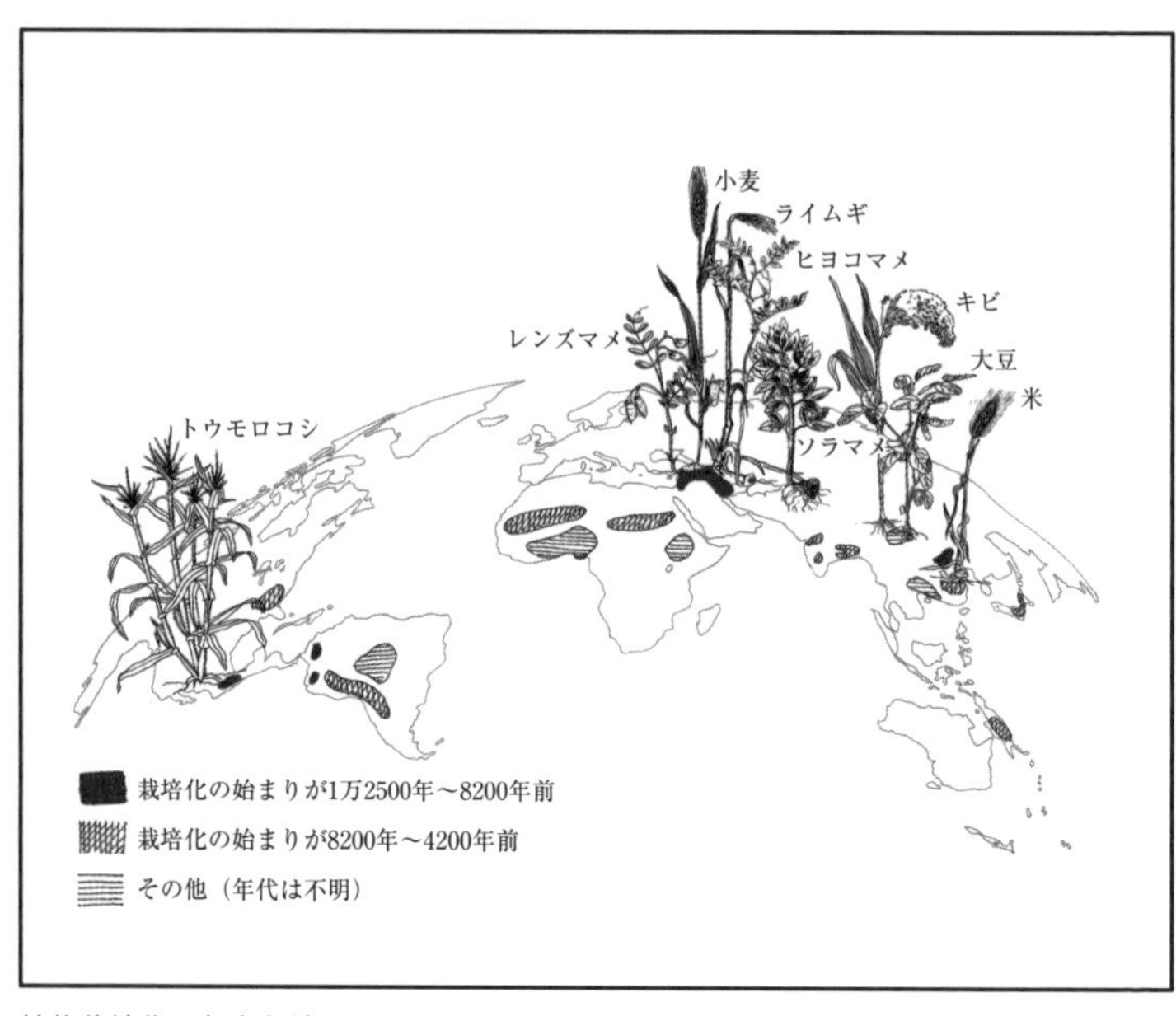

植物栽培化の各中心地

さまざまな家畜を飼うようになった。このような現象が、なぜ、どのようにして、ほぼ同時に起こったのかは謎のままである。驚くべき偶然の一致とも考えられる。しかしこのような一見するとありえない一致が、気候、環境、文化、人口の変化、そしておそらくは進化上の要因によって引き起こされた可能性のほうがはるかに高い(72)。

植物が栽培されていたことを明確に示す最古の証拠は、レバント地方のなだらかな谷と緩やかに起伏する丘に存在する。それは現在のパレスチナ、レバノン、シリア、トルコにまたがる地域である。そこに住む人々は一万二五〇〇年前から野生の小麦やヒヨコマメなどの豆類を実験的に栽培するようになり、一万一〇〇〇年前からは小麦の栽培種が考古学の記録に登場するようになった。

人間との関わりが一万四七〇〇年前まで遡るイヌは別として、それよりはるか以前ではないにしても、[73]体系的な動物家畜化の最も古い証拠は中東にある。そこでは約一万五〇〇〇年前からヤギやヒツジを飼い育てていたことを示す十分な証拠がある。もう一つ、大昔に農業がさかんに行なわれていたのは中国大陸で、長江、黄河、西遼河の氾濫原（訳注：洪水時に水でおおわれる川の両岸の低地）では約一万一〇〇〇年前から人々がアワを栽培し、豚を飼っていた。その数千年後には、いまや東アジアにおける特に重要な主食となっている、大豆や米などの初期の栽培が始まった。[74]

中東一帯に定住した人々が農業を主な生計手段として確立するまでには、四〇〇〇年の歳月を要した。そのころには大麦、レンズマメ、エンドウマメ、ヒヨコマメ、小麦、ブタ、ウシ、ヤギ、ヒツジなどの重要な動植物種が、それらを飼い育てて食べる女性や男性に運命を託していた。[75]農業が他の土地で始まったのもこのころで、その結果として六〇〇〇年前にはアジア、アラビア、北米・南米・中央アメリカなど多くの地域で、農耕が自給自足の戦略として確立された。

最初の農耕民

ナトゥーフ人は世界で初めて体系的に農耕を試みた民族と考えられている。しかし彼らがどのような言語を話し、自分たちをどう呼んでいたのか、まったくわかっていない。一万二五〇〇年前から九五〇〇年前の中東の地域に関わっていたこの民族にふさわしい名は、はるかに先の時代の先駆者であり、ヴィア・ゴードン・チャイルドと同時代に生きた考古学者、ドロシー・ギャロッドの想像力から生み出された。彼女がその名をつけたのは、この文化の証拠を発見した遺跡の一つで当時の英国領パレスチナにあったワジ・アン＝ナトゥーフにちなんでのことだった。

一九一三年、ギャロッドはケンブリッジ大学で歴史学の学位を取得した最初の女性となった。数年後、英国の戦争遂行に協力するため学業をいったん中断したのちに、オックスフォード大学で考古学と人類学の大学院の資格を取得し、野外考古学者になる道を決定づけた。驚くことではないだろうが、彼女は重要な発掘になかなか加われず、誰かれなく頼み込まなければならなかった。当時の考古学の現場は、ジン浸りでパイプをくわえ、女は異国の僻地で遺跡を発掘するような過酷な仕事には向かないと考えていた男たちがまだ残っていた。

語り口が静かだが何ごとにも動じないタイプだったギャロッドは、自分をフェミニストだとは思っていなかったが、女も男と同じように、野外での不自由な生活に耐えられると信じていた。それは彼女がオックスフォードを出てから数年間パリで共に学んだ、フランスの考古学者アンリ・ブルイユも同じだった。一九二五年と一九二六年、ブルイユはギャロッドをジブラルタルに送り込み、彼の代理としていくつかの小規模な発掘調査の指揮を執らせた。彼女がパリに戻り、いまや〝悪魔の塔の子供〟として有名になっているネアンデルタール人の頭蓋骨を回収し、無事に組み立て直したことで、男性の同業者たちも、しぶしぶながら彼女の技術を認めるしかなかった。

一九二八年、まじめな発掘者という評判が定着していたギャロッドは、エルサレムのアメリカ先史時代研究所と英国人類学校の代表として、カルメル山とその周辺での一連の新しい発掘調査の指揮を執ることを依頼された。ギャロッドは慣習にとらわれることなく、ほぼ女性だけのチームを結成し、かなりの人数を地元のパレスチナの村で採用した。一九二九年から五年間、カルメル山とその周辺で一二回の大規模な発掘を行ない、その過程で発掘の補助として、他に先駆けて航空写真を使用するようになった。その成果は、同じくジェンダー・ステレオタイプを破壊する考古学者ドロテア・ベイツらとの共著『カルメル山の石器時代（The Stone Age of Mount Carmel）』として、一九三七年に発表された。『カルメル山の石器時代』は画期的な本だった。場所を問わず、約五〇万年にわたる考古学的な人類史の流れを図表で示した研究はそれまで存在しなかった。またネアンデルタール人とホモ・サピエンスの両方の集団から回収された、いくつもの物質を含むものも、それまでに例がなかった。そして何よりも重要なのは、一万二〇〇〇年前にカルメル山周辺には独特の地域文化があり、その文化が農耕の発明につながったという説を、初めて提唱したことだった。

ナトゥーフ人とビール

ケンブリッジ大学の考古学部で、一九三九年から退職する一九五二年まで教授を務めていたドロシー・ギャロッドが、住まいとしていたニューナム・カレッジのシニア・フェローの談話室で、一日の終わりにシェリーやジントニックを好んで飲んでいたかどうか覚えている者はいない。カレッジでは夕食の前に飲む習慣があり、女性として初めてケンブリッジ大学の正教授の座に就いた彼女には、同僚の男性たちの嫌味を聞かされて一日を過ごしたあとに、酒を必要としたことが何度もあっただろう。

しかしナトゥーフ人が農耕への移行にきわめて重要な役割を果たしたという彼女の説を裏づける新た

な証拠はどんどん増え、その中には、彼らはまた一日の仕事を終えたあとにアルコールでリラックスするようになった最初の人々でもある可能性を示す証拠も含まれていた。ナトゥーフ人が使用していた石でつくられた乳棒と乳鉢の残留物から採取された微小な化学物質を分析したところ、それらは簡単な無発酵パンをつくるため、小麦、大麦、亜麻などをつぶすのに使われていただけでなく、[76]穀物を発酵させてビールをつくるのにも使われていたことがわかった。

ナトゥーフ人が熱心に自家製ビールをつくっていたことを立証した研究者たちは、ナトゥーフ人はビールを発見したためいち早く農業を始め、発酵のための穀物を定期的に供給できるようにしたと考えた。またビールが主に儀式用だったという説も正しいかもしれない。[77]

しかし考古学者も人類学者も、セックスやドラッグに関することとなると、俗なものを聖なるものに、すぐさま結びつけてしまうきらいがある。有名なフレスコ画のいくつかが突き詰めればソフトポルノであるのと同じように、ナトゥーフ人も、いまの私たちと同じような理由でビールを飲んでいたかもしれないのだ。

ナトゥーフ人の祖先の採集民がビールを飲んでいなかったことはほぼ間違いない。しかし彼らは万能で腕のいい採集者で、ふだんから、小麦、大麦、[78]野生のブドウ、アーモンド、オリーブなど、一〇〇種類以上の植物種を利用していた。またジュホアンのように、目の前の必要を満たすことだけに集中することもなかったと思われる。最後の氷河期の間のレバントでは、季節ごとの変化が激しかったため、一年の大半はその日暮らしで生きていけたとしても、しばらくは他の時期より懸命に働いて、いくらかの食物を貯蔵し、寒くて暗い冬に備えていたはずだ。

また不確定なものだが、新たな驚くべき証拠によると、ガリラヤ湖の近くにあった、少なくとも一つのおそらくとても革新的なコミュニティが、約二万三〇〇〇年前に農耕に関する何らかの試みを行なっていたことが示唆されている。これはレバントの採集民はジュホアンなどの他の採集者よりも、報酬はあとで得るという考えが強かったことの裏付けとなる。しかしこの集団にとっては残念なことに、考古学的な証拠からわかったのは、レバントの採集民がうまくやり遂げたのは、現在でも小麦農家を悩ませている雑草の進化を早めることだけだったということだ[79]。

食物栽培の試みがあったにもかかわらず、現在の温暖な間氷期が始まる以前、ナトゥーフ人の祖先の食生活に穀物が占める割合は高くなかったと思われる。当時レバント地方に自生していた小麦、大麦、ライ麦は、特に多くはなかった。また穀物の生産量もわずかで、集めて脱穀するのがやっとのこともあったはずだ。これらの特定の植物の生産量が増大して、収穫していた人間の運命を変えるくらいの影響力を持つようになるには、重大でかなり唐突な気候の変化を必要とする。

気候変動と農耕

気候変動と農耕の普及を結びつける理論で、定説になっているものはだいたい次の仮説に基づいている。一万八〇〇〇年前から八〇〇〇年前の最後の氷河期から現在の温暖な間氷期へのゆっくりとした移行が、一連の生態系の変化を引き起こした結果、一部の狩猟採集民にひどい苦難をもたらしたというものだ。それらが示唆しているのは、必要は発明の母であり、採集民たちは慣れ親しんだ主食が新しい種に取って代わられる中、生き残るために新しい戦略を試す以外に選択肢がなかったということだ。それ以降、一連の関連分野の新しい研究で、気候変動による食料不足の影響によって一部の人類の集団が食料生産者への道へと進んだことが再確認された。しかし気候変動によって生じた食料が豊かな時期もまた、そのプロセスで重要な役割を果たしたことが示唆されている。

現在、地球は「第四紀氷河期」と呼ばれる五度目の大氷河期のまっただ中にある。第四紀氷河期は、北極の氷冠が形成され始めた約二五八万年前に始まったが、温暖な短い「間氷期」と、寒冷な「氷期」の間を周期的に行き来するのが特徴である。氷期は地球の平均気温が間氷期より約五℃低く、氷床に多くの水が閉じ込められているため、かなり乾燥している。氷期は通常一〇万年ほど続くが、間氷期（いま私たちが経験している）はたった一万年から二万年である。また氷期が終わっても、歴史的に見て、もっと温暖な間氷期とされている水準まで上昇するのに、一万年くらいかかることもある。

太陽黒点活動、宇宙線、火山噴火、天体衝突などはすべて、過去に地球の気候の微妙なバランスを変化させる役割を果たした。化石燃料に固執する人類は、気候を激変させるほど大気の組成を大きく変化させた最初の生物でも唯一の生物でもない。酸素を吸入する生命体が誕生する以前、大酸化イベントの間に二酸化炭素を取り込むシアノバクテリアが与えたインパクトに匹敵するものを人間がもたらすには、まだはるか遠い道のりである。しかし地球が凍りつく氷河期とやや温暖な間氷期を行ったり来たりする主な理由は、地軸の位置の変化（地球が自転するときにゆっくり揺れる性質）と、他の大きな天体の引力であちらこちらに押されて、太陽の周囲をめぐる軌道が変わってしまうということだ。

約一万八〇〇〇年前にこうしたサイクルが収束した結果、地球は現在の温暖な時代に突入した。しかし何かが根本的に変わったことに気づいたのは、それから三三〇〇年がたってからのことだ。そのころグリーンランドではわずか数十年という短期間で、気温が一五℃も上昇して氷を解かし、南ヨーロッパではそこまでではないが、五℃という、やはり生活を変えるほどの気温上昇に見舞われた。この急激な気温上昇期とそれに続く二〇〇〇年間を、ベーリング・アレレード亜間氷期と呼ぶ。この短い期間に中東は寒くて乾燥したステップの生態系から、温暖湿潤で穏やかなエデンに変貌し、オーク、オリーブ、アーモンド、ピスタチオなどの森林が生まれ、草原には野生の大麦や小麦が生い茂り、そこではライオンやチーター、空腹のナトゥーフ人を警戒しながら、ガゼルの大群が心行くまで草をはんでいた。

しかしナトゥーフ人がこの時期に農業の原型のようなものを採り入れようとした要因は、温暖で湿潤な環境だけではない。氷床後退と同時に、地球の大気の組成にわずかながらも重大な変化をもたらし、他の植物種が犠牲になる中で、小麦のような穀物がよく育つ状況が生まれたのだ。

すべての植物が、二酸化炭素に含まれる無機炭素を細胞内の有機炭素化合物に変換する作業を同じように行なうわけではない。小麦、豆、大麦、米、ライ麦など一部の植物は、ルビスコという酵素を持ち、通過する二酸化炭素の分子をさらって有機化合物に変換する。しかしルビスコは不器用で、ときどき間違って酸素分子を取り込んでしまうことがある。そのプロセスは光呼吸と呼ばれる、コストのかかる間違いである。ルビスコをつくるために使ったエネルギーや栄養素を無駄にし、植物の成長に関しても機会費用を負うことになる。

ルビスコが酸素と結合する頻度は、空気中の二酸化炭素に対する酸素の量に、多かれ少なかれ比例する。その結果、生物学で言うところのC３植物は、大気中の二酸化炭素の変化に特に敏感に反応するようになるが、それは大気中の二酸化炭素の割合が増加すると光合成の速度が上がり、光呼吸の速度が下がるためだ。逆にサトウキビやキビなど、全植物種の四分の一近くを占めるC４植物は、はるかに規則的なやり方で、二酸化炭素を代謝している。光呼吸にエネルギーをつぎ込まないような一連のメカニズムを進化させたのだ。そのため、二酸化炭素濃度のわずかな上昇はあまり影響はないが、二酸化炭素濃度が低下するとC３植物より効率がよくなる。

グリーンランドの氷床コアの分析から、最終氷期の終わりに大気中の二酸化炭素が急増したことがわかった。これによって、C３植物の光合成の速度が二五〜五〇パーセント上昇したため、土壌の養分をめぐる争いでC４植物を凌駕するようになった[80]。そして土壌中の窒素濃度が高くなり、C３植物がさらに成長するようになった[81]。中東が暖かくなると、C３植物のいくつかの種——特に知られているのは、小麦、大麦、レンズマメ、アーモンド、ピスタチオなどを含む、さまざまな穀物やマメ類や果樹——がよく育ち、寒冷な環境に適応していた植物種は衰退していった。

気候が温暖化して大気に二酸化炭素がより多く含まれるようになると、なじみのある食物の種が消滅する一方で他の食物の種の生産量が増加し、その地域の人々は、彼らが悪いわけではないのだが、しだいに数ははるかに少なくても収穫量が多い植物に頼るようになる。

ナトゥーフ人の技術革新

ナトゥーフ人にとって、温暖なベーリング・アレレード亜間氷期は少ない労力でよりよい食事ができるチャンスだった。夏は穏やかな暑さで、冬の過酷な寒さも和らぎ、雨が降る日も多くなり、食物の収穫量も増えたので、それから数百年の間に多くのナトゥーフ人が、祖先にとっては必然だった移動生活を進んで捨て、小さな村に定住するというはるかに移動の少ない生活を選んだ。中には頑丈な石造りの家を建て、床にびっしりと石を敷き詰め、中心につくり付けの暖炉まで備えた者もいた。これはいままでに発見された世界最古の、意図的に建てられた永久構造物である。またこれらの集落に隣接する墓地から推測すると、これらの集落は何世代にもわたり居住者がいたと考えられる。

また定住するということは、ナトゥーフ人がそれ以前に存在したどんな人々より、多くの時間とエネルギーを、ある場所から次の場所へと簡単には運べない無骨な道具をつくったり使ったりするのに費やしていたということになる。その中でも特に重要なのは、石灰岩や玄武岩でできたとても重いすりこぎで、穀物を粉にしたり、芋の塊茎をすりつぶしたり、そしてどうやらビールをつくるのにも使われたようだ。

多くの食物を手に入れたことで、ナトゥーフ人は他の技術を開発することもできた。ナトゥーフの遺跡から出土した美しく装飾された石や骨製の道具、エロティックな雰囲気を持つ石像、優美な宝飾品は、彼らが道具や家をつくったり、自分自身を美しく見せたりすることに時間を費やしていたことを示唆している。彼らがどんな歌を歌い、どんな音楽をつくり、何を信じていたのかはまったくわかっていない。しかし死者が美しく飾った姿であの世へ行けるようにしていたことを考えると、彼らは贅沢な儀式を生活に採り入れていたと考えられる。

ナトゥーフの墓地は、彼らの生活に関するもう一つの重要な物語を伝えている。ナトゥーフ人の骨や歯を骨学的に分析したところ、彼らが組織的な食の欠乏に悩まされたり、初期の農耕民族のような、長期にわたる食生活のストレスに耐えたりすることはほとんどなかったことがわかった。また特にのちの農耕民族と比較すると、過酷な肉体労働に耐える必要もなかった。それでもいくつかの困難はあったようだ。骨学的な証拠から、定住地に住んでいたナトゥーフ人で、三〇歳を超えて生きた人がほとんどいなかったことがわかるが、それはおそらく、永続的な村で生活するときに求められる、衛生面に関わる具体的な要件をまだ理解していなかったからだろう。

ナトゥーフ人はこの時期も熱心に狩りをしていて、オーロックス（現代のウシの祖先にあたる大型の動物）、野生のヒツジ、アイベックス（ヤギの一種）、野生のロバを日常的に食べていた。ヘビやマツテン（イタチの仲間）、ウサギやカメも食べ、ヨルダン川で淡水魚をつかまえ、川岸で水鳥を捕獲していた。しかしナトゥーフの遺跡にガゼルの骨が山積みされていたことから、彼らが特にそれらを好み、タンパク質を摂取していたことと思われる。そして矢をまっすぐにする以外、特に目的のない、溝がつけられた石とともに、ナトゥーフ人がガゼルをよく食べていたという事実は、ウシ科の動物の中でも特にすばやく警戒心の強いガゼルを倒すために、弓矢に習熟していたことを示唆している。そしてアフリカ南部や東部の採集民はよくわかっていることだが、ガゼルのような動物を仕留めるのは、優れた飛び道具がなければ不可能に近い。

実験

野生の小麦は、現代の栽培されている品種よりも収穫量がはるかに少なかった。だからいま〝古代種の穀物〟のパンを食べる消費者は裕福なのだ。しかし他の多くの野生植物と比較すると、野生の穀物は他に類を見ない収穫量を誇っていた。現代の小麦の祖先の一つであるエンマーコムギは、条件が合っていれば一ヘクタール当たり最大三・五メートルトン収穫できるが、だいたいは一ヘクタール当たり一～一・五メートルトンであることが多い。現代の小麦のもう一つの祖先であるヒトツブコムギは、一ヘクタール当たり最大二メートルトンを収穫できる。

一九六〇年代、農学者であり植物の生物多様性を維持することの重要性を早くから訴えていたジャック・ハーランは、トルコ南東部を旅行中に、カラカダグ火山の斜面の下側に「野生の原始的な小麦が一面に広がる光景」に遭遇し、二つの実験を思いついた。古代の中東の狩猟採集民は、このような畑から一時間にどれだけの小麦を収穫できたのだろうかという疑問が浮かんだのだ。

一つ目の実験では、野生の小麦を手でどれだけ収穫できるかを測定した。もう一つは、その三〇年前にドロシー・ギャロッドが発掘したのと同じ、石器と木の鎌を使って、どれだけの小麦が収穫できるかを測定したのだ。手だけで作業したときは、一時間に二～三キログラムしか収穫できなかった。鎌を使って小麦を刈り取ってから手で脱穀することで、収穫量は二五パーセントも増加した。それによって無駄を省くことができ、何より重要なのは、彼の柔らかな〝都会人の手〟の皮がむけるのを防げたと、彼

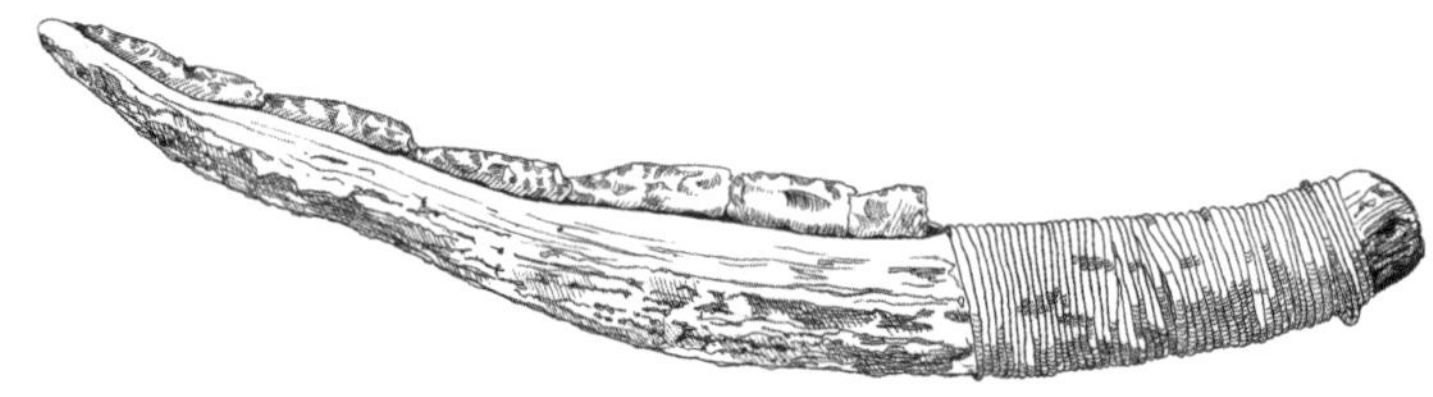

ナトゥーフの鎌の再現

は述べている。この実験の結果を根拠として、彼は「家族集団で、カラカダグのふもと付近で収穫を始め、季節が進むにつれて山を登っていけば、三週間と少しの期間で簡単に……それほど必死に働かなくても、家族が一年で消費する以上の量の穀物を収穫できる」と結論した[82]。

ジュホアンのような採集民がある形態の豊かさを享受できたのは、彼らの欲求がささやかですぐに満たせるものであり、それを継続的に満たすことができる環境に住んでいたからだとすれば、ナトゥーフ人は彼らよりはるかに大きな物質的な充実に基づく豊かさを享受していた。しばらくの間、彼らの環境は自然の状態で、のちに生まれたもっと人口が多い農耕社会と同じレベルの生産性を誇っていた。しかし重要なのは、ナトゥーフ人は、そこまで懸命に働く必要がなかったことだ。

未来の穀物生産者が、耕す、整地、植えつけ、灌漑、除草、収穫、加工など、季節性の作業を行なう農耕カレンダーに縛られるのに対して、ナトゥーフ人は野生の小麦が自生する野原に出かけて収穫し、処理するだけでよかった。しかしこの豊かさは季節に左右された。作物が乏しくなる季節に備え、余分に収穫や貯蔵を行なわなければならない時期は、他の時期よりはるかに忙しかった。ナトゥーフ人がビールを醸造していた証拠を発見したのと同じ考古学者たちは、ナトゥーフ人が使用していたいくつかの大きな石のすりばちから、微小な植物の痕跡も発見していた。それらは一万三〇〇〇年も前に穀物の貯蔵に使われていたことを示している。ビールの発見はおそらく、食物貯蔵に関連する偶然だったのだろう。[83]

これは初期のナトゥーフ人が食物を貯蔵していたことを示す、唯一の確かな証拠かもしれないが、ナトゥーフ人が貯蔵・保存する他の方法を見つけなかったということではない。たとえばジュート（黄麻）、ケナフ、亜麻、麻などの植物繊維でかごをつくっていたが、はるか以前に腐って土に還ったことを示唆する証拠がある。また住居の石を敷き詰めた床に見られる特徴的な穴は、食料貯蔵庫のようなものだった可能性もある。またガゼルを大量に捕獲して殺していたことから、ときおり肉を乾燥させて保存していたのはほぼ間違いないだろう。

温暖化によって恩恵を受けた植物は穀物やマメ類だけではない。他にも多くの植物がよく育つ豊かな時代に、ナトゥーフ人はさまざまな塊茎、菌類、木の実、樹脂、果実、茎、葉、花などを食べていた。[84]しかしナトゥーフ人が、すっぱいビールを好み、たまたま収穫できた穀物を消費する生活から、野生の穀物を徹底的に管理して、大量の食物を蓄えるようになったのは、気候が激変した後の苦難の時期だった可能性のほうが高い。

寒冷化と穀物倉庫

ベーリング・アレレード期の最初の一八〇〇年間、気候はしだいに寒冷化していったが、年ごとに大きな違いを感じるレベルではなかった。ところが一万二九〇〇年前のあるとき、突然、気温が急降下した。グリーンランドでは二〇年間で平均気温が一〇℃も低下し、すっかり後退していた氷河がまた急速に前進し始め、ツンドラは再び凍結し、氷冠はぐんぐん南へ進み始めた。極地域以外では、それほど深刻な気温の低下はなかったが、それでも大きな変化をもたらした。ヨーロッパと中東の大部分は、多くの人にとって、一夜にして氷河期に戻ったように思えただろう。

この突然の寒冷化を古気候学者はヤンガードリアス期と呼ぶが、その原因は明確になっていない。地球を守るオゾン層に干渉した宇宙超新星から、北米のどこかで起きた巨大隕石衝突まで、さまざまな説がある。[85] また場所によって生態系にどの程度の影響があったのかもはっきりしない。たとえばヤンガードリアス期に大気中の二酸化炭素濃度が低下した、あるいはそもそもアフリカ南部や東部に大きな影響をもたらしたという証拠はない。またこの時期のレバント地方が、その前の氷河期のように寒くて乾燥していたのか、あるいは寒くてもわりと湿度が高かったのかもわからない。[86] しかし長く凍えるような冬と短く涼しい夏が突然戻ったことで、ナトゥーフ人が数千年前から慣れ親しんできた、多くの主要な食用植物の収穫量が大幅に減少した。その結果、彼らは将来に不安のない環境と、一年の大半を目の前の必要を満たすことだけに集中すればよかった状況に対する信頼も、同時に失うことになった。

わかっているのは、気温が急降下して間もなく、その環境では一年を通して十分な食料を確保することができなくなったために、ナトゥーフ人が定住していた村を放棄せざるをえなくなったということだ。また一三〇〇年もの長い期間、悲惨な天候が続いたあと、気温が突然、急降下したときと同じように、急に上昇したこともわかっている。

しかしそこからは、彼らがこうした変化をどのように乗り越えたのか、さらに重要なのは、それらを理解しようとする努力が環境との関係をどのように変化させたのかについては、推測することしかできない。ヤンガードリアス期直後の考古学的記録を見る限り、この変化は深刻だったようだ。

当時レバントの採集民が、自分たちが住んでいる環境では食物が欠乏することはないという摂理を信じられなくなっていたことを示す最初の明白な証拠は壊れた穀物貯蔵庫の跡であり、特に印象的なのが、倉庫部分に一〇トンもの小麦を保管できたことだ。それらはヨルダンの死海のほとりで考古学者によって発掘され、一万一五〇〇年前にヤンガードリアス期が突然終わった時代のものと考えられている。[87] それは単なるシンプルな部屋ではない。泥、石、藁でつくられたその建物は、床が木製で高くなっていて、害虫を寄せつけず、湿気を防げるよう、きわめて巧妙に設計されていた。そして実を言えば、隣には食料配給施設と思われる建物もあった。

またこれらが自然発生的な設計でなかったことも明らかだ。考古学者がもっと古くて原始的な穀物倉庫をまだ見つけていないにしても、発掘された倉庫は何世代にもわたる実験と改良の産物である。それは現在、世界最古の記念碑的建造物の例と考えられる形態を取っている。建物、部屋、巨石、通路がある複合体で、一九九四年にトルコ南東部オランチク近郊の丘陵地帯にあるギョベクリ・テペ遺跡で発見された。ギョベクリ・テペの建設は紀元前九〇〇〇年から一万年の間に始まり、食料さがしとはまったく関係ない大きなプロジェクトに、多数の人間が集まって取り組んだことを示す、最古の証拠でもある。

ギョベクリ・テペ遺跡

ギョベクリ・テペの遺跡について、発見者であるドイツの考古学者クラウス・シュミットはかつて「石器時代の動物園」と評した[88]。それは先史時代の建造物の中でも、特に謎が多いと思われる遺跡についての的確な説明である。しかしシュミットがそれを動物園と表現したのは、ほぼ無限の動物の骨（二一種類の哺乳類と六〇種類の鳥類のもの）が発掘され、それが豪華なごちそうの残りと考えられるからだけではない。囲いのように並べられた一連の堂々たる石垣を構成する、二四〇個ほどの巨大な石灰石一つひとつに彫りこまれていたのが、まさに古代の動物を乗せた本物の箱舟だったからでもある。その中には、サソリ、クサリヘビ、クモ、トカゲ、ヘビ、キツネ、クマ、イノシシ、トキ、ハゲワシ、ハイエナ、アフリカノロバなどがいた。

大半は浅浮き彫り（ローレリーフ）で、平面に彫るエングレイビングの形をとっている。しかし特に印象的なものの中には、高浮き彫り（ハイレリーフ）のものや、自立する彫像や小彫像の形のものもあった。

シュミットの動物園の比喩は、動物だけで終わるものではなかった。この石造りの動物たちを取り仕切り、それぞれの囲いの中心に立っているのは、左右一対に並んだ、T字型の巨大な石灰岩の動物園の管理人だった。それぞれ高さ五メートルから七メートルくらいで、最大のものは重さ八トンもあった。それらの精密な加工が施された、壮大な石版の中でも特に目を引くのは、明らかに人間に似せたものだった。

このモニュメントには慎ましいところはまったくない。ジュホアンのような小規模狩猟採集民は、嫉妬に満ちた嘲笑により徹底した平等主義を維持していたが、ギョベクリ・テペをつくった人々が、野心をあらわにすることをためらわなかったのは明らかだ。また食物さがし以外の時間を、個人の楽しみのために使うことも考えていなかった。曲がりくねった通路が長方形の部屋と大きな楕円型の囲いをつなぐこの複合建造物（最大のものはロンドンのセント・ポール大聖堂のドームと同じ直径を持つ）をつくるには、相当の時間、エネルギー、組織、そして何よりも働くことが必要だった。この遺跡はまだ一部しか発掘されていないが、広さは九ヘクタールを超える。これまでに七つの囲いが発掘されているが、ストーンヘンジの何倍もの大きさで、パルテノン神殿の三倍に及ぶ。これはストーンヘンジの何倍もの大きさで、地球物理学的調査の結果、少なくともさらに一三の囲いが丘に埋まっていることが示唆されている。

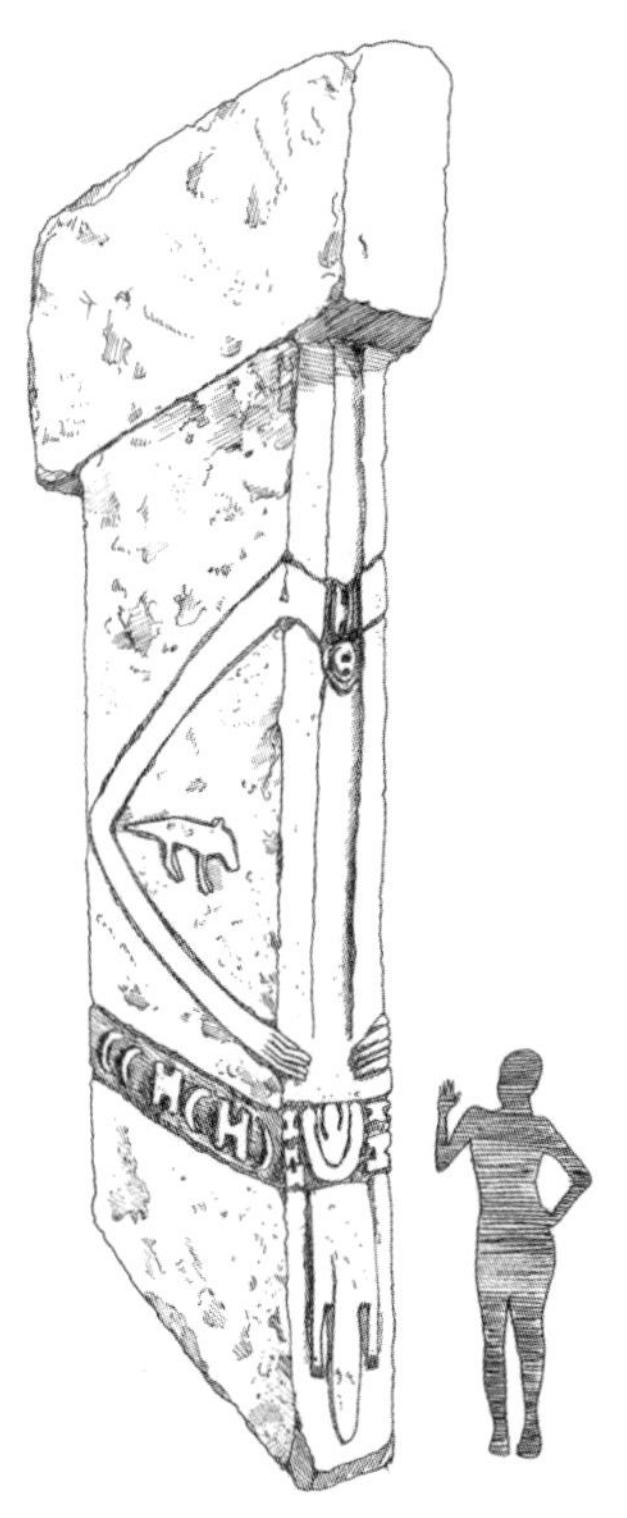

ギョベクリ・テペの一枚岩でつくられた“動物園管理人”

のちの多くの遺跡とは異なり、この複合体は少しずつ別々につくられたものだ。一〇〇〇年の間に、周期的に新しい囲いが追加され、古い建物は埋められ、その上に新しいものが建てられた。また建設は冬の間に行なわれたことはほぼ間違いない。また当時は四〇歳を超えて生きていられるのは幸運であり、大きな囲いのどれかをつくり始めたときから参加していた人が、その完成を目にする可能性は低かった。

ギョベクリ・テペが発見されるまでは、初期の農耕社会でなぜ巨大なモニュメントを建てられたのかについての定説は、シンプルなものだった。これほど大きな建造物は、集約的な農業によって生み出されたゆとりの産物であると同時に、建造者の創造力や虚栄心、そしてそこに祀られた神や王の権威を示すものであった。このような建物をつくるには、それを計画する野心と力を持ったリーダーだけでなく、熟練者も素人も含めて、多くの人手を必要としたからだ。

しかし一九九四年にクラウス・シュミットと彼のチームがギョベクリ・テペの遺跡の発掘を始めると、この説はあまりにもシンプルすぎることが明らかになってきた。シュミットをはじめ、大勢の考古学者が発掘に加わり、標本の時代がどんどん特定されるようになると、農業、文化、仕事の間の歴史的なダイナミズムが、誰も想像していなかったほど複雑で興味深いものであることが明らかになった。ギョベクリ・テペは、安定した農耕民族がつくった建造物ではないことが明らかになったのだ。実は建造が始まったのは一万一六〇〇年ほど前、考古学的記録に穀物栽培や動物の骨が現われるようになった時期より一〇〇〇年以上前のことである。[89]

専門職の誕生

ギョベクリ・テペのような謎の多い遺跡は、すぐにあらゆるファンタジーの小道具にされてしまう。

聖書のバベルの塔の跡であるとか、ノアの方舟に乗れた動物の特大の目録であるとか、神からエデンを見守るように命じられた古代の守護天使の子孫たちの指示で建てられた神殿群であるとか、さまざまに説明されてきた。

ハイエナやハゲタカなど、いわゆる清掃動物が柱に刻まれていること、また近年、人間の頭蓋骨に加工や装飾が施されていた証拠が発見されたことから、ギョベクリ・テペには、少なくとも一時期、古代の〝頭蓋骨崇拝〟があったと推測する者もいる(90)。考古学者による、他に考えられる説明としては、神殿群という神聖なものから、大宴会を催した古代のナイトクラブという俗なものまで幅がある。

ギョベクリ・テペにはこれからもずっと深い秘密がつきまとうだろう。しかし少なくとも私たち人類と仕事との関わりの歴史において、その重要性ははっきりしている。それは農業という最初の実験の記念碑であるだけでなく、人々が余剰エネルギーを十分に確保して、より多くのエネルギーを獲得するという目先の問題とは関係なく、建設者よりはるかに長生きするものをつくるという、壮大なビジョンを達成するべく、何世代にもわたって取り組んだことを示す最初の証拠だからだ。

ギョベクリ・テペは、もっと新しい農耕社会が築いたピラミッドやマヤ神殿とは、規模も複雑さも比べものにはならないかもしれない。しかしそれをつくるには、同じくらい複雑な役割分担と、熟練した石工、画家、彫刻家、設計者、大工、そして他者の手を借りてそうした人々を養ってくれる人々が必要だったはずだ。つまりそれは、多くの人がフルタイムの高度な専門職のような仕事を持つ社会の、最初の明確な証拠なのだ。

第八章　ごちそうと飢餓

ギョベクリ・テペの最初の一枚岩の建造物がつくられてから約二〇〇〇年後、何百人とは言わないまでも、何十人もの古代アナトリア人がなぜかそこに集まり、何カ月も、いやおそらく何年もかけて計画的に、深い通路、部屋、囲いを瓦礫や砂で埋めていった。やがてそこは何の変哲もない丘に変わり、ほんの数年で、以前から起伏に富んでいた風景に溶け込んでしまった。

ギョベクリ・テペの建設から少なくとも一〇〇〇年間、採集は古代アナトリアの生活において重要な役割を担っていた。考古学的な記録からは、少なくとも当初は、たとえ小規模であっても、食料生産に従事するという考えを鼻にもひっかけないコミュニティが多く存在したことがうかがえる。しかし中東全体のコミュニティが穀物栽培に依存するようになると、畑や農場の周辺には野生の動物や植物がなくなり、どれほど狩猟採集にこだわっていた人々でも、それだけで生活することはしだいに難しくなっていった。

その結果、九六〇〇年前にギョベクリ・テペが埋められたときには、中東の大部分は、小さな農業集落がつながりあう社会に変わっていた。少なくともトルコ中南部にあったチャタル・ヒュユクは町と呼べるくらいの規模で、最盛期の住民数は六〇〇〇人を超えていたと考えられている。こうした集落はシナイ半島からトルコ西部、ユーフラテス川とチグリス川に沿うように内陸に広がっていた。

収穫や加工や貯蔵に使われた道具だけでなく、栽培されていた小麦やその他の穀物も、この時代の考古学的遺跡の多くに散見される。またヒツジ、ヤギ、ウシ、ブタの骨も見つかっているが、それは完全に家畜化されたために体形が変わったことを示すウシやブタの骨格が証拠として広く見つかるのが、考古学的な記録だけということかもしれない[91]。またレバント人の一部が海を越えてクレタ島やキプロス島に定住し、やがて農耕民族が南ヨーロッパとその先へ向かう足がかりとなったことを示唆する証拠もある。

ギョベクリ・テペの物言わぬ石の動物園と、巨大な管理人たちがまとめて埋められたのは、きわめて手際のいい文化破壊行為であったことは間違いない。建て始めるときと同じくらいの労力が必要だったはずだ。人間はメンガタハタオリのように、何かをつくるのと同じくらい、壊すことを喜びと感じるのではないかと思えることがある。歴史を紐解けば、それと同じくらい重要な、建造物抹消行為が何度もあったことがわかる。ギョベクリ・テペから車で数時間の距離にある古代セム族の都市パルミラの神殿や墳墓が、イスラム過激派ＩＳＩＳの怒れる若者たちによって、ダイナマイトで無残に破壊されたことは、最近起こった多くの例の一つにすぎない。

アナトリア人がギョベクリ・テペをなぜ瓦礫で埋めたのかはこれからもわからないだろう。しかし建造した理由が、ヤンガードリアス期の終わりに野生の作物を集中的に管理し、余った分を貯蔵できるようになったことで生じた豊かさを祝うものだったとしたら、二〇〇〇年後に彼らの子孫がギョベクリ・テペの巨岩に刻まれた蛇によって、永遠の苦役を強いられることになったと思い込み、それを破壊したと想像したくなるのだ。

どう考えるにしても、初期の農耕民はギョベクリ・テペをつくった人々よりも厳しい生活を送っていた。どこの農耕民であれ、自分たちや神々のための壮大なモニュメントをつくれるだけのエネルギー、リソース、そして多くの時間を割こうという意欲を持てるようになるまでには、数千年の時間を要した。

農耕社会の生産性が高まり、その環境からより多くのエネルギーを獲得するようになり、エネルギーが希少になるにつれて、人々は基本的なニーズを満たすため、より懸命に働かなくてはならなくなった。その理由は、産業革命までは農耕民がどれほど働いたり、新しい科学技術や手法を導入したり、新しい穀物を植えたり、新しい土地を手に入れたりして生産性を向上させても、急速に増えていた人口に追いつかず、維持できなくなっていたからだ。その結果、農耕社会は拡大し続けたが、繁栄はつかの間のものとなり、欠乏は採集民がときどきストイックに耐えてやり過ごす不便な状態から、ほぼ永続的な問題になった。多くの点で、化石燃料革命以前に生きていた何百世代にもわたる農耕民が、いまより短い寿命で、殺伐とした、おそらくはいまより厳しい生活に耐えてきたおかげで、私たちの寿命が伸びて胴回りが太くなったと言える。

農耕で寿命が縮む

長くて惨めな人生が、短くて楽しい人生よりもいいとは言い難い。それでも平均余命は、いまだ物質的・身体的な幸福の指標ではある。人口統計学では二つの平均寿命を用いる。出生時の平均余命と、一五歳になったときの平均余命である。産業革命以前の社会はどこも、出産時、乳児期、幼児期の死亡が多く、全体の平均が大幅に下がるため、これら二つの数字が顕著に違っている。そのため採集民であるジュホアンやハッザ族では、出生時平均余命はそれぞれ三六歳と三四歳だが、思春期に到達した者が、その後、六〇歳を超えるまで生きられなかったら、とても不運だとみなされる[92]。

出生、死亡、死亡時年齢を記録する包括的な人口統計データが体系的に収集されるようになったのは、一八世紀に入ってからのことだ。最初にそれを行なった国はスウェーデン、フィンランド、デンマークであり、ヨーロッパの啓蒙主義や産業革命の時代の、平均余命の変化に関する研究の多くに、それらの国のデータが登場するのはそのためだ。

初期の農耕民の平均余命のデータは、さらに不完全である。主に古代の墓地から回収された骨の分析から得られたものが、資料として信頼できるとは言えない。その理由はとりわけ、すべての人が同じように葬送されていたかもわからず、したがって墓地から回収された骨がどのくらい、その集団の特徴を表わしているか不明だからだ。後世の一部の農耕民族については、ローマ時代のエジプトのように、墓石に刻まれた碑文や、部分的な国勢調査のデータまで存在するという強みがあるが、それらのデータもやはり不完全で、おおまかな目安以上のものにはなり得ない。

人口統計学者が初期の農業社会の平均余命について発表するときは慎重になるが、産業革命が本格化し、医学の著しい進歩が効果を発揮する以前、農業革命が一般人の寿命を伸ばしたということはまったくない。むしろ多くの場合、ジュホアンのような隔絶された土地に住む採集民に比べ、短くなっていたということで大方の意見が一致している。たとえば歴史上最も豊かな農耕社会だったと言われている帝政ローマの人骨を総合的に調べたところ、そこではほとんどの人が、幸運にも三〇歳をはるかに超えて生きていたことが示された(93)。そして最古の死亡率の記録（一七五一年から一七五九年までのスウェーデンのもの）を分析したところ、ジュホアンとハッザ族は、産業革命の入り口に立ったヨーロッパ人よりも少しだけ長生きだったと考えられている(94)。

古代の骨や歯についての骨学的研究からも、古代の人々の生活がどのようなものだったか、いくらかは知ることができる。それで示されたのは、初期の農耕民は採集民よりずっと過酷な労働をしなければならなかっただけでなく、その骨の折れる労働から得られる報酬は、よくてぎりぎりの生活ができる程度のものだったことだ。

少数の特権を持ったエリートの遺体を数に入れなければ、偉大な農業文明から産業革命までの時代の世界の墓地が語るのは、栄養不足、貧血、ときどき襲ってくる飢饉、重労働を続けるために起きる骨の変形に加え、働いている間に凄惨でときに致命的なけがを負うことが、驚くほど多かったという事実である。

ごく初期の農耕民の骨の中でも最も貴重な宝の山は、チャタル・ヒュユクから出土している。これらの骨から明らかになったのは、「栽培植物から得られる炭水化物へのコミュニティの依存が高まり、生産量が増大するにつれて、病気が増えて労働力の需要も増大した。出生率が上昇して人口規模と密度も大きくなり、仕事量も増えたことでストレスも高まった……それが約一二世紀近くにわたる定住生活で起きた」という殺伐とした図である。[95]

農耕の多大なるリスク

古代の農耕民も採集民も、季節的な食料不足に悩まされることはあった。そのような時期には、子供も大人も空腹を抱えて眠り、誰もが体の脂肪と筋肉を減らしていた。しかしもっと長期的に見ると、農耕社会は採集社会よりも、存続を脅かされるほど深刻な飢饉に見舞われる可能性がはるかに高かった。[96]

採集は農耕に比べると生産性が低く、エネルギー収量も少ないかもしれないが、リスクははるかに低い。それは第一に、採集民は環境が課す自然の制限の中でうまく生活できていて、決して綱渡りの生活をしていたわけではなかったから。第二に、農耕民はだいたい一つか二つの主食の作物に頼っている一方、ひどく荒涼とした環境で生活していた採集民でも、食物源となるものは何十とあり、そのため生態系が変化するのに合わせて食べる物を調整することができたからだ。一般的に複雑な生態系では、ある年の天候がある植物種に適していなくても、他の植物種に適していることがほとんどである。しかし農耕社会では、たとえば干ばつが続いて収穫ができなくなると大惨事に襲われる。

初期の農村にとって、干ばつや洪水、季節外れの霜といったものばかりが、生存に関わる環境リスクではない。害虫や病原菌が農作物や家畜をだめにすることもある。また家畜の飼育を専門に行なっていた人々は、おとなしい動物を選んで育てた分、捕食動物に狙われやすくなり、常に監視していなければならないことにすぐに気づいた。また家畜の安全を守るために囲いをつくることも必須だった。しかし夜間に家畜を狭い囲いの中に閉じ込めておくことで、新しいウイルス、細菌、菌類病原体の進化と拡散を、気づかないうちに早めてしまった。いまだ畜産農家が何よりも恐れているのは、口蹄疫や牛肺疫の発生である。

耕作者にとっての潜在的な脅威はもっと多かった。牧畜民と同じように、野生動物に対処しなければならないが、問題となりうる種は、鋭い歯を持ちすぐに捕まえられる餌をさがしている頂点捕食動物ばかりではない。これはいまでも変わらないが、ナミビア北部のカバンゴなどでは、作物に害をなしたり食い荒らしたりする生物種は、都市部の園芸家を悩ませるアブラムシ、鳥類、ウサギ、菌類、ナメクジ、クロバエなど以外にも数多く存在する。その中には体重が一トンを超えるもの（特に知られているのはゾウやカバ）もいれば、サルやヒヒのように、勤勉な農家がどんな防護策を講じても、それを突破してしまうスピード、敏捷性、知性を持つものもいるし、飢えた昆虫類もたくさんいる。

いくつかの穀物が栽培されるようになったことで、一連の病原体、寄生虫、害虫の進化も早まったが、それもまた初期の農耕民が果たした重要な役割である。自然選択のおかげでそれらの生物は、農民が環境に行なったほぼすべての干渉に適応し、さらにそれを利用し、そして当然のように、農民が行くところどこへでもついていった。

そこで真っ先にあげられるのが雑草である。雑草とはただ不都合な場所に生えている植物という概念に変わりはないが、人間にとって好ましくないとされ、積極的に駆除されるにもかかわらず、これほど驚異的な回復力を持っているのは、生き残るため環境に適応できたおかげである。だからこそ農家が長い時間をかけて、薬で除草したり土からむしったりと、さまざまな努力を重ねるなか、根絶されることはなかったのだ。その中でも特に目立つのは、中東の耕地雑草の仲間で、世界中に広がって想像しうるあらゆる農業のニッチにすばやく適応し、小麦や大麦のサイクルと密接に関わる休眠サイクルを発達させた種である。

こうした新しい病原体の犠牲になったのは、初期の農家の家畜や作物だけではない。農家の人々も危険にさらされた。特に家畜は敵の一員でもあり、人の命を脅かす病原体の一群をひっそりと持ち込んでいた。現在、人畜共通病原体（動物が媒介する）による病気は、人間の病気すべての六〇パーセント近くにのぼり、新しい病気の四分の三を占める。これは毎年、約二五億人の患者が生まれ、二七〇万人が死んでいる計算になる。[97] その中には人間の居住地の暗い片隅に生息するネズミ、ノミ、ナンキンムシに由来するものもあるが、ほとんどは人間が飼育している（肉、乳、革、卵の収穫、移動や狩猟への利用、皮肉にもネコの場合は有害生物排除）動物から感染する。それらの中には、数多くの消化器系疾患、炭疽や結核などの細菌性病原体によるもの、トキソプラズマ症などの寄生虫由来、麻疹やインフルエンザなどのウイルス性の病気が含まれる。そしてセンザンコウからコウモリまで野生動物を食べてきた人間の歴史が、ＳＡＲＳから新型コロナまで（これらはどちらもコウモリから）、数えきれないほどの病原体を人類にもたらした。ただし大昔の人口がかなり少なく、広範囲に分散していた時代は、新しい病気が急に増加しても、だいたいはその原因である生物が宿主を殺すか、宿主が免疫を獲得するかですぐに消滅していた。

これら微小な病原体については、過去に比べれば謎の多い存在ではなくなった。また一部については抑制できるようになったが、常に進化するため効果は一時的なものに留まる。しかし産業革命以前の農耕社会では、これら目に見えない腕利きの殺人者たちは、怒った神々から差し向けられた死の天使だった。さらに悪いことに、産業革命以前の農耕社会では食生活が不規則になりがちで、しかも一種か二種の穀物に頼っていたため、必然的に栄養不足に陥ることが多く、栄養状態がよければ軽くすむはずの病気に対する抵抗力もなく、回復するだけの体力もなかった。

古代の農民が直面していた、もう一つの重大な環境問題は、同じ土地の区画で毎年安定した収穫を得ることができなかったことだ。ときどき起こる洪水で都合よく表土が新しくなる沖積平野で農耕を行なえる幸運な人々にとっては、これは永遠の問題ではなかった。しかしそうでない人々にとっては、持続可能性の問題についての厳しい教訓であり、主にまだ開拓されていなかった新しい土地に移動することで解決したため、ヨーロッパ、インド、東南アジアへの農業の拡大が加速した。穀物と豆類を切り替えたり、ときどき畑を休ませたりする初歩的な輪作システムは、多くの初期の農業社会で取り入れられていた。しかし場所を問わず、長期的なサイクルの輪作の利点がきちんと確立されたのは一八世紀になってからで、それまで初期の農民は、天候に恵まれ、種子の在庫も豊富で、害虫も抑えられていたにもかかわらず、収穫量が乏しくて翌年まで生活を支えるには不十分という、危険が差し迫った状況に落胆していたはずだ。

古代ギリシャ・ローマ時代以降、農耕社会に起こった数々の大災害を記録した文書はたくさんある。

しかし農耕が始まって最初の六〇〇〇年間や、文字を持たなかった農耕社会には、そのような記録はない。最近まで考古学者は、古代世界における人口の急減や、町や定住地や村が放棄されたことを示す証拠に基づいて、古代の農耕社会でも同じような大災害が起こっていたと考えていた。

現在、そうした崩壊の明確な証拠が、私たちのゲノムの中に発見されている。たとえばヨーロッパの古代と現代のゲノムを比較すると、一連の大災害によって、それまで存在していた集団の四〇～六〇パーセントが消滅し、その子孫の遺伝的多様性が大幅に減少していることがわかる。この遺伝的ボトルネック現象は、約七五〇〇年前の中央ヨーロッパにおける農耕社会の拡大、そして六〇〇〇年前の北西ヨーロッパへの拡大と、明らかに同時期に起こっている[98]。

土壌の枯渇、病気、飢饉、そしてのちに紛争が何度も起こり、大災害を引き起こしてきた。しかしそれも農耕の発展を一時的に停滞させただけだった。このような困難があっても、やはり農業のほうが採集よりもはるかに生産性が高く、人口はほぼ常に数世代で回復したので、また将来の崩壊の種がまかれ、欠乏への不安が増幅されて、人々を新しい土地へと向かわせた。

社会の複雑さとエネルギー

建造物が複雑であるほど、それを構築して維持するためには多くの仕事をしなければならないという、エントロピーの永遠の絶対的法則は、私たちの体にも社会にも当てはまる。粘土をレンガに、レンガを建物に変えるには、そのための作業が必要なのと同じで、穀物畑をパンに変えるにはエネルギーが必要なのだ。そのためある時代のある社会の複雑さは、その社会が取り込むエネルギー量や、その複雑さを構築し維持するために必要な仕事量（物理的な意味での）の指標として有用であることが多い。

問題は、人類の歴史上、異なる時期に異なる社会が獲得したエネルギー量、そして仕事に費やしたエネルギー量を推測するのは難しいということだ。とりわけ、エネルギーをどこでどのように調達し、どれくらい効率的に使用されていたかに左右されるからだ。当然ながら、研究者の間で細かいことについて意見が一致することはほとんどない。そのため、帝国全盛期のローマ人のエネルギー獲得率が、産業革命直前のヨーロッパの農民と同じくらいだったのか、それ以前の農業国の特徴に近かったのかについては、多くの議論がある。(99)

しかし人類の歴史には、既存のエネルギー源とは別の、新たなエネルギー源が加わるたびに、エネルギー獲得量が急増する特徴があるという点についていては、意見が一致している。また一人当たりに換算すると、世界でも工業が進んだ国に住む人々のエネルギー消費量は、小規模な採集社会の人々の五〇倍、産業革命以前のほとんどの社会と比べても一〇倍近くになることにも異論は出ないだろう。また火を使いこなすようになってから、二つのプロセスによってエネルギー獲得率が大幅に高まったという点でも、ほぼ意見が一致している。一つは近い時代の、産業革命にともなう化石燃料の集中的な利用である。しかし仕事という面から見ると、何より重要なエネルギー革命は農耕だった。(100)

米国の成人は一日平均約三六〇〇キロカロリーの食品を、主に精製されたデンプン、タンパク質、脂肪、糖類という形で摂取している。これは健康を維持するために推奨される一日二〇〇〇から二五〇〇カロリーという値よりもかなり多い。私たちは望ましいとされているより多く食べる傾向があるにもかかわらず、食物から得ているエネルギーが、獲得して仕事に使っている全エネルギーに占める割合はごくわずかなのだ。

食料生産のためのエネルギー消費量については、また別の問題である。植物が成長するためには二酸化炭素が必要であり、土壌には炭素を隔離する能力があるため、農業は理論上、気候中立、つまり二酸化炭素の実質排出量がゼロか、排出する以上の二酸化炭素を隔離する可能性がある。ただし食物を育てるプロセスは、膨大な量のエネルギーが消費される。森林の計画的な伐採や草地の耕作可能地への転換を計算に入れると、農業は現在、最高で全温室効果ガス排出量の三分の一を占めていることになる。残りの多くは肥料の製造と分解、農業機械の製造と稼働に必要な電力、食品の加工、貯蔵、輸送に必要なインフラ、家畜の肥大した胃袋からげっぷとして出るメガトン単位のメタンから発生している。

近代の工業化社会では、大半のエネルギーは化石燃料を燃やすことでまかなわれていて、カーボン・フットプリントは、獲得されるエネルギーのおおまかな代用値となる。おおまかな代用値にすぎないというのは、私たちが使用するエネルギーのうち、風力などの〝再生可能エネルギー〟から供給される量はまだわずかであるもののその割合は増えているから、また私たちも以前に比べはるかに、エネルギーをより効率的に使用し、熱の正味損失を減らせるようになっているからだ。つまりほとんどの場合、一ポンドの石炭で、以前よりもはるかに有用な仕事をできるようになっている。

火を使いこなすようになってから、農耕の試みが始まるまでの五〇万年ほどの間、採集民である祖先が獲得し利用するエネルギーの量が、大きく変わることはなかった。一九六三年にリチャード・リーが調査を行なったジュホアンの採集民と、ワンダーワーク・ケイブで焚き火で暖をとっていた古代人のエネルギー獲得率には、ほとんど差はなかった。

これはすべての採集民のエネルギー獲得率がまったく同じだったとか、同じ量の仕事をしていたとかいうことではない。食事に占める肉の割合でも違ってくるし、住んでいる地域も違う。たとえば三万五〇〇〇年前のスンギル地方で象牙を彫っていた採集民が一年間に獲得した総エネルギー量は、過去一〇万年の間の、温暖な気候の土地に住んでいたどの採集民よりも大きかった。彼らは冬の嵐に耐えられるように頑丈なシェルターを建て、丈夫な衣服や履物をつくり、焚火でたくさんの燃料を燃やし、ただ体温を維持するためにエネルギー量の高い食物を食べる必要があった。つまりアフリカ南部と東部の採集民が、一日当たり二〇〇〇キロカロリーの食物エネルギーと、さらに一〇〇〇キロカロリーの非食物エネルギー（燃料、槍などの道具やダチョウの卵の殻の装飾品をつくるためのリソース）を獲得しているとすると、氷におおわれた北の大地の採集民が、極寒の時期を乗り切るために、その二倍程度の量を獲得する必要があった可能性が高い。

栽培化の歴史

こんにち人間が食べるために、驚くほどの量の食物が生産されているが、日常的に食べている植物や動物の種の数はそれほど多くはない。世界のほとんどの都市で、すべての大陸の国の料理を食べられるようになったにもかかわらず、現代の郊外とさほど面積が変わらない土地に住んでいた狩猟採集民と同じくらい多様な食生活を送っているのは、特に国際的な人々だけである。世界の耕作地の大部分は、高いエネルギーを生み出す作物を栽培する目的で使用されている。現在、全体の三分の二近くで穀物（主に小麦、トウモロコシ、米、大麦）が栽培されている。次に多いのは（耕作地の約一〇分の一）、料理や化粧品などの用途に使われるカノーラやヤシなどの油脂性の作物。残りの三〇パーセントほどの耕作地では、豆類、糖料作物、根菜類、果物、野菜、ハーブ、スパイス、紅茶、コーヒー、その他、綿花などの非食品作物、そしてコカの葉やタバコなどの麻薬を含め、さまざまなものがつくられている。収穫量の多い穀物の栽培に広大な土地が使われる理由の一部は、炭水化物を多く含むカロリーを低コストで供給できること以外に、全農地の約七五パーセントで飼育されている家畜をできるだけ早く食肉処理できる体重まで太らせたり、ミルクや肉、卵を大量に生産させるために必要だからだ。

人類が歴史的に食用として収穫してきた何千種類もの植物はどれも、十分な時間とエネルギー、あるいはゲノムを操作する技術を利用できる術があれば、理論的には栽培が可能である。世界中の植物標本館や植物園では、植物学者たちが、素人の園芸家でもあまり心配せずに自分たちの庭に植えられるような、丈夫な新しい品種をすばやく開発することが多い。

しかし栽培化がもっと容易な植物種もある。それは確実に育ち、大量に収穫できるような系統を開発するための段階が少ないものだ。また、うまく育てるために必要なエネルギーより、食用のエネルギーをはるかに多く生み出せるという理由で、栽培化したほうが経済的なものもある。栽培化の経済性をいま形成しているのは、気まぐれな食の流行と、トリュフのような、栽培に莫大な費用がかかる珍しい商品に、ためらわず大金を払おうとするエリートの存在である。歴史的に見ると、家畜化や栽培化の経済性は、ほとんどエネルギー・リターンだけで決まっていた。

生物学者にとって家畜化・栽培化は、数ある相利共生の例の一つにすぎない。それは異なる種の生物間の相互作用が、両者に利益をもたらすときに起こる共生の形態である。相利的な関係が交わり合うネットワークは、小さなバクテリアから樹木や大型哺乳類などの大きな生物に至るまで、すべての複雑な生態系を支えていて、想像できるあらゆるレベルで起こっている。またすべての相利関係が、どちらか一方の種の生存に不可欠というわけではないが、多くは相互依存に基づいている。特にわかりやすいものとしては、植物とそれを受粉させるミツバチやハエなどの生物との関係が挙げられる。またスイギュウと、ダニなどの寄生虫を駆除するシラサギやウシキツツキ。あるいは動物に果実を食べさせて、糞で種子をばらまいてもらっている数千種の樹木。他にそれほど目立たないものとしては、私たちの腸内にいて、たとえばセルロースの消化を助ける多種類のバクテリアとの関係。

農民と小麦の関係は、当然だが、他の多くの相利的な関係とは、重要な点で異なっている。栽培化された小麦を繁殖させるには、まず人の手で脱穀して、種子を囲んでいる殻からはずさなくてはならない。小麦のように、ライフサイクルの重要な節目を乗り越えるために、遺伝的に無関係な別の種からの特別な介入や注目を必要とする種は、ほんの一握りしか存在しない。しかしそれだけ珍しいものでも、耕作は通常、相利共生の中でも特に成功した形態であることは、キノコを栽培するシロアリなど、他の少数の種も餌を育てることに成功していることで裏づけられている。

アナトリアの野生の小麦や大麦、東アジアの固有種であるアワのように、すぐに栽培化されるようになった植物種もある。ほとんどすべての始祖作物が数千年前から栽培され、こんにちの私たちの食生活の基礎をなしているのは、もとから収穫量が多く、自家受粉だったため、比較的少ない世代で、栽培に

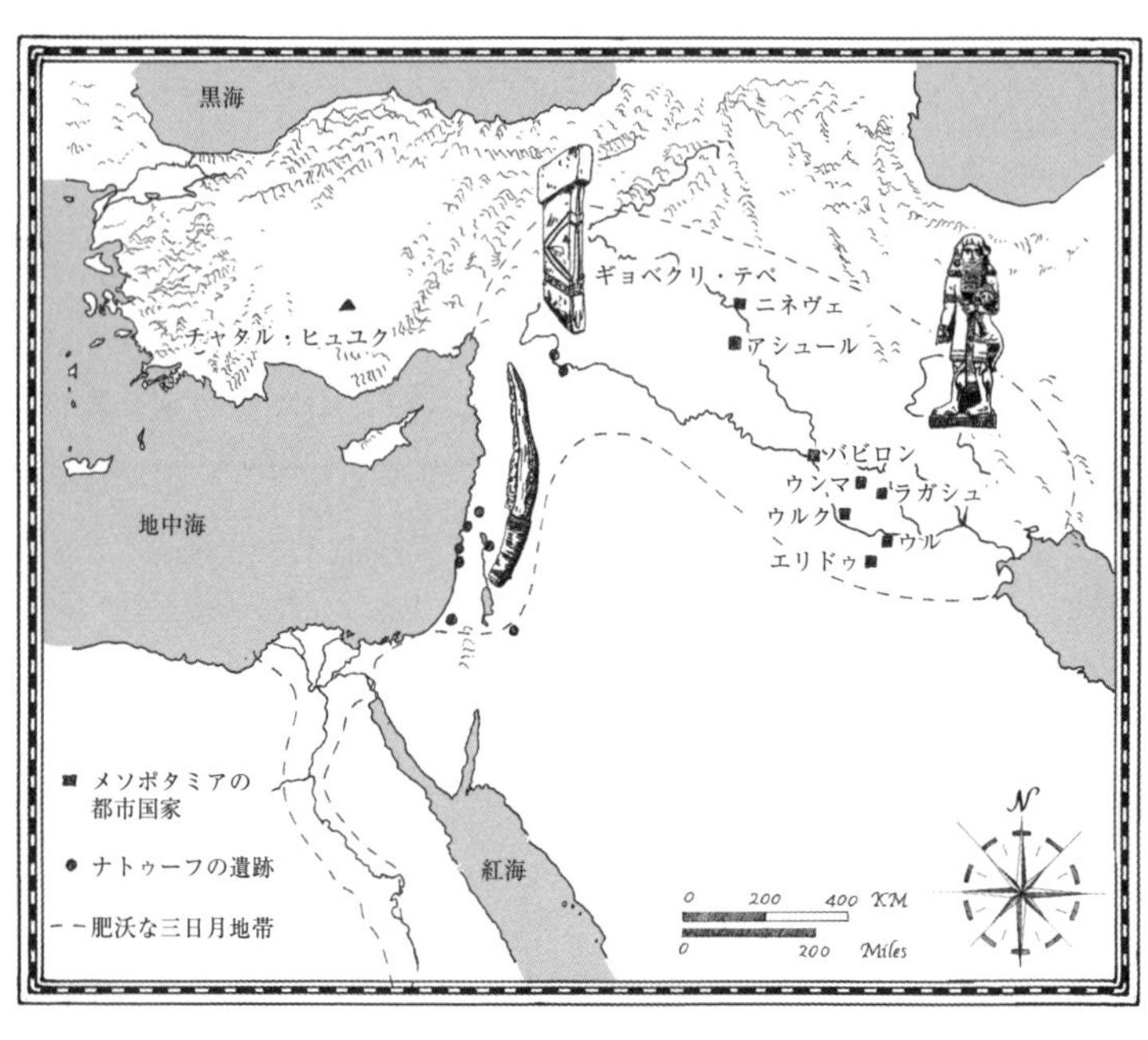

適した性質に品種改良できたためだ。たとえば小麦の場合、外の殻が壊れやすくなった変異は、単一の遺伝子によって起こり、その遺伝子はすでに、大きな種子をつくる突然変異と合わせて、ほとんどの小麦の植生で突然変異を起こしていた。

同じくらい重要なのが、古代には植物の栽培化が他よりも進みやすい環境が一部にあったということだ。現在、私たちが主食としている植物の大部分が、旧世界では北緯二〇度から三五度、アメリカ大陸では南緯一五度から北緯二〇度という地域で生まれていることは偶然ではない。これらの地域はいずれも温帯で季節ごとに降雨パターンが異なり、多年草だけでなく一年草の栽培にも適していた。また農業が広がったのが、少なくとも当初は、この緯度の範囲内であったのも偶然ではない。

収穫量が多くエネルギー豊富な穀物が存在しない、栽培化の中心のいくつかの地域では、大都市や中央集権国家の建設や維持に必要な余剰エネルギーを生み出すことは難しかった。そのためオセアニア、南米・北米、東アジアの多くの〝園芸主義〟文化圏の多くでは、比較的収穫量の少ない作物を栽培し、エネルギー獲得率が採集民を上回ることがほとんどないレベルで、農業がローギアのまま比較的小規模な集団が分散、移動する生活を続けていた。また彼らは、農業中心、あるいは農業だけで生活していた人々に比べて、自由な時間がはるかに多かった。だからこそキャプテン・クックの大航海に参加したヨーロッパの船乗りたちにとっては、地元民が木々の実を取ったり、豊かな海で魚を取ったりすること以外にすることがほとんどなかったメラネシアの島々は、楽園のように思えたのだ。

いくつかのケースでは、中東での穀物や、東アジアの米・アワに匹敵する収穫量を生産できるようになるまで、何千世代にもわたり、苦痛なほど時間をかけて品種改良しなければならなかった。そのためトウモロコシの祖先であるブタモロコシのゲノムに生じた、わりと一般的な五つの変異によりトウモロコシの原型が生まれたのが約九〇〇〇年前だったにもかかわらず、そのおよそ七〇〇〇年前に地中海周辺で繁栄していた集団や都市を養える量のトウモロコシを栽培できるようになるまで八〇〇〇年近くかかった。

しかし、もし人類史の方向性が、最も収穫量が多く最も生産的でエネルギーに富んだ作物があった農耕社会によって決められたのだとしたら、なぜそのような社会の生活が、採集民の生活より、はるかに困難が多いのか。この疑問について、トマス・ロバート・マルサスはずっと頭を悩ませていた。彼は、特に影響力を持っていた啓蒙主義時代の先駆的な経済学者の一人で、アダム・スミスやデヴィッド・リカードと同じく、食料生産が進んでいる一七世紀のイングランドで、なぜ相変わらず貧困がなくならないのかを理解しようとしていた。

生産性と人口増加の関係

トマス・ロバート・マルサスは合指症だった。この遺伝的疾患は特に手足の指が融合するという症状が現われることが多く、彼が一八〇五年から歴史と政治経済学の教授を務めていた東インド会社カレッジの学生たちは、すぐに水かき足（ウェブ・トゥー）というあだ名をつけた。しかしさらに悪いことが起こった。一八三四年に亡くなってから数十年の間、彼の最も重要な著作であり、人口過剰が社会の崩壊をもたらすと提言した『人口論』は、終末論的ヒステリーとして何度も嘲笑され、彼の名は根拠のない悲観論の代名詞となってしまった。

歴史はずっとマルサスに優しくない。彼はよく描かれるような、常に悲観的な人物ではなかった。彼の最も有名な議論は細かいところに間違いが多いが、その背後のシンプルな原理は正しかった。それ以上に、生産性と人口増加の関係についての議論は、農業への移行がどのように人間と希少性の関係を変化させ、〝経済問題〟を生み出したかについて、説得力のある見解を提示している。

マルサスが解決しようとした問題は、ごく単純なものだった。何世紀にもわたって農業の生産性を向上させたにもかかわらず、なぜ懸命に働きながら貧困にあえいでいる人が多いのか。これに対し、彼は二つの答えを用意した。一つ目は神学的な考えだった。マルサスは悪とは「絶望を生み出すためではなく、活動を生み出すためにこの世に存在する」と考えていた。これは人間の群れが、怠けていても繁栄することがないようにするのが、常に神の計画の一部にあるということだ。二つ目は人口動態に関わるものだ。

マルサスは農業生産高は〝等差級数的〟にしか成長しないのに対し、人口は彼の計算によれば二五年ごとに倍増するとして（これは誤り）、〝幾何級数的〟あるいは〝指数関数的〟に成長すると考えた。この不均衡の結果、農業生産性が向上して食料供給量が増えても、農民が生む子の数が必然的に増えるので、一人当たりの余剰作物はすぐに失われると考えたのだ。

彼は、土地は食物の生産量に対する究極の制約であると考え、農業における追加労働の限界効用は急速に減少する、それはかつて一人で容易に管理できた畑を一〇人で耕しても、その畑の生産性は向上せず、むしろ一人ひとりの収穫量が減少していくからだと述べた。マルサスは人口と生産性の関係は、結局のところ、自然に調整されるものであり、人口の増加が生産性を追い越すと、人口はすぐにほどほどのレベルにまで減るというのが、彼の考えだった。マルサスは自らの計算に基づき、産業革命で人口が急増したブリテンは、激しい反動に見舞われると主張した。

マルサスの評判があまりよくないのは、彼が主張したような、差し迫った破綻が起こらなかったからというだけではない。また彼の警告がファシストによって熱狂的に受け入れられ、大量殺戮や優生学の正当化に使われたからだけでもない。その時代のレンズを通して見ると、彼の主張は政治的な立場を越えて、おおいに人々を不快にさせるものでもあったからだ。成長には明確な限界があるという彼の主張は、制約のない自由市場と永遠の成長を支持する人々に冷や水を浴びせ、持続可能性を気にする人々には好意的に受けとめられている。しかし不平等や災害のために、ほとんどの人がこれからもずっと貧しいのは神の計画の一部であるという見解は、一部の宗教保守派を喜ばせ、世間の人々をひどく怒らせるものだった。

化石燃料時代の食料生産が、急増する世界人口にどのくらい追いついていけるかについて、マルサスが極端に過小評価していたこと、また工業化社会で出生率がしだいに減少する傾向（彼の論文が発表されたほぼ直後から始まった）を予測できなかったことに異議を挟む人はいないだろう。しかしそうであっても、歴史的に見ると、生産性の向上がもたらす利益を人口の増加が食い潰すという彼の見解は、人類が食料を生産して余剰を生み出すようになったときから産業革命に至るまでずっと正しかった。また経済的に最も生産性の高い社会が、そうでない社会を犠牲にして拡大するという傾向を説明する助けにもなった。

マルサスの遺産

マルサスの遺産として、いまでも残っているものが二つある。一つは、ある社会の人口が増えた結果、農業や経済の生産性が希薄化することを、〝マルサスの罠〟という表現で説明するのが慣例となっていること。世界史を「実質所得」という退屈な指標に矮小化したがる経済史家は、産業革命以前にマルサスの罠に、世界中の無防備な社会がはまっていたことを示す証拠を山ほど見つけている。そして気の利いた新しい技術によって農業生産性が急激に向上し、一世代か二世代が繁栄するという幸運な時期が訪れるたびに、人口増加によって、すぐに最低限の生活レベルに戻っていると述べている。また病気や戦争によって人口が急激に減少した場合には、その逆の現象が起こることも指摘されている。たとえば一四世紀半ばにヨーロッパで発生したペストによって、膨大な数の人が死んだ最初のショックが収まると、平均的な物質的生活水準と実質賃金は、二世代で大幅に向上し、その後、人口が回復すると生活水準は過去の平均値まで低下した。

二つ目は、農耕社会の人々が懸命に働かなければならない主な理由の一つを明確にしたことだ。マルサスは農民がたくさん子供をつくったのは、抑えきれない性欲のせいだと信じていた。しかしもう一つ、もっと重要な理由もある。農民たちは、自分たちが熱心に働くほど、一年を通して食料に困らない可能性が高くなることをよく知っていたのだ。干ばつや洪水、病気など、十分な収穫量と、家畜の健康を確保するためには、自分たちの思い通りにできない条件がたくさんあった。しかし自分たちで決められることもあった。また存続に関わるような、大きなリスクの影響を抑えるためにできることもあったが、それらにはすべて労働が関わっていた。ただ労働力にほとんど余裕がなく、大半の農家にとって唯一の明快な解決策は子孫を残すことだった。

しかしそれで彼らはマルサスの罠の一つにはまった。新たな労働者を産むたびに養わなければならない者が増えるだけでなく、ある時期から、一人当たりの食料生産量が顕著に減少するようになった。それは農業が最終的には絶対的な環境による制約を受けるからだ。何と言っても、小麦を植えた小さな畑で働く人が一人であろうと一〇人であろうと、一年に一回しか収穫できないのだ。

そのため農民にとって選択肢はほとんどなかった。飢えるか、隣人から土地を奪うか、未開の土地に進出するかである。農業がアジア、ヨーロッパ、アフリカへと急速に広がった歴史に、多くの場合農民が最後の選択肢を選んだことが表われている。

農耕と侵略

ヴィア・ゴードン・チャイルドがまだエジンバラやロンドンで教鞭をとっていたころ、ほとんどの考古学者は、農業が広まったのは、採集民が食べるものに困らない農耕民の生活に憧れて、熱心に採用したからだと信じ込んでいた。私たちの進化上の祖先は、いまの私たちと同じように新しいものが大好きで、いい考え（ときに悪い考え）は、わりと隔絶された集団から次の集団へと、驚くべき速さで広がっていったことを示す証拠はたくさんある。こうした拡散力があったからこそ、たとえば岩石を削って刃物や錐（きり）をつくる新しい技法が、建造の歴史の記録上に、多くの違う土地でほぼ同時に出現していると考えられる。またアメリカ大陸の一部では、農業がそのように広まったのは、ほぼ間違いない。

つい最近まで農耕がこのような形で伝わらなかったと思われていた理由はただ一つ、数千年前から農耕社会と接触していたにもかかわらず、少数の狩猟採集民（コンゴのムブティ族やタンザニアのハッザ族など）が、狩猟採集を続けているということだ。たくさんある大昔の謎と同じように、農業の拡大について新たな洞察をもたらしたのは、古地理学者が世に出して、人気を集めているアルゴリズムである。そして考古学的データと口伝えの歴史を合わせて考えると、彼らが伝えている物語はほとんどの場合、急激に増加してマルサスの罠から逃れようとした農耕民が、既存の狩猟採集民を追いやり、そこに居座り、さらには大量虐殺したというものである。

ヨーロッパの初期の農民[101]の骨から抽出したDNAと、ヨーロッパの古代の狩猟採集民の骨から抽出したものの比較を見ると、ヨーロッパにおける農業の拡大は、農民の集団が新しい土地へと広がり、その過程で既存の狩猟採集民を同化させるのではなく、強制的に追いやり、最終的に取って代わったためだということがわかる。[102]また約八〇〇〇年前から、増加する農耕民のコミュニティは中東を越え、キプロスやエーゲ海諸島を経由して、ヨーロッパ本土に拡大したことが示唆される。東南アジアでも似たようなプロセスが起こり、約五〇〇〇年前から揚子江流域で稲作を行なっていた農耕民がどんどん拡大し、やがて東南アジアの大部分を植民地化するようになって、その三〇〇〇年後にはマレー半島に到達している。[103]そしてアフリカでは過去二〇〇〇年の間に、東アフリカから中央・南部アフリカにかけて、ほぼすべての先住者だった採集民が次々と取って代わられたというゲノムによる明確な証拠がある。その後、アフリカで農業革命が起こり、農耕民が増加して、アフリカ全体に数々の文明、王国、帝国が築かれた。

ナトゥーフ人が農業を試行し始めたころ、世界の人口はおそらく四〇〇万人くらいだったと思われる。一万二〇〇〇年後、産業革命で初の化石燃料で稼働する工場の土台が築かれたとき、人口は七億八二〇〇万人にまで増えていた。一万二〇〇〇年前、農耕をしていた人はいなかったが、一八世紀には、世界で採集で生活していた人々の割合はごくわずかになっていた。

新たに生まれて地方からエネルギーを吸い上げていた、ひと握りの大都市に住む幸運な人々や、地方でまじめな農奴を支配していた、いばった連中を除けば、人生は苦労のほうが多かった。平均寿命は短くなっていたにもかかわらず、人口は急激に増えていたのだ。言い換えると、自給自足の農耕民にとって〝経済問題〟と欠乏は、しばしば生死に関わる問題だったのだ。その唯一かつ明白な解決策は、より勤勉に働いて新しい土地へと進出することだった。

そうなると、いま自分の食べる物を自分で生産する人はほとんどいないにもかかわらず、その時代に生まれた欠乏の神聖化や経済制度や規範が、いまだ人間の経済生活の営み方を左右しているのは、驚くにはあたらないだろう。

第九章　時は金なり

アメリカ建国の父、雷雨の中で凧を揚げる恐れを知らぬ男、遠近両用めがね、フランクリンストーブ、尿道カテーテルの発明者といった顔を持つベンジャミン・フランクリンは、仕事との関係にジレンマを抱えていたようだ。一方で、自分が「世界で最も怠惰な人間」であることを嘆き、自分の発明は、将来の労苦から解放されるための省力化装置にすぎないと自嘲気味に語った。一五〇年後にジョン・メイナード・ケインズが考えたように、彼もまた人間の創意工夫によって、将来の世代が過酷な労働をする必要がなくなるかもしれないと信じていた。

「もしすべての男女が毎日四時間、何か有益な仕事をすれば、それだけの労働で生活に必要なものすべてと快適さを得られるだけのものを生み出すだろう」と、彼は熱心に主張した[104]。

しかしその一方で、清教徒として育ったフランクリンは、怠惰は「すべての美徳を飲み込む死海[105]」であり、人間はみな生まれながらの罪人であり、救いは神の恵みによって、勤勉で慎ましい者にのみ与えられるという考えも持っていた。その結果として「生活に必要なものと快適さ」を得るために、起きている時間をすべて費やす必要がない幸運な人は、他の有益で生産的な目的に時間を使う義務があるという考えを持つに至った。

フランクリンはその高潔な道からはずれないよう、常に一三の〝美徳〟のリストを持ち歩き、それに照らし合わせて自分の行動を記録していた。その中で最も尊いものとしていたのが〝勤勉〟で、それは「時間を無駄にせず、常に何か有用なことに従事する」ことだと説明している(106)。また毎日の習慣を厳密に守り、毎朝五時にその日の〝決定事項〟を確認し、その後、決まった時間帯に、仕事、食事、家事をこなし、一日の終わりには、何か楽しい〝気晴らし〟を行なう。そして毎晩一〇時になると、その日にできたことを振り返り、神に感謝をしてから眠りにつく。

一七四八年には、まだ四二歳だったフランクリンだが、金に不自由はしなかったので、時間とエネルギーの大半を、金儲けではなく自分の魂を満足させる仕事、つまり政治や目新しい道具の製作、科学研究、友人へのおせっかいに費やしていた。それができたのは、その二〇年前に買収していた新聞『ペンシルベニア・ガゼット』の購読料から安定した収入を得られ、その日常的な運営は二人の奴隷が担っていたからだ（フランクリンは後年、熱心な奴隷廃止論者となってその二人を解放した）。その年、彼は少し時間を割いて、ビジネスを始めようとしていた若い〝商人〟に手紙を書き、次のような助言をしている。

「時は金なり、ということを覚えておいてください」とフランクリンは述べ、借金の利子であれ、価値を生む資産であれ、お金は時間とともに増える有機的な力を持っていることを伝えている。「金は金を生み、その子孫はさらに金を生むことができます。（しかし）子を産む雌ブタを殺せば、その先千世代まで先の子孫を滅ぼすことになります」。

「時は金なり」は、現在ではフランクリンの言葉として伝えられることが多く、彼の顔は米国の一〇〇ドル札に印刷され、そこからにらみを利かしている。しかしこの言葉は実は、フランクリンの有名な手紙よりも、はるかに由緒ある出自なのだ。このフレーズが使われた最古の記録は、一五七三年にクロアチアの貿易商ベネデット・コトルリが出版した『商取引と完璧な商人（Della Mercatura et del Mercante Perfetto）』という大部に記されている。彼は世界で初めて複式簿記の原理を詳しく説明し、読者の好奇心をかきたてた人物でもあった。しかしこの一見自明な考え方の背後にある思いはもっと古いもので、現代の私たちの仕事に対する考え方と同じように、農業に起源を持つものだった。

時間、労力、報酬の間の基本的な対応は、狩猟採集民にとっても、最低賃金で箱詰めをする倉庫の荷造り担当者にとっても、直感的なものである。薪や野生の果実を集めるのも、ヤマアラシを捕まえるのにも、時間と手間がかかる。そして狩猟民が獲物を追うことに喜びを見出すのに対し、採集民は自分たちの仕事から得られる精神的な報酬は、いまの私たちの大半がスーパーマーケットの通路を歩いているときと同じようなものだと考えていた。

しかし狩猟採集民が仕事に対してすぐに得られる報酬と、ハンバーガーを焼くファストフードの調理人や株式仲買人の報酬には、決定的な違いが二つある。一つ目は、狩猟採集民が食事や他人を養う喜びという形で、すぐに労働の報酬を享受するのに対し、倉庫の荷造り担当者が手にするのは、のちに有用なものと交換したり借金を返済したりできる引換券（トークン）という形で、将来の報酬を約束するものでしかないということだ。二つ目は、採集民にとって食料は常に豊富だったわけではないが、時間は常に豊富にあったので、その価値を「欠乏」という、狭い範囲での専門用語で説明されることがなかった。つまり採集民にとって、時間を「使う」「配分する」「つくる」「節約する」ことはできず、機会を浪費したりエネルギーを無駄にしたりすることはあっても、時間そのものを「無駄にする」ことはできない。

急ぎの仕事に追われ続ける

新石器時代のブリテンを代表する、ストーンヘンジの不可解な立石群は、考古学者にとっていまだ多くが謎のままである。彼らはいまだ、古代ブリトン人がいったいどういう理由と経緯で、約五一〇〇年前から一〇〇〇年以上もかけて、採石場から三〇トンもの巨大な岩板を九〇個も、ウェールズのプレセリ丘陵から、現在では会社勤めの人が多いウィルトシャーまで（約二五〇キロメートル）運ぼうと思ったのか互いに議論し合っている。また立石の上にどのように重い台座を水平に配置したのかも、まだわかっていない。

しかし確かなのは、紀元前四〇〇〇年から三〇〇〇年の間にフランス、コルシカ島、アイルランド、マルタ島に出現した、これらの巨大モニュメントを建造した人々は、何千年にもわたって徐々に向上した農業生産性の恩恵を受け、十分な余裕のある収穫を確実にあげられるようになった最初の農耕民でもあったということだ。そのためときには数カ月も畑を離れて、巨石を引きずって山や谷を越え、巨大なモニュメントを組み上げるのに、膨大な時間とエネルギーを使えたのである。

もう一つ確かなのは、ストーンヘンジは、解像度の低い巨大なカレンダーであり、季節的な変化を表わし、夏至と冬至を示すために特別に設計されたものであるということだ。それはストーンヘンジと、その他の新石器時代の巨大建造物の多くと共通するものだ。しかし農耕社会によって築かれた巨大モニュメントに共通する中心的な目的が、季節の移り変わりであることは、驚くにはあたらない。農作業は何よりタイミングが重要であり、気候の影響を受けづらくするビニールハウスが登場するまで、農民は季節に翻弄され、作物や家畜の相互作用、太陽の周囲を規則的に回る地球の軌道によって決まる暦に従わされていた。そのほとんどはいまも変わらない。一年草の作物に頼っている耕作者にとっては、土作り、肥料、植え付け、水やり、草取り、害虫の駆除、剪定、収穫などのための、決まった短い時間枠が存在する。その後、収穫物を取り込み、処理し、保存し、腐る前に市場に出すにも、決まった時間枠がある。食肉生産の工業化により、必ずしもそうではなくなったが、前世紀後半までは、ほとんどの畜産農家にとっても、季節は融通の利かない支配者だった。彼らは家畜の生殖や成長のサイクルと、それを養う環境のサイクルを一致させなければならないのだ。

伝統的な農耕社会はどこでも、一年の中で急ぎの仕事が少なくなることが予測される時期がある。仕事にとりつかれたアブラハムの宗教（訳注：ユダヤ教、キリスト教、イスラム教）の熱心な信者たちのケースのように、神の勅命によって休むことが課せられることもある。多くの農耕社会では、季節の祭りの間は、通常の労働は嫌われるか禁止されていた。それは宗教儀式や、犠牲を払うこと、愛を見つけること、食べたり飲んだりすること、そしてけんかをすることに使う時間だった。よい年には、自分たちの勤勉さと神の寛大さを祝う機会となり、悪い年には酒を飲んで災いを忘れ、歯を食いしばって神に感謝するひとときとなった。

北欧や中国内陸部など、夏は暑く冬は寒さが厳しい地域でも、緊急の仕事が少なくなる季節があった。しかしそれはすべての仕事をやめるわけではなく、数週間、時間の制約のある仕事から解放され、老朽化した穀物庫の修理など、同じくらい必要だが、急がなくてすむ仕事を行なう機会となった。ある年にある場所では、長い期間、農民が畑や牧草地を離れ、巨大な岩を遠くまで引きずっていき、やがて壮大なモニュメントが建てられたこともある。あるいは、翌年の農作業に備えるために必要な時間だったこともある。

しかしそのような時間枠以外では、急ぎの仕事がある場合、それをしなかったとき、たいていは採集民よりも農民のほうが大きな影響を受けた。たとえばジュホアン族は、気分が乗らないからという理由で、自主的にその日は採集を休みにすることもよくあった。たとえ空腹でも、食物さがしを一日休んでも、大きな問題は起こらないことを知っていたのだ。一方、農民たちには「休みが必要だから休む」という選択肢はめったにない。緊急の仕事は適時に行なわないと大きなコストが発生し、余分の仕事が生まれることがほとんどだ。壊れたフェンスを修理しておかないと、材料を調達してフェンスを修理する時間に加え、いなくなったヒツジをさがして何日も周辺の田舎を歩き回らなければならなくなる。乾燥した作物への水やり、害虫の駆除、雑草の除去など、できるだけ早い機会に行なうかどうかで、収穫量が多いか少ないか、あるいはまったく収穫できないかが決まるかもしれない。乳房がぱんぱんに張っている牝牛の乳を搾らなければ、最初は不機嫌になり、やがて感染症の危険が生じ、さらに長く放置すると、子牛が生まれるまで乳が出なくなることがある。

しかし初期の農耕社会における時間と仕事の関係には、絶対的な季節のサイクルに縛られるという、ゆうつな現実以上のものがあった。農耕への移行がもたらした、最も重要な遺産の一つは、人々の時間の経験のしかた、理解のしかたを変えたことだろう。

時間と仕事の概念の変容

採集民が目を向けていたのは、ほとんど現在と近い将来だけだった。空腹になれば採集や狩りに出かけ、水場が枯渇したり、歩ける範囲の食物資源が回復するのに時間がかかりそうだったりすると、別のところへ移動した。遠い未来について考えるのは、子供がどんな大人になるか、歳をとるとどんな苦痛があるか、同じくらいの歳の仲間たちの中で誰がいちばん長生きするかといったことを想像しようとするときだけだった。

彼らは簡単に満たされる欲望をいくつか持つだけで、地位を求める者は軽蔑される社会で生きていたので、大きな野望に縛られることはなかった。また自分たちと先祖の生活との間に本質的な違いはなく、自分たちの世界は、だいたいは昔と同じだと考えるのが一般的だった。採集民にとって変化は環境に内在するものだった。風が吹いたり、雨が降ったり、ゾウが歩いたあとが新たな道になったり、常に起こっていることだったのだ。

しかし彼らにとっての変化は常に限りがあるもので、周囲の世界がこの先もずっと続き、予測可能であるという深い信頼によって支えられていた。どの季節も、その前の季節とは異なっていたが、その差も必ず予測可能な変化の範囲に収まっていたのだ。祖先と同じように自由に採集していたジュホアンにとって、歴史の重みを背負うのは、家を持ち歩くのと同じくらい不便なことだった。長い過去を捨てることで自由になり、古代の先例や将来の野望にとらわれずに、周囲の世界と関わることができたのだ。そのためジュホアンは、一族の家系を調べたり、先祖の名前や功績を強調したり、過去の大災害や干ばつ、英雄的な行為を思い起こしたりすることには関心を持たず、時間を割くこともしなかった。たとえば死者は埋葬されてしまえば一、二世代で忘れ去られ、埋葬地は放置され、誰かが訪れることもない。

一方、食物を生産するためには、過去、現在、未来に同時に生きることが求められる。農場での作業はほぼすべて、過去の経験に基づき、将来の目標を達成したり、将来のリスクを管理したりすることが中心になっている。耕作者が整地をして、土壌をつくり、耕し、水路を掘り、種をまき、雑草を抜き、剪定し、作物を育てるのは、すべてがうまくいって、季節が変わるときに、少なくとも次の季節サイクルを通して自分たちが食べられるだけの収穫を得たうえに、翌年の作付けに必要な種子を蓄えておくためだ。

もちろんもっと長い目で将来を見据えた仕事もある。ストーンヘンジを建てたブリテンの初期の農民たちは、それが何世代とはいかないまでも、何十年もそこにあり続けることを想定していた。そして一頭の牝牛に種付けするときは、四〇週間ほどで子牛が生まれ、きちんと世話をすれば牛乳が生産できるだけでなく、子牛の数がどんどん増えて、最後にその牝牛は肉屋で一生を終えるという想定をしている。

先々に得られる報酬のために労力の大半をつぎ込むことは、無限の可能性を持つ世界に住むことでもある。よいこともあれば、判断が難しいものもあるし、悪いこともたくさんある。そのため農民たちは、あふれんばかりの穀物庫、焼きたてのパン、小屋で燻製にしている肉、食卓に並ぶ産みたての卵、食べたり保存食にしたりするための、かごに入った新鮮な果物や野菜といった楽し気なイメージと同時に、干ばつや洪水、かび臭いわずかな収穫物の食べ残しをめぐるネズミやゾウムシの争い、病気になって捕食者に追われる家畜、雑草がはびこる菜園や、傷んだ果実だらけの果樹園を頭に浮かべる。

採集民がときどき起こる困難をストイックに受け入れていた一方、農耕民はもう少しがんばればもっとよくなるだろうと自分に言い聞かせていた。長い目で見れば、長く働く農民のほうが、起こる可能性が高いと思われる一つか二つのリスクにしか備えていない、あまり働かない農民よりも、だいたいはよい結果を出していた。そのためジュホアン族が住むカバンゴ川沿いの地域で農業を営んでいた人々の中で最も裕福だったのは、だいたいはリスク回避型、つまり熱心に働いて夜間に捕食者からウシやヤギを守る囲いをつくり、夏の暑さの中、畑に集まる鳥やサルなどをせっせと追い払い、種を少し深く埋め、万一、雨が降るのが遅れたときのために、作物への水やりのためにわざわざ川からバケツで水をくんでおく人々だった。

自然空間と文化的空間の峻別

料理人が火を使って生の材料を料理に変えるように、鍛冶屋が炉を使って鉄を道具に加工するように、農民は労力を使って、野生の森を牧草地に、荒れた土地を生産性の高い畑や庭や果樹園に変えている。つまり農耕民は、自然のままの空間を、人間が管理する文化的空間に変えるべく働いているのだ。

採集民は対照的に、自然と文化、野生のものと飼育・栽培されたものを区別しなかった。少なくとも、現在の農民や都市に住む私たちのような、直接的な区別はしていなかった。たとえばジュホアンには、「自然(ネイチャー)」や「文化(カルチャー)」と直訳できるような言葉はない。彼らは他のすべての生物と同じく、〝地球の表面〟と呼んでいる風景の一部であり、それを豊かにするのは神々の責任だった。

それに対して農業をするためには、環境から自分を切り離し、かつて神々だけのものだった責任の一端を引き受けなければならない。農民にとって環境は作物をつくれる可能性があるものでしかなく、実際に作物をつくるにはそのための作業が必要である。そのため農耕社会ではまわりの風景を、文化的空間と自然空間とに分けることが日常的に行なわれていた。自分たちの労働で生産性を持つようになった空間、たとえば農家、庭、穀物庫、納屋、村、庭園、牧草地、畑などは、人手が加わった文化的空間であり、自分たちが直接管理できない場所は、野生の自然空間とみなされた。そして重要なのは、これらの空間はしばしば、柵、門、壁、溝、生垣などで仕切られていたことだ。同様に、自分たちの管理下にある動物は家畜であり、自由に動き回る動物は〝野生〟の生物だった。

農民たちは、文化的な空間を維持するためには、常に手をかけ続けることが必要だとよくわかっていた。畑は放置すればすぐに雑草におおわれる。適切なメンテナンスをしなければ、建造物はすぐに荒廃する。管理されないまま放置された動物は野生化するか、野生生物に捕食され、全滅することもある。また農民たちは、自分たちの生活は、自然の力を利用し、自然のサイクルの中で活動する能力に頼っていると認識している一方で、自然が求めてもいないのに、文化的空間に入り込んでくると、厄介なことになると考えてもいた。耕作地に生えている役に立たない植物は雑草とされ、役に立たない動物は害獣とされた。

土地に労働力を投じて〝生活必需品〟を生産していた農民は、環境との関係を、採集民よりもはるかに取引の観点から見ていた。採集民は将来の心配をしないですむ環境を無条件に与えられ、それを他者と共有していたが、農民は将来確実に得られる食物と環境とを交換するとみなしていたのだ。ある意味で、彼らは自分たちが働いて土地を耕している以上、土地は収穫を与える義務がある、つまり事実上、借りがあると考えたのだ。

意外ではないが、農民は土地とのそうした取引関係を、お互いの関係にも拡大しようとした。彼らは互いに分かち合っていたが、家庭や親族といった中核的な集団の外では、分かち合いは、たとえ不均等であっても、交換という枠組みで行なわれていた。農耕社会では、ただ乗り(フリーランチ)というものはなかった。誰もが働くものと考えられていた。

通貨の起源

アダム・スミスは、人が互いに物を「交換、取引、やりとり」をしようとするのは、何でも欲しがるという人間の性質によるものなのか、知性の副産物なのか、確信が持てずにいた。それは彼が「理性と発話の能力の必然的な帰結」と呼んだものだ。しかし取引の技法を理解していることが、他の種と人間とを最も明確に区別するものであると確信していた。

「イヌが他のイヌと、公平かつ意図的に骨と骨を交換するのは、誰も見たことがない」と、彼は説明している。(107)

彼はまた、通貨の主な機能は取引を容易にすることであり、原始的な物々交換のシステムに取って代わるものだと確信していた。彼は通貨が原始的な物々交換から進化したことを徹底的に議論した人物ではあるが、最初の人物ではなかった。プラトン、アリストテレス、トマス・アクィナス、その他多くの人々が、通貨の起源について、すでに同様の議論を展開していた。

アダム・スミスが、通貨の起源は取引にあり、その主な機能は人々が互いに物を交換する作業を助けるものだと考えたのは驚くにはあたらない。アダム・スミスが母親とともに育った、スコットランドのファイフ州海岸沿いの風の強い町カーコーディは、現在ではスコットランドの製造業の衰退を象徴する場所になっている。しかしスミスが幼かったころは、商人や貿易商が集まる活気ある港町だった。そこには賑やかな市場があり、繊維産業が栄えていて、スミスは幼いころから、北海の黒緑色の海を絶えず行き交う三本マストの商船が、亜麻や小麦、大陸のビール、麻などの貨物を港で降ろし、船倉に石炭や塩を積み込み、デッキに大量の麻布を積み上げて、再び出航する姿を眺めていた。

アダム・スミスはケンブリッジ、グラスゴー、ヨーロッパで研究し、教職を務めて数十年を過ごしたあと、老齢にさしかかって幼少期を過ごした町に戻り、最も有名な著作となる『諸国民の富の性質と原因に関する研究』（国富論）を執筆し、一七七六年に発表した。王の法外な税の要求を怠け者の貴族に多く負担させるよう呼びかけ、政府も貴族も市場の自然の摂理に干渉すべきではないと主張する、フランスの知識人の運動である〝重農主義〟の影響を受けている。そしてアイザック・ニュートンが理性によって天体の運動を支配する基本法則のいくつかを明らかにしたのと同じように、理性によって人間の経済行動の基本法則を明らかにできると、スミスは確信していた。

『国富論』には聖書的な性質があるが、それはスミスが複雑な考えを毎週日曜日に教会の説教壇から届けられるような、わかりやすい寓話と似た構造で提示できる天賦の才を持っていたからだ。

彼の言葉で最もよく引用されるのは「分業」についての寓話である。それはアメリカ先住民の話からヒントを得た〝野蛮な〟狩猟民族の話で、そこでは誰もが自分と身近な家族だけを養っていた。しかしその中の一人が、自分は弓矢をつくる特別な能力があることに気づき、他人の分もつくってシカ肉と交換するようになった。彼はまもなく、家で弓をつくっていたほうが、自分で狩りをするより多くの肉が手に入ることに気づいた。狩猟がそれほど好きでなかった彼は、狩りは完全にやめて、〝武器製作係〟としてそれに専念するようになった。これに触発され、他の〝未開人〟も、それまでのような、各自がすべて行なうやり方は非効率であり、専門化することこそが未来のやり方だと考えるようになる。やがてある者は弓を捨てて大工に、ある者は鍛冶屋に、ある者は皮なめし屋になった。こうして誰もが他人と同じことをしていた、かつての効率の悪い狩猟民族の村は、腕のいい専門家が集まる効率的なコミュニティへと変貌を遂げ、誰もが自分が生産したものと、他人の生産物とを喜んで交換し合うようになった。

「こうしてすべての人間は交換によって生活するようになった。ある意味では商人となったのだ」そして「社会そのものが成長し、本格的な商業社会となる」と結論している(108)。

しかしスミスが指摘したように、物々交換経済にはシンプルな問題が一つある。猟師が大工に新しい弓をつくってほしいと頼んでも、大工が肉を食べるのに飽きていて、本当は鍛冶屋に新しいノミをつくってもらいたいと思っていたらどうなるか。スミスはその解決策として、「どれか一つの品物」を「商売の共通手段」（つまり現在、経済史家が「原始通貨」と呼ぶもの）として決めることだと論じている。その品物としては、ウシ、塩、釘、砂糖などで、最終的には金、銀、貨幣となる。

「労働中心の生活は卑しい」

一九世紀の大半、そして二〇世紀初頭まで、ベンジャミン・フランクリンとアダム・スミスは友人であり、フランクリンが『諸国民の富の性質と原因に関する研究』の草稿を読んで、役に立つ意見を提供したと考えられていた。この啓蒙と協力の物語を信じたくなるのは、一七七六年に『国富論』が出版されたのが、米国が英国からの独立をかけて戦っていた時期と重なるだけでなく、そもそも北米の入植者が帝国支配から脱却しようとするきっかけとなった関税制度や税金に対するやんわりとした批判として読めるからだ。しかしそれ以上に『国富論』は、アメリカがのちに成功の永遠のナラティブとして取り入れた、自由企業体制の起業家精神を明確にしていたのだ。

この啓蒙主義の巨人二人の、大西洋を越えた友情はつくり話だと判明したが、フランクリンとスミスには共通の友人もいて、同じ本を数多く読んでいた。また一七七〇年代にフランクリンがマサチューセッツ州とペンシルベニア州の代表としてロンドンの英国政府を訪れていた時期には、社交の場でも顔を合わせていたかもしれない。しかしアダム・スミスがフランクリンの電気実験について書かれた本を購入した以上の、知的交流があったことを示唆するものはない[109]。

もし二人の友情物語が空想でなかったら、あの寓話は別の形になっていた可能性がある。なぜならフランクリンも通貨は物々交換の不便さを克服するために発明されたに違いないと考えていたにしても、イロコイ連盟[110]の〝インディアン〟との条約の交渉を行なった経験から、彼らのような〝野蛮人〟は、取引をして富を蓄積することには興味がないと考えるようになっていたからだ。彼らには他に優先するものがあると確信し、そこから自分の価値観の一部に疑問を持つようになった。「私たちの労働が中心の生活を……彼らは奴隷のようで卑しいものと見なしている」。

フランクリンは交渉相手のインディアンを観察し、自分を含めた入植者たちは「無限の人為的な欲求にとらわれ、それは自然の欲求に劣らず強烈で満たすのが難しい」ものだと述べている。一方で、インディアンは「欲求はほとんど持たず」、持つとしてもそのどれもが容易に満たされるものだった。「自然が与えてくれるものと、ほんの少し労働をすればよかった。獲物が豊富にいるときの狩猟や釣りを、本当に労働と呼ぶかどうかは別として」。

その結果、入植者に比べてインディアンは「たっぷりある余暇」を楽しんでいたと、フランクリンはどこか羨ましそうに書いている[111]。そして彼ら自身は、怠惰は悪であるという見解に従って、その時間を討論や内省、弁舌のスキルを磨くことに使っていた。

根拠なき「貨幣の始まり」の神話

アダム・スミスの寓話は、いまでもほぼすべての経済入門書の冒頭で無批判に語られ、人類学者のデヴィッド・グレーバーが「経済関係システムの始まりの神話」になっていると指摘しているが[112]、問題はまったく根拠がないことである。ケンブリッジ大学の人類学教授、キャロライン・ハンフリーが、スミスが説明したような物々交換のシステムを採用していた社会をさがして、民俗学と歴史の文献を徹底的に調べたが、最後は降参して「純粋かつシンプルな物々交換経済の例は報告されていないし、そこから通貨が生まれたという説はさらに見当たらない」と結論し「調べることができた民俗学の文献はすべて、そのようなものは存在しなかったと示唆していた」と述べた(113)。

フランクリンが記したイロコイ連盟の六つの国家（およびスミスが「野蛮人」の起業家を想像したときに念頭に置いたと思われる人々）には、性別、年齢、性向に基づく明確な分業体制があった。それぞれが得意とする作業があったのだ。たとえばトウモロコシ、豆、カボチャの栽培、収穫、加工。狩りと罠猟。機織。家づくり。道具の製作など。

しかし彼らは互いの労力の産物を交換したり取引したりはしなかった。彼らはほとんどのリソースを大きな〝ロングハウス〟（訳注：イロコイ族などに特有の木造樹皮張りの長屋）に共同で保有し、その分配の責任を女性たちの協議会に委ねていた。一方で彼らは隣人たちと、手の込んだ儀式的な交換を行なっていた。しかしそれはスミスが想像したような自由な物々交換とも、スミスが論理的に分業に従うと主張した原始的な通貨ベースの取引とも違っていた。何よりも、それは象徴的な物の取引であり、たとえばある部族の若者が、他の部族の若者と衝突して殺してしまったというような、道徳的な負債を払うことによって平和を買うという道義的な目的を果たすものだった。

貨幣の真の起源

経済学者は、他分野の人々が自分たちの学問分野の基本的な前提について厄介な疑問を投げかけると耳を塞いでしまうことが多い。とはいえ、通貨は主に「価値の保管」や「交換の媒体」として使われていたが、その起源は物々交換ではなく、むしろ農耕民（事実上、投資した労働の対価を土地から支払われるのを待っていた）と、余剰作物に頼っていた人々との間に生じた貸し借りの取り決めにあることを示唆する、圧倒的な数の証拠を無視することはどんどん難しくなっている。

古代ブリトン人がウェールズからウィルトシャーまで巨大な岩石をせっせと引っぱっていたのと同じころ、王、官僚、司祭、軍隊を擁する最初の農業国家が、中東と北アフリカに現われ始めた。それらの国家は、ユーフラテス川、チグリス川、もっとのちの時代にはナイル川流域の豊かな沖積土にルーツを持つ。

ウルクのようなメソポタミア最古の都市国家では、都市部の住民は足を泥だらけにして畑を耕すことは望まず、する必要もなかった。つまり農民だけで国民全体を養えるくらいの高い生産力を持つ最初の国家だったのは、ほぼ間違いない。そこはまた、粘土板の台帳に取引内容を刻むという形で、通貨が存在したことを示す、確かな証拠が残っている最初の場所でもあった。この通貨は銀と穀物を単位として記録されていたが、それらが物理的な形で流通することはほとんどなかった。取引の多くは、寺の会計係が記録する借用証書の形式をとっていた。それは現在のデジタル世界のキャッシュレスに近い。バーチャルでの価値交換ができたのだ。

これらの都市国家の人々は、古代の農耕社会が巨大な計時器を好んでつくったのと同じ理由で、信用に基づく交換を行なっていた。農民の生活は農業の暦に左右され、夏の終わりには収穫がもたらされ、それで一年間生きていけるという予測に基づいて営まれていた。したがって農民がビール醸造業者や商人、寺院の役人から、支払い猶予を得ることは、事実上、土地が農民に負っている債務を先送りしていることになる。またほとんどすべての経済活動は遅延型の報酬に基づいていたため、他のすべては信用貸しで運営され、負債は収穫があったときに一時的に清算されるだけだった。

言い換えると、即時報酬型の採集民は、互いの関係を、食料を分かち合う環境との関係の延長線上にあると考えていて、遅延報酬型の経済システムの農民は互いの関係を、仕事を要求する土地との関係の延長線上にあると考えていた。

労働と金銭的報酬の関係

ベンジャミン・フランクリンの「時は金なり」という考え方には、勤勉であれば必ず何らかの報酬を得られるという彼の信念も反映されている。取引とは「労働と労働の交換以外の何ものでもない」と彼は説明し、その結果として「あらゆるものの価値を……労働によって最も公正に評価される」と述べた[114]。

勤勉が価値を生み出すというメッセージは、善良な労働倫理を浸透させようと、ほぼあらゆる場所で子供たちに注入、あるいは叩き込まれている。とはいえ世界最大の経済大国における労働時間と金銭的報酬の間には、現在では明確な関係はほとんどない。せいぜい特に高収入な人はその大半を配当やボーナスの形で年ごとに受け取り、中・高所得者は月ごとに、低所得者は時間給で受け取る傾向があるという、いまではほとんど古くさい慣習が残っているくらいだ。結局のところ、経済学者たちは、価値は最終的には市場によって調整されるもので、「需要と供給」が労働ときちんと対応するのはたまにあるくらいだと主張している。

労働と金銭的報酬の関係は、いつの時代もこれほどアンバランスだったわけではない。化石燃料によるエネルギー革命以前は、ひと握りの貴族、裕福な商人、高位軍人、聖職者以外のほとんどすべての人が、労働と報酬の間には明確で自然な対応関係があると信じていた。当然のことながら、仕事が価値を生み出すという大原則は、古典的なヨーロッパ、中東、インド、中世のキリスト教、儒教の哲学や神学で顕著に見られる。たとえば古代ギリシャの哲学者たちは、過酷な肉体労働を軽蔑していたかもしれないが、その基本的な重要性は認めつつ、それを奴隷にやらせていた。その原則は中世の学者の著作でも論じられており、たとえばトマス・アクィナスは、どのような商品の価値も「改良に費やされた労働量に比例して増加する」べきだと主張した[115]。

アダム・スミスが『国富論』を書くためにカーコーディに戻ったとき、この考えは西ヨーロッパ全土で、まだ主流の考え方として受け入れられていた。そこでは人口の半数以上がまだ小規模農業で生計を立てていて、自分たちがどれだけよく働くかと、どれだけ食べられるかの間に、明らかに相関関係があると考えられていた。

スミスはほとんどの人が労働と価値の間には有機的なつながりがあると感じていることをよく知って

いた。しかし物の価格に関しては、製造者が自分の製品につけるのではなく、人々が支払おうとする価格によって決まるという指摘もしていた。したがって、彼の見解によると、弓などの労働価値は、それをつくるために費やされた労働量ではなく、買い手がそれを手に入れるために、どのくらい働く気があるのか、その労働量で決まるということになる。

多数ある価値についての労働理論として特によく知られている二つの説は、アダム・スミスとほぼ同時代のデヴィッド・リカード、そして最も有名なカール・マルクスのものだ。リカードの説は、フランクリンの理論のていねいな焼き直しだった。彼は、あらゆる物の労働価値には、それをつくるのに必要な総労力を組み込む必要があると主張した。つまり材料を調達するために費やした労力や、商品の製造に関わる労力、そして技術の習得や道具の製作に費やされた労働力である。こうして彼は、高度な腕を持ち、高価な工具を使う職人が一時間でつくる商品の労働価値は、一週間かけて溝を掘る非熟練労働者の労働価値と同じかもしれないと主張した。

のちにマルクス主義が、あらゆる非アメリカ的なものの体現とみなされることを考えると、これは驚くことかもしれないが、カール・マルクスはアメリカ建国の父たちを崇拝していた。特にベンジャミン・フランクリンについては、著書の『資本論』の多くの項で、その名を好意的に引用している。彼はまた「高名なフランクリン」のおかげで、自分なりの労働価値理論を展開する道に進むことができたと述べている。それは〝価値の法則〟と呼ばれ、アダム・スミスやデヴィッド・リカードの説より、相当に入り組んでいて複雑なものである。

それはまた、別の目的の役にも立った。マルクスは労働を、価値を公正に判断するものとして再構築することを望んでいたという以外に、価値の法則理論を展開し、資本家はどのようにして、労働者に支払われる賃金以上の価値を強制的に職場で生み出させることによって利益をあげられるのかを示した。そして自分が信じていることは根本的な矛盾の一つであり、そのためにいずれ資本主義の崩壊が不可避になると公表したのだ。彼がそのようなことをしたのは、資本主義の下であらゆる商品の「交換価値」が、その「使用価値」、つまり靴などの商品が現実に満たす人間の基本的なニーズから、いかに切り離されているかを暴くという目的のためだった。

投資と利子

利子という形で「金が金を生む」、あるいは投資して「金を働かせれば」リターンが生まれるという考え方は、現在では誰にとっても馴染み深いもので、時間と労力と報酬の関係と同じくらい直感的なものに感じられる。

ジュホアンのような採集民や、まだ貨幣経済の基本を理解しようとしている途中の人々にとって、この考えは直感的に理解できるものではない。むしろばかげた考え方に思える。ゾウの死や子供の誕生で天気が変わることがあるという彼らの主張が、国の役人や経済を発展させる責任を負わされている人々にとって、ばかげていると思えるのと同じである。

ジュホアンのような採集民は、金が金を生むという考えを奇妙に感じるが、カラハリの水利のよい辺境に住む牛飼いの隣人たちは違う。彼らは第二千年紀（西暦一〇〇一年～二〇〇〇年まで）に南部、中部、東部アフリカに広がった高度な農耕社会の子孫だが、歴史的に通貨を使用したり、大都市に集まったりはしておらず、輸送や交易、物々交換に大きな関心を持ってはいなかった。しかし富や影響力、権力には関心があり、それを所有する家畜の数や質、妻の数によって判定していた。

金や銀と違って、飼育されているウシという形の富は将来も常に成長する。現在、ほとんどのウシは二歳になる前に食肉処理場に追いやられてしまうが、寿命をまっとうする幸運な少数のウシは、だいたい一八年から二二年くらい生きる。しかもそのかなりの期間、生殖能力を維持する。そしてそのような雌ウシは一生の間に六頭から八頭の子を産み、優れた雄は何百頭もの子をつくる可能性がある。言い換えれば、投資適格資産と同じように、農家が資本を破壊するようなことをせず、ウシを飼育する場所があるうちは、ウシがウシを生むので、資本が資本を生むことが期待できる。当然のことながら、ほとんどすべての牧畜社会では、家畜の貸し出しには何らかの利子がつき、貸した家畜やそれに近いものが返ってくるだけでなく、借り手の世話のもとで産んだ子の一部も戻るという期待も持てる。

彼らは移動の多いアフリカ文明ほど家畜に執着することはなかったが、ヨーロッパ、中東、東南アジアの農耕社会では、富が自然に増える可能性について考えるときに、家畜の繁殖能力を同じように気にしていた。ヨーロッパ言語の金融用語の多く（capital、cattle、stock など）が、畜産に由来するのは偶然ではない。たとえば、「capital（資本）」という言葉はラテン語の capitalis に由来し、その語源は原始インド・ヨーロッパ語で〝頭（head）〟を意味する kaput であり、そのため head はいまだ家畜を数えるときに単位として使われている。fee（代金）という言葉もまた、ゲルマン祖語やゴート語でウシを意味する feoh が変化したものだ。pecuniary（金銭上の）や、通貨のペソが、ラテン語でウシや群れを意味するpecuに由来するのに似ている。

しかし畜産物の消費よりも、大規模な耕作に食物生産を頼っていたこれらの社会では、ウシの価値はその肉や乳にあったわけではない。人間に代わって鋤（すき）を引く、重い荷物を運ぶといった、物理的な仕事に価値があった。子ウシを産むだけでなく、仕事を行なうことで価値を生んでいたのだ。この点では、少なくともいま私たちが頼っている機械と大きな違いはない。

第一〇章　最初の機械

一八歳のメアリー・シェリーが、自らつくって命を吹き込んだ怪物から逃げ惑うヴィクター・フランケンシュタイン博士の話を考えついたとき、彼女が狙っていたのは、夫で詩人のパーシー・ビッシェ・シェリーを怖がらせ、論争好きでロマン主義運動のエゴの権化のようなバイロン卿を感心させるくらい巧みな〝怪談〟をつくりあげることだった。バイロン卿とは一八一六年の雨の多い夏にスイスで休暇を共に過ごしていた。フランケンシュタイン博士の〝異常な〟野望を具現化した物語を創作することで、彼女は進歩の危険性についての寓話と、思い上がった創造者を罰する人工知能のような革命的なテクノロジーの、伝説的なシンボルを生み出したのだ(116)。

フランケンシュタイン博士がつくり上げた知能を持つ怪物が、「人間離れした科学」「力学」、そして「ある力強い動力の働き」から生まれたのは偶然ではなかった。その四年前、イングランド北部で、別の力強い動力、〝反乱〟が起き、『リーズ・マーキュリー』紙はそれを「チャールズ一世時代の騒乱以来、歴史上類がない」と報じた。反乱を起こしたのは〝ラッダイト〟と呼ばれる集団で、その名はその後メアリー・シェリーの寓話と同じように歴史に刻まれた。彼女の旅仲間であったバイロン卿は、有名人の中で数少ない支持者の一人だった。

ラッダイトの怒りの矛先は、固定式の蒸気機関と、それを動力として動いている自動紡績機や織機、そしてそれらを所有している人間だった。彼らはかつて隆盛を誇ったイングランド北部の家内工業を基盤とする繊維産業の息の根を止めようとしているとみなされたのだ。

ラッダイトという名は、ネッド・ラッドという職工に由来する。彼は一七七九年のある日、怒りにまかせて木槌で二台の靴下編み機を粉々にしたという伝説がある。その事件以降、仕事中に誤って工場の機械を壊してしまった者は「ネッド・ラッドがやったんだ」と平静さを装って無実を訴えるのが通例となった。

当初、ラッダイトたちは自分たちの名前の由来である伝説の人物の霊を呼び出すことで満足していた。木槌で何台かの靴下編み機を打ち砕き、これで力強いメッセージを送ることができたと満足して家に帰った。しかし、ごく一部の世襲貴族を除くすべての人々が持つ経済的・政治的な力を凌駕するほどの力を与えてくれることをよく知っていた工場主たちへの怒りが高まるにつれ、ラッダイトたちはやがて組織的な破壊行為、放火、暗殺などに訴えるようになった。こうしたエスカレートした行動が、運動の終わりの始まりとなった。一八一七年、議会は直ちに機械の打ち壊しを重罪とし、一万二〇〇〇人の部隊を問題の地域に派遣した。捕まって有罪判決を受けたラッダイトたちは、流刑地に送られるか絞首刑に処され、反乱は唐突に終結した。

ラッダイト主義はいまでは技術恐怖症の代名詞になっているが、ラッダイトたちは自分たちのことをそう考えてはいなかった。彼らの運動の目的は二つあった。一つ目は、高度な機械にもう太刀打ちできなくなった熟練職人の生活とライフスタイルを守ること、二つ目は、工場で働く以外に選択肢のない人々が増え続ける悲惨な状態を緩和することだった。一つ目は完全な失敗に終わったが、二つ目については、持続的な影響を与えた。まもなくラッダイト主義が労働運動へと姿を変え、その後二世紀にわたって西ヨーロッパをはじめとする世界の政治生活を大きく変化させた。

一八一八年に出版されて以来、メアリー・シェリーの寓話は、次々と押し寄せる革新的で驚くべき、そしてときに恐ろしいテクノロジーの波に自分たちの生活を合わせなければならない、新しい世代の読者の共感を呼んできた。フランケンシュタインの怪物がメアリー・シェリーの想像の中から生まれてから二世紀近くが経過し、ようやくその時代がやってきたように見えるとすれば、それはロボット工学や人工知能に対する私たちの恐怖を体現しているからだ。

しかし労働の奥深い歴史から見れば、人工知能を搭載した機械が所有者に牙を剝くことへの不安は、それまでにも言及されていた。シェリーの寓話は現代的ではあるが、これには、たとえばカエサルの治世下にあったローマの元老院議員や平民、カリブ海やアメリカ南部の砂糖や綿花のプランテーションの所有者、中国の殷王朝の貴族、古代のシュメール人、マヤ人、アステカ人も共鳴しただろう。事実、奴隷にした人々の人間性を奪うことで奴隷制を正当化してきた、あらゆる社会で共感を呼んだはずだ。

フランケンシュタイン博士がいまの時代に、同じようなモンスターをつくるとしたら、その認知回路は人間の思考に特徴的な可塑性、創造性、水平思考を手本とするだろう。そして死んだ人間の体を生き返らせる術はまだないが、機械の体が人間や他の動物の体に似るのは、ほぼ間違いないだろう。絶えず

オーバーカッセルの子イヌとアイボの邂逅

変化するロボット工学の世界で、最も多用途で精巧な自律システムを構築するエンジニアたちは、ひらめきを得るため、これまで以上に自然界に目を向けている。新しいドローン技術は、スズメバチ、ハチドリ、ミツバチの飛行メカニズムをまねている。新型の潜水艇はサメ、イルカ、イカ、エイをまねている。最も器用で機敏、表面的には最も脅威の少ないロボットと言えば、イヌを模倣したものだろう。

いまのところ、大量販売されている家庭用ロボットで床に掃除機をかける以上に面白いことができるのは、ソニーのイヌのロボット・アイボだけだ。価格三〇〇〇ドルのソニーのデジタル・ペットの二〇一八年バージョンは、先代のよく知られた不格好な一九九九年バージョンに比べ、本物のイヌのように生き生きとしている。しかし関節が自由に動かなければ、最新のバージョンであろうと、本物の子イヌが現われればすぐに捨てられてしまう。そのような欠点はあるが、ソニーの子イヌがやがて広く使われる最初の家庭用ロボットになるかもしれないという事実には対称性がある。というのも、人間が自発的に動く知性を持つ存在との信頼を育む物語は、二万年以上前、初めて人間と本物の子イヌとの間に築かれた、ためらいがちな関係にまで遡るからだ。

家畜化の始まり

一九一四年、ドイツのボン郊外にあるオーバーカッセルで水路を掘っていた労働者が古代の墓を発掘し、シカの角や骨の装飾品のささやかなコレクションの中に腐乱した男女の遺体が埋まっているのを発見した。これらは約一万四七〇〇年前のものと推定されている。のちに生後二八週間の子イヌの骨と明らかになったものもあった。骨と歯の骨学的分析から、子イヌは死ぬ二～三カ月前にイヌジステンパーウイルスに感染していたことがわかった。それはいまでも、飼い犬が感染したら半数は死に至るという病気である。[117]

この子イヌが、世界初の家畜化された動物はイヌであるという確実な証拠であることとは別に、[118]この墓で最も注目すべきことは、そのイヌがイヌジステンパーに感染していて、人間が看病しなければ、それほど長く生きられなかったと思われることだ。つまりこの子イヌは仕事にはあまり向いていなかったが、それでも飼い主は、病気の子イヌの世話に労力をつぎ込んでいたということだ。

込み入ったゲノム解析アルゴリズムのおかげで、人間とイヌとの長い関係の物語には、何層もの詳細と混乱とが加わっている。二〇一六年にオックスフォード大学の研究者たちが、古代と現代のイヌの骨、そしてゲノム物質を分析した結果、イヌは二度、別々の時代と場所で家畜化されているという考えを支

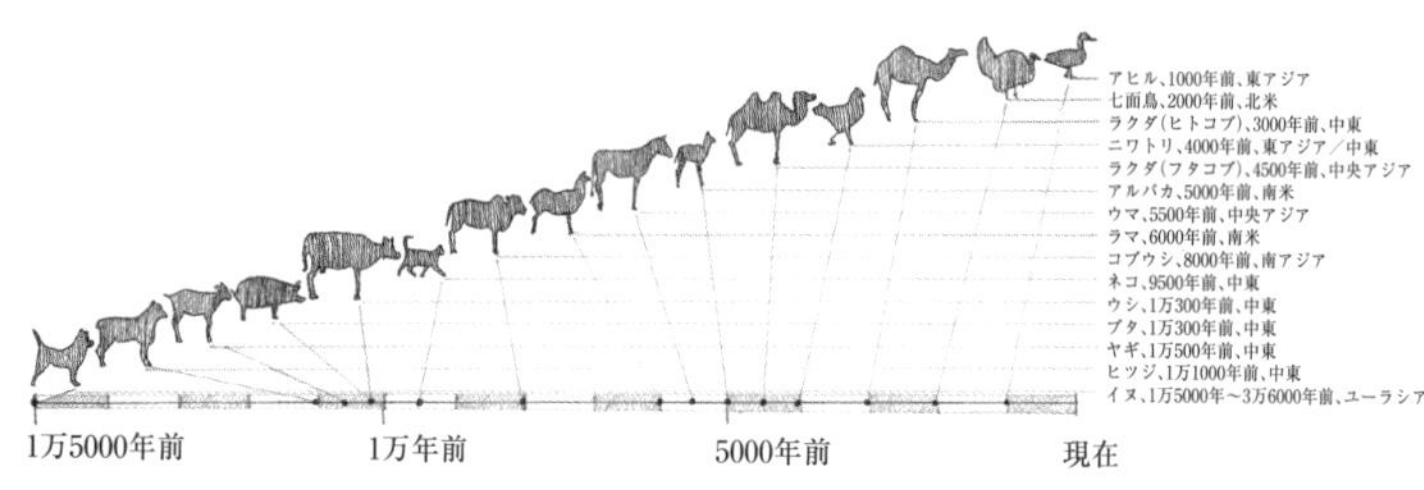

主要な動物が家畜化された推定時期の年表

持すると発表した。[119]その翌年、別の研究チームが、今度はドイツで採取された、もっと多くの骨のゲノムを細かく分析し、家畜化が起こったのはおそらく一度だけで、それは二万年から三万年前の間だと思われると発表した。[120]また古代のミトコンドリアＤＮＡの中には、イヌの家畜化がヨーロッパで最初に起こったことを示すものもあるが、現代のイヌのミトコンドリアとゲノムのデータを分析した結果、東アジア、中東、中央アジアでも、家畜化がさかんだったことが判明している。

イヌは他のどの動物よりもはるかに早くから家畜化され、いまでも人間と最も親密なパートナーシップを築いている。この事実は、現在の家畜は主に食用だが、家畜化の歴史の大半において、動物を飼育する主な目的は仕事をさせることであり、その仕事を通じて、その関係がときに互いへの忠誠心、さらには愛情へと変容したことを思い起こさせる。

一万五〇〇〇年前、人間とイヌのパートナーシップが近所づきあい以上の特別なものへと進化し始めたとき、人間と家畜化された動物の数は、地球上の哺乳類の生物量（バイオマス）の約一パーセントと、ほとんど測定できないレベルだった。それ以降、人間と家畜化された動物の地上での生物量は約四倍に増加したが、これは農業が他の形態の生物量を生きた肉に変える能力を持っていたおかげだ。こうした事情と、他の哺乳類の生息地が農業や人間の居住地として利用された結果、人間と家畜は現在、地球上の哺乳類生物量の九六パーセントを占めるに至っている。人間がその三六パーセントを占め、人間が育て、養い、やがて食肉処理場に送る家畜（主にウシ、ブタ、ヒツジ、ヤギ）が六〇パーセントを占める。残りの四パーセントは減少の一途をたどる野生動物で、人間がつくった自然保護区、国立公園、やはり数が減っている退避地で、生垣に身をひそめ、観光客のためにポーズをとり、密猟者の目につかないようにしている。野生の鳥類相も似たり寄ったりである。人間の食用に毎年生産され処分されている約六六〇億羽の鶏が、鳥類の総生物量のほぼすべてを占める。

家畜化は、まず人間が口にできない植物を家畜動物が食べてそのエネルギーを肥料（そして肉）に変え、次に筋力を使って鋤を引いたり、木の幹を引きずったり、人を運んだり、余剰物を輸送したりすることで始まった。今日、生きているウシの価値は、食肉処理に適した体重に達すると、肉、皮革、その他の生産物という形の総和よりも低くなるが、産業革命までは、ほぼどこの土地でも、ウシは鋤を引くことができる限り、生きているほうが価値があったのだ。

動力としての家畜

ナトゥーフ人が最初に野生の小麦を栽培する試みを始めてから一万二〇〇〇年の間、個人が獲得して利用できるエネルギー量を大幅に増加させる技術イノベーションはほとんどなかった。車輪、滑車、てこは大きな変化をもたらした。金属加工に関わる技術も同様で、人々はより強く、より精密で、耐久性のある道具をつくれるようになった。しかし紀元前三世紀に水車が発明され、紀元後一世紀にローマ時代のエジプトで風車が発明されるまでは、食料以外のエネルギー源として最も重要なのは、ラマ、ラクダ、ロバ、ウシ、アジアゾウ、ウマなどの、強制的に人間のために働かせられる動物だった。蒸気機関、そしてのちに内燃機関が発明されるまでは、家畜が主要な動力源だったのだ。

現在、完全に家畜化されている個々の種が、どのようにして人間の集団に入れられるようになったのか、定かではない。さまざまな経路があり、中にはごほうびや鞭打ちでしつけずにすんだ場合もあったと考えられている。ブタも家で飼われるネコやイヌと同じように、捨てられた食べ物を求めて集落の周辺をうろついているうちに、あるいは狩人が肥らせようと連れて帰った結果、人間世界に溶け込んでいったのかもしれない。

イヌ以外で最も早くから家畜化された動物は、おそらくヒツジとヤギだろう。これらは小麦の栽培化とほぼ同じ時代に、中東の考古学的記録に登場している。この草食動物の最初の家畜化は、イヌの助けがあったからこそ実現したと考えられる。野生のヤギやヒツジが友好的で、群れで生活できるようにしたのと同じ遺伝子が、蹴爪をかんでくるイヌに反応する作用を持っていたからだ。

ヒツジやヤギは味がよく、脂肪分が豊富である。牛乳、そして場合によっては羊毛を生産できるが、実際の作業にはあまり役立たない。世の中に最も大きな変革をもたらしたのは、一万五〇〇〇年前から始まった五種のウシの家畜化であるのはほぼ間違いない。家畜のウシの大半は、オーロックス種の子孫である。これは長い肢と大きな角を持つ大型のウシで、ヨーロッパ全土、北アフリカ、中央アジアを大きな群れで歩き回っていた。それが最初に家畜化されたのは約一万五〇〇〇年前の中東で、それとは別に六

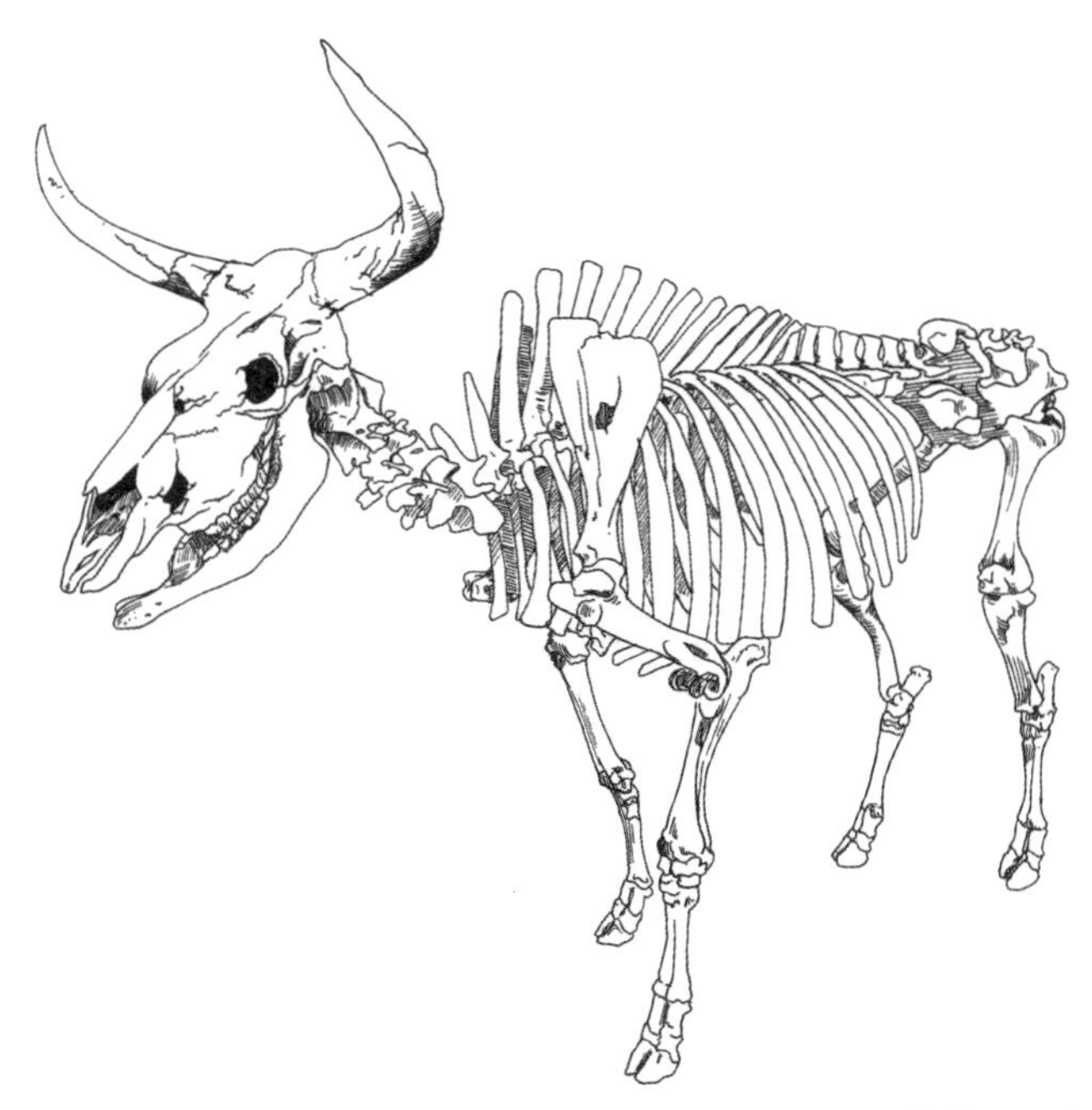

1905年にデンマークのヴィグで発掘された1万年前のオーロックス（身長2メートル、体重1000キロ）の骨

〇〇〇年前にはインドで、さらに二〇〇〇年後にアフリカで家畜化された可能性がある。他の種のウシ（ヤクやバンテンなど）の中で、最も重要なのは沼沢型スイギュウである。これは約四〇〇〇年前に家畜化され、特に作業用の動物として家畜化された数少ない種の一つであると考えられている。その理由は、この種の家畜化を証明する古い証拠が、東南アジアにおける稲作の増大、鍬で穴を掘る骨の折れる作業が、鋤で畝をつくる耕作に代わった時期とほぼ一致しているからだ。

東部、中部、南部アフリカの〝家畜文化〟では、家畜動物を富と権力の象徴とみなしていたのに対し、最初の農業国家では、家畜は富と権力を得るための手段と考えられていた。それは鋤による耕作のような重労働では、力強いウシ一頭で屈強な男たち五人分の仕事をこなせたからだ。言い換えれば、ウシの家畜化が重要だったのは、人間にタンパク質を供給するからではなく、穀物栽培をより強化し、余剰穀物を田舎から都市に運ぶ手段となったからだ。そしてさらに、その過程で家畜は人間が食べることのできない植物からエネルギーを取り込んで変換した。労働力、下肥、そして最終的には肉を生み出して、人間が食べられる形に変えたのだ。

ウシが神聖で尊敬される仕事のパートナーから食用へと、多くの土地で格下げされる現象は、別の大きくておとなしく調教しやすい草食動物、つまりウマが家畜化されたことで起きた。ウマはウシよりも人を運ぶのに適していて、長い距離をもっと速く移動できるだけでなく、大きな荷馬車馬は大きなウシの二倍の仕事をこなし、さらに三〇パーセントから五〇パーセントも仕事が速いという利点もあった[121]。ウシがウマに引きずり降ろされずにすんだ唯一の土地は熱帯地方で、そこではコブウシはウマよりも暑さに強く、スイギュウはぬかるんだ水田を歩くのに適しているうえ、熱帯の病原菌にも強かった。

食肉処理の倫理

一六一八年、二二歳のルネ・デカルトは、のちの三十年戦争につながる小競り合いのさい、オランダでプロテスタントのナッサウ伯の軍隊に加わることになった。乱暴な少年というより科学者だった彼は、軍の技術者たちとの仕事を割り振られ、大砲の弾道や軍に必要なウマの数を計算するなど、数学的な問題解決に力を注いだ。軽騎兵や重騎兵は戦闘で決定的な役割を果たすことが多いが、それと同じくらい重要だったのが、大砲やテント、食料を積んだ馬車、火薬、鍛造用の炉、弾薬、包囲攻撃兵器、その他の資材をあちこちに運ぶウマの群れや、斥候や伝令を運ぶポニーだった。

デカルトが立て続けに夢を見たという、いわゆる幻想の夜を体験したのは、一六一九年、ドイツのノイベルク近郊で行なわれた作戦の最中だった。論理的に考えられる能力こそ自らの存在の証明であると確信し、そこからいまや誰もが知る「われ思う、ゆえにわれあり（cogito, ergo sum）」という金言が生まれた。また人間の体は「土でできた彫像か機械」にすぎず、彼の軍隊を支えた軍馬のような動物には理性の働きがないので、大麦とオーツ麦で動く精巧な自動機械であると確信するに至った[122]。

もちろんデカルトは、動物の世界はさまざまな有機的な機械のボディに詰め込まれた、大量のソニーのアイボの集まりであると考えた最初の哲学者ではない。動物は生物学的な機械人形であるという考え方は、肉体が魂によって動かされているのは人間だけで、動物はただ存在しているだけとする、以前の神学的、哲学的議論と同じである。

食肉を主に狩猟で得ていたほとんどすべての社会では、動物にはある種の魂があると考えられていた。ただしそれは必ずしも人間の魂とまったく同じものではない。また狩猟者が事実上、魂の収穫者になるのは、倫理上、悩ましいと考える者も多く、動物を殺すことを合理化する別の方法を考え出した。たとえばイヌイットやシベリアのユカギール人のような狩猟採集民は、自分たちが捕まえた動物は、食料やその他の畜産物として、自らを人間に与えると主張し、ジュホアンなどの狩猟民は、自分たちが追う動物のほとんどが複雑な思考を持つ生き物であると考え、魂の尊厳、あるいは少なくともジュホアンが言うように、一種の生命力を持つとみなしていた。

食肉生産に携わる農家や肉屋からすると、外を歩き回って槍や弓を使って狩りをすることから生じる動物への親近感を持つ余裕はない。動物たちの魂の心理的な重みは、抱えきれないほど大きい。しかし人間はその社会性を支える共感を選択的に作動させる能力を進化させてきた。幸いなことに、大規模な食肉処理場で働く労働者にとっては、共感を否定することは比較的容易である。獲物の最盛期の堂々とした姿を目にすることが多い狩猟者と違って、食肉処理場の作業員は、衰えた家畜の最悪の状態を見て、食肉処理場の外にある畜舎に立って死のにおいを吸いこむことが多いからだ。

それでも農耕社会は、動物を殺すという倫理的問題に対処するため、さまざまな方法を採用した。ただ不快な作業を隠すことを選んだケースもある。これは現在、多くの都市で採用されているやり方である。肉屋が人目につかないところで、生きた動物を切り身やケバブやハンバーガーに変えている。この、目に見えないものは存在しないとみなすというやり方は、神学や哲学の慣例により、動物に魂があるという考えを捨てなかった土地でよく見られる。たとえばヒンドゥー教では、動物は小型版の人間の魂を持っていると考えられているので、食肉処理をはじめ肉や畜産製品の生産は、チャマール（皮革労働者）やカティク（食肉処理）などの下層カーストに委ねられていた。彼らが住む地域や職場は、もっと高位で汚れのないカーストからは故意に避けられていた。

もう一つの選択肢は規制である。これもまた近代的な産業都市の特徴だが、動物福祉に関する多くの規則や指令が、動物の飼育や最終的には食肉処理を統制している。これを採用しているのはアブラハムの宗教である。伝統的なユダヤ教では、生きている動物の手足を切断して食べることは神の教えに反する行為なのだ（創世記九：四）。食肉処理は、動物の苦しみを減らすために、必ず喉をすばやく切り裂かなければならない。ウシとその子を同じ日に殺してはならない。子ヤギの肉は決して母の乳で煮てはならない（レビ記二二：二八、申命記一四：二一）。仕事をしている家畜は（人間と同じように）安息日に休息する権利がある（出エジプト記二〇：一〇、二三：一二）。人間は家畜に十分な餌を与えなければならない。

そして最後の選択肢はデカルトのアプローチである。動物は機械にすぎないので、生きているときから、すでに死んでいると考えることだ。それなら農民や兵士は、動物を死ぬまで働かせることの倫理を心配する必要がなくなる。

家畜と奴隷

哲学以外でデカルトが近代世界の形成に最も貢献したのは解析幾何学の分野である。たとえば直角三角形の斜辺の長さを計算するピタゴラスの定理が、$x^2+y^2=z^2$という単純な表記で表わされるようになったのは、デカルトが考案した水平の「X軸」と垂直の「Y軸」を持つグラフに座標を位置づける手法を使ったためである。デカルトは幾何学に関しては自らをピタゴラスの後継者だと考えていたが、菜食主義を公言していたピタゴラスは、肉屋に刃物で屠られるという屈辱を与えないよう市場で生きた動物を買ってくる習慣については賛同していなかったはずだ。

ピタゴラスの動物に対する感傷的な考え方は、古代ギリシャでは珍しいもので、アリストテレスの考え方のほうが、当時としては標準的だった。アリストテレスは、動物は小型版の魂を持っているという考え方はデカルトと同じだが、動物には理性がないので、食べることをうしろめたく思う必要はないと主張した。彼にとって、これはすべて自然の秩序の一部だった。「植物は動物のためにあり……他の動物は人間のためにある」[123]

アリストテレスの「動物は人間のためにある」という議論は、食物のことだけでなく、ウシやウマ、猟犬などが行なう仕事も含まれていた。これもまたものごとの自然の秩序の一部だった。驚くことではないが、彼は奴隷制も同じやり方で合理化した。奴隷制は自然な状態であり、運のなさによって合法的に奴隷となった男女もいる一方、特に肉体労働をしていたのは「生まれながらの奴隷」だと考えていた。「奴隷の有用性は動物のそれと大差はない」と彼は説明したが、それはどちらも「体を使って生活に必要なものを提供する」からだ。そしてアリストテレスは奴隷制を自然で倫理的だと考えていたので、奴隷制がなくなる状況は奴隷がする仕事がなくなる場合だけと想定していた。そしてそれが起こりうる唯一の状況は、自動で動き「他人の意思に従って、それを予期する」機械が発明された場合であると考えた。そうなれば「職工長は召使も主人も奴隷も必要としなくなる」[124]。しかし彼にとってそれはファンタジーの世界か、宗教家が互いに語り合うフィクションの物語でしかありえないことだった。ギリシャ神話で、青銅で火を噴く雄ウシを鋳造し、黄金から歌う乙女をつくった鍛冶の神へーパイストスと同じようなものだったのだ。

アリストテレスは理性を用いて不確実性の本質を検証することで名声を築いたかもしれないが、奴隷が存在するのは、まさに彼のような人々が、食料の生産や準備よりも数学の問題を解いたり、気の利いた議論をしたりすることに、日々を費やせるようにするためだと信じて疑わなかった。彼の奴隷制擁護は、あらゆる社会の人々が自分たちの経済的・社会的規範が大きく異なるのは、自然を反映しているからだと主張してきたことを思わせる。

アテネ、テーベ、スパルタ、コリントといった古代ギリシャの都市国家では、奴隷制と農奴制が農業生産に依存する経済を支えていた。奴隷の大半は畑で働いてはいたが、もっと頭を使う仕事をすることは適切であり望ましいとさえ考えられていた。実のところ、古代ギリシャでは自由人しかできない仕事といえば政治関係だけだった。また奴隷は財産を所有することができなかったため、労働に対する報酬を要求する権利がなかったが、弁護士、官僚、商人、職工として働く者たちは、しばしば公的地位をはるかに上回る影響力を持っていた。

アリストテレスのような人物は肉体労働者を軽蔑していたかもしれないが、古代ギリシャの歴史には長い間、重労働が高潔な務めとされていた時代があった。詩人ヘーシオドスが紀元前七〇〇年のギリシャの農民の生活を描いた『仕事と日』は、ギリシャ版の堕落の物語であり、怒ったゼウスが人類を罰するために、たった一日の労働で一年間生きられる方法を秘密にしてしまった。彼はまた、神々は「怠惰に暮らす人間」に怒り、さらに「人が集団で豊かで裕福になる」のは、勤勉さによってのみであると主張している。[125]

奴隷制の拡大

一九八二年、ジャマイカ生まれの歴史社会学者オルランド・パターソンは、古代ギリシャ・ローマから中世ヨーロッパ、植民地以前のアフリカ、アジアまで、六六の奴隷保有社会に関するきわめて重要な比較研究を発表した。それは法律や財産に基づくのではなく、社会学的な奴隷制の定義を確立するための、数年にわたる研究の成果だった[126]。

その中で彼は、奴隷にされることは何よりも「社会的死」の一形態であると結論し、どのような場合でも奴隷はその職務にかかわらず、他の疎外された、あるいは搾取された社会階級とは区別されると指摘した。その理由としてあげられているのは、彼らは自由人の行動を規定する社会的ルールに訴えることができない、結婚ができない、金の貸し借りができない、司法機関に訴える権利もない、彼らへの害は主人への害である、彼らの所有物は法的に主人のものなので、何も所有できなかったといったことだ。つまりたとえ理性があったとしても、デカルトの言う機械の動物とは異なり、彼らは魂のない自動人形のように扱われることが多かった。フランケンシュタインがつくった怪物のように、完全な人間として受け入れられることを夢見ることしかできなかったのだ。ローマの軍団兵が戦争で捕虜になった場合、その家族は彼が戦死した場合と同じ儀式を行なうものとされていたのもそのためだ。

一部の奴隷にとっては、彼らが耐えていた社会的な死よりも、肉体的な死のほうが望ましい場合が多かった。ローマでは奴隷が主人を襲うことがあったのは、そうすれば必ず処刑されることをよくわかっていたからだ。しかし歯を食いしばり、その境遇に立ち向かい、他の奴隷たち、そしてときには仕えている相手との間に、共同体意識、ある種の一体感や連帯感を持つ者もいた。また他のあらゆるものを奪われたゆえに、自分の仕事に目的意識、誇り、意味を見出すことも多かった。筋力以上のものを与えられる、少数の幸運な人々は特にそうだった。

裕福なローマ人はギリシャ人よりも、ささいなことで奴隷を殺したり拷問したりする傾向があった。しかしそれ以外の点では、奴隷制度や労働に対して、古代ギリシャ人と同じような考え方を表明し、約二〇〇〇年後のヴィクトリア朝時代のブリトン人のように、古代ギリシャの文明を継承していると考えていた。彼らもまた肉体労働は卑しく、生活のために働くことは低俗だと考えていた。市民が大きな事業、政治、法律、芸術、軍事に従事するのは是認されていた。

帝政ローマにおいて奴隷は、元老院議員、執政官、帝国を拡大しつづけるという形でカエサルの壮大な野望を実現するための筋肉だった。ローマのすばらしさを堅固なものにするモルタルでもあり、一部の人々にとっては、裕福な地主になって隠居するという大衆の夢を実現する手段でもあった。

しかし共和制の初期には、ローマではのちの時代に比べると奴隷の数は少なかった。ローマの食料をまかなっていた農業モデルが変化したのは、ローマが帝国を拡大するにつれて、軍事行動で捕らえた奴隷が流入してからのことだ。それまでは自由で小規模な農家が穀物の大部分を供給していたのが、ラティフンディアと呼ばれる大規模農地で、農業生産が行なわれるようになったのだ。そのような農地はどこでも、労働はほぼ奴隷頼みで、農場資産目録には家畜とともに奴隷の数が記されていた。

紀元前二〇〇年から紀元後二〇〇年までの四世紀、ローマと大イタリアの人口の四分の一から三分の一が奴隷だったと考えられている。その大半は農場や採石場で労働者として働いていたが、そこでの余剰生産物は都市に吸い上げられていった。しかしローマの都市では、古代ギリシャと同じで、熟練した技術を要する仕事はほとんど、奴隷も行なっていた。奴隷が中～大家族の中で担ってきた八九の役割が記録されているが[127]、奴隷はほぼすべての仕事をしていた。実を言うと、奴隷に禁じられていた唯一の仕事は兵役だった。また古代ギリシャほど広まっていた現象ではないが、ローマでは奴隷が官僚や秘書官として重要な役割を果たすこともあり、その中には個人ではなくローマ市自体が所有していた、公共奴隷と呼ばれる者もいた。

奴隷制が生む経済格差

ローマ経済が、多くの市民から見れば奴隷によって支えられていたという事実は、大規模な自動化がもたらしたのと同じような問題を生んだ。その一つが富の不平等である。

初期のローマはイタリア全土の小作農のネットワークによって支えられており、そのため世帯の労働量と報酬の間には比較的密接な関係があった。しかし仕事の多くを奴隷が行なうようになると、この経済上の対応関係を維持するのが難しくなった。多くの資本と多くの奴隷を持つ人々は、貧しいローマ市民の何倍もの富を築くことができた。市民は労働市場で働かなくてはならなかったが、そこでは有能な奴隷が経済的な理由で選ばれるのが常だった[128]。また小規模農家が大規模農家と競争することも難しくなった。その結果、多くの者が農場を大地主に売却して都会を目指し、そこで生計を立てようとした。実際、ある計算によれば、ローマ帝国の最後の世紀には、三つの家族が「史上最も裕福な地主だったのかもしれない[129]」。

奴隷と仕事を争うローマ人も無力というわけではなかった。現在、ロンドンの地下鉄を走る電車の運転士が、自動運転や遠隔操作ができる電車から自分たちの仕事を守るために労働組合を頼りにしているのと同じように、ふつうのローマ人は、奴隷が自分たちの利益を損なわないようにするために同業者組合（ギルド）を組織した。

　コレギアと呼ばれるその宗教的・社会的・商業的なハイブリッド組織は、ギャングが入り込む会員制クラブのような機能を持つことも多く、のちに中世ヨーロッパで大きな力を振るうことになる同業者ギルドの前身となった。人民の力を活用して会員に有利な公共契約を確保するだけでなく、多くは犯罪シンジケートとして機能し、少なくとも富が下層まで浸透するようにした。織物業、縮絨（しゅくじゅう）（湯通し）業、染物業、靴職人、鍛冶職人、医者、教師、ペンキ職人、漁師、塩商人、オリーブ油商人、詩人、俳優、荷車運転手、彫刻家、家畜商人、金細工職人、石工など、さまざまな職種のギルドが設立され、ローマ帝国の首都で起こることは、ほぼすべてギルドが関与していた。

　しかし職人のコレギアの力が強かったとはいえ、彼らにできたのはせいぜい、後援者である支配階級のテーブルからのおこぼれをめぐって争うことくらいだった。ローマの崩壊は、結局のところ、その芯をむしばんでいた不平等によって早められたのだ。

ローマの繁栄と奴隷

　ローマが軍団（レギオン）を送り込んでローマの平和（パックスロマーナ）をヨーロッパの大部分と地中海沿岸地域に押しつける以前、多くの都市国家が征服によって広大な帝国を手に入れていた。ただしそれをまとめて維持するのはうまくいかなかった。紀元前二二五〇年ごろには、メソポタミアで一時的に花開いたサルゴン大帝率いるアッカド帝国があった。ナイル川を下って現代のスーダンにまで及んだエジプト帝国。キュロス王、クセルクセス王、ダレイオス王が治めたアケメネス朝ペルシャ帝国は、のちにもっと大きなアレクサンドロス大王（アレクサンドロス三世）のマケドニアが現われ、その広大だが短命な帝国に一時的に併合された。また古代インドのマウリヤ帝国はアレクサンドロス大王を破ったのち、紀元前三二二年から紀元前一八七年にかけてインド亜大陸の大部分を支配した。そして現代の中国にあたる土地には、秦と漢の帝国があった。しかしこれらの古代の帝国が短期間でくっついたり分かれたりしていたのに対し、ローマ帝国は五〇〇年間存続した。

古典主義者たちは、ローマ帝国が例外だった理由は何かいまだに議論しているが、ローマ帝国を支えた多くの要因の一つが、すべての道がローマに通じていたという事実であることに異議を唱える者はほとんどいない。大イタリアとその帝国の奴隷労働によって得たリソースのおかげで、最盛期のローマは一〇〇万人の市民を受け入れ、帝国全体の農民が生み出す余剰エネルギーを吸い上げることで、軍団、大勢の官僚、元老院議員、奴隷、ギルド、円形競技場を維持することができた。

こんにち世界中の活気のある大都市と同じように、ローマの大都市に住む個人のエネルギー消費量は、土地を耕していた個人の消費量をはるかに上回っていた。このエネルギーが水道橋、道路、競技場、大通りの建造に使われ、ローマの市場に流通する物資を供給し続け、一部の大金持ちの豪奢なライフスタイルを支えていた。またローマの薄汚れた街路で生活している庶民は、自分たちが貴族に比べて貧しいことを常に思い知らされていたが、エネルギー資源が流れ込んでくる中心地に住んでいたため、地方の畑で働く農民に比べるととても裕福だった。その結果、一部の古典学者は、ローマ帝国の地方都市の下層階級でさえ「西ヨーロッパでは一九世紀に入ってようやく達するレベルの、高い生活水準を享受していた」と述べている[130]。

ローマは軍隊で征服した土地を属領として、ローマ風の町や私有地に住むローマ人が支配し、そこから富を吸い上げると同時に、略奪品、税、貢納品を船で送り出していた。その富には、金、銀、鉱物、織物、贅沢品なども含まれていたが、ほとんどは余剰農産物やその他の食料だった。その結果、首都に加え、主要な地方都市に住む約一〇〇万人の人々は、ポルトガル産のオリーブ、スペイン産のガルム（訳注：魚醤）、ブルターニュ産のカキ、地中海や黒海の魚、カルタゴ産のイチジク、ギリシャ産のワイン、帝国全土から集まるハチミツ、スパイス、チーズ、ドライフルーツ、香料などを入手できた。しかし何よりも重要だったのは、小麦や大麦からつくられたパンやポリッジ（穀物の粥）を食べていたことだ。それらは毎月二〇万人もの貧しいローマ人に、国庫の負担で領事や皇帝などの指示で配給されていた。彼らは人口が膨れ上がった都市で市民の不満を抑えるには、庶民に十分な食事を与え、ときには華やかな凱旋式や見世物などの娯楽で、気をそらせる必要があると認識していたのだ。

ローマの指導者たちがわざわざ市民の気をそらせようとしたこと、そしてローマのコレギアが奴隷から自分たちの商売を守ろうとする努力は、仕事の歴史において、農業の導入の次に起きた大変革を予測させる。それは人類史上初めて、より多くの人々が大都市や町に集まるようになり、人間の仕事の大部分が、生きるために必要なエネルギー資源の調達が目的ではなくなったことだ。

第四部　都市の生物

第一一章　明るい光

二〇〇七年八月、タデウス・グリラブは、壊れかけたバッグに衣類とラミネート加工された卒業証明書を詰めて、ナミビア東部の小さな農場から首都ウィントフックへと向かった。タデウスの両親は自分たちの小さな農場では一つの家族を養うのが精いっぱいだと知っていた。四人きょうだいの二番目である彼が、いずれは〝都会の仕事〟に就けるよう、学校に通わせた。

首都に着くとすぐタデウスは父方のおじ、おばとその母親、そして三人の子供たちと一緒に住むようになった。彼らが住んでいたのは、ハバナの岩だらけの〝区画〟にあるトタン張りの小屋で、町のはずれの丘陵地帯には、そうした行政に管理されていない集落が広がっていた。

それからおよそ一〇年、タデウスはハバナの同じ区画にまだ住んでいる。おじとおばはその区画をタデウスに残し、二〇一二年に引っ越した。彼は現在、都市部の多くの移民が日曜に幸運を祈りに集まる福音派教会の一つで、警備員と用務員の〝ダブルワーク〟をしている。また彼の区画に建てたトタン張りの小屋のマットレス一つ分のスペースを貸すことで多少の現金収入を得ている。そこを借りているのは二人の若い男性で、どちらも東部から最近やってきて、やはり警備員として働いている。一人は夜勤で昼間は小屋で寝ていて、もう一人は日勤で夜にそこで寝る。

タデウスはこの取り決めに満足している。常に誰かがその区画にいて目を光らせている状態になるからだ。二〇一二年以降、ハバナの人口はほぼ倍増し、以前ほど安全ではなくなっている。小屋から見える丘は、彼が来たときには閑散としていたが、いまでは彼の住む谷の側と同じように建物がたくさん建っていると指摘する。そして新しくやってきた人々はほとんど職を見つけることができないため、物乞いや盗みをするしかない。

人口五〇万のウィントフックは、世界の大都市の多くに比べると取るに足らない規模だ。しかしそこで起きていることは、規模は小さいとはいえ、他の発展途上国の多くの地域で起きていることと、だいたい同じである。

一九九一年当時、ナミビア人口の四分の三近くはまだ田舎に住んでいた。それから四半世紀あまりで、ナミビアの総人口はほぼ倍増した。しかし農村部の人口が二〇パーセントしか増えていないのに対し、ナミビアの都市部では四倍に増えている。タデウスのような人々が田舎に収まりきれずに都市部に向かったのが、その主な要因である。その結果、現在、都市部に住むナミビア人の数は、一九九一年の国全体の人口とほぼ同数になっている。また政府は大規模な住宅建設計画に取り組むだけの資金を持たず、若年層の失業率は四六パーセントなので、新しい住民のほとんどは、ハバナの場合と同じく、管理されていない住まいで暮らさなければならない。

二〇〇七年、タデウスは世界中に七五〇〇万人いると推定される[131]新しい都市生活者の一人で、その多

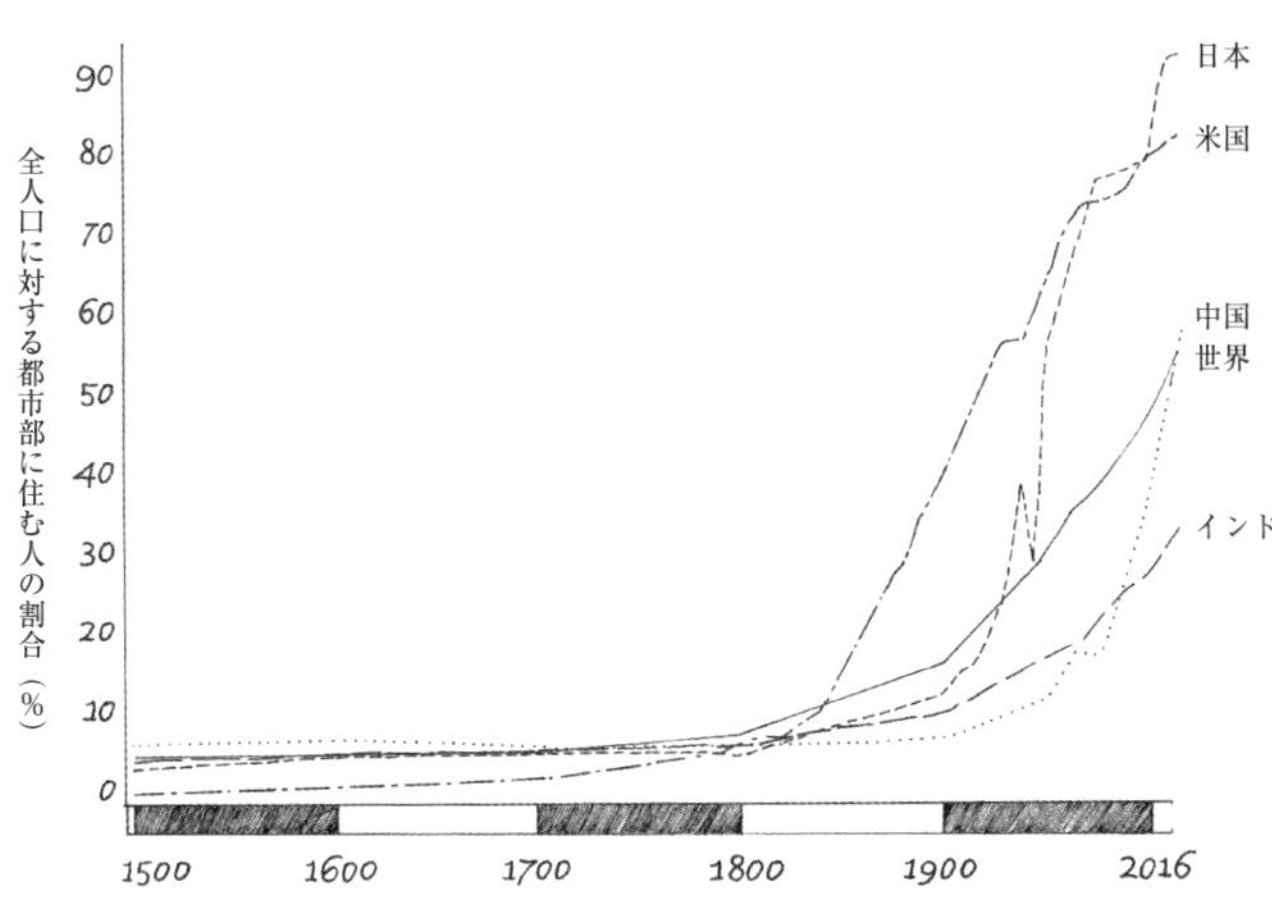

都市部に住む人口の割合[133]

くは彼のように都市や町で財をなそうと田舎の実家を出てきた。その誰もが、人間という種が歴史的に重要な基準値を超えるうえで小さな役割を果たした。二〇〇八年初頭には、私たちの種の歴史上初めて、田舎よりも都市に住む人口のほうが多くなっていた[132]。

環境をあまり変えようとしなかった種から、広大で複雑な人工的な居住地に住む種へと移行したスピードは、進化の歴史上、他に類を見ない。シロアリ、アリ、ミツバチの都市化が何百万年もかけて起こったのに対し、人間の都市化は、進化という視点からすると、瞬く間に起きたのだ。

人類がジュホアン族がかつて〝都市の生き物〟と表現していたような存在になったのは、ごく最近のことかもしれない。それでも最初の小さな古代都市が中東、中国、インド、メソアメリカ（訳注：コロンブスの発見以前の中央アメリカ）、南米に誕生して以来、都市は創造性、革新性、権力、多様性のるつぼであり続けている。また都市は人口比で見ると、人類全体の問題にきわめて大きな影響を与えていた。ある地域の総人口に対して都市の人口の占める割合が五分の一を超えるのは産業革命以降だが、それまでもおよそ五〇〇〇年にわたり、すでに都市で起こることが人類の歴史の道筋を左右していた。

都市化の二つの風景

ホモ・サピエンスが都市で生きる種へと変身していく物語の最新の章の多くは、ハバナのような発展途上国の都市や町の片隅で、誰もが勝手に建てて増えていく無秩序で雑然とした掘っ立て小屋で書かれている。現在、最大一六億人が、スラムやそうした掘っ立て小屋に住んでいる。ケニアのキベラ、メキシコシティ郊外のネサワルコヨトル、パキスタンのオランギタウン、ムンバイのダラヴィなど、最大級のものでは人口が数百万人を数え、ある意味で都市の中の都市となっている。

そこでは大きな通りが蜘蛛の巣のように張り巡らされ、無計画に何マイルも伸びている。しかもそのスピードがあまりに速いため、自治体当局にできるのはクリップボード片手に必死に走り回り、上下水道や電気といった基本的なサービスを提供するのに、どのくらいのコストがかかるか、そもそも可能なのか計算することくらいである。

最近の都市への人口流入の物語には、もう一つ別の、もっと整然と書かれている章もある。最も目を引くのは現代中国の都市計画家と建築家による特大の作品である。四〇年前には中国人の五人に四人は田舎に住んでいたが、現在では五人に三人が、ガラス、セメント、スチールでできた家や職場で暮らしている。それらの多くは広くてまっすぐなタール道路を中心につくられ、水道、エネルギー、ごみ処理、通信などのインフラがきちんと整備されている。一九七九年から二〇一〇年にかけて、中国農村部から二億五〇〇〇万人が、成長する製造業の仕事に就くために都市に流入したことは、人類史上最大の人口移動イベントだった。その結果、ほとんど一夜にして、真新しい、まだ人が住んでいない〝ゴースト・シティ〟が出現しただけでなく、既存の都市が地方に拡大するにつれて、静かな田舎の集落、村、農場、町を次々と飲み込んでいった。

都市革命

ヴィア・ゴードン・チャイルドにとって、〝都市革命〟は農業革命の重要な第二の局面だった。第一の局面は、家畜や穀物やその他の植物作物を何世代もかけて徐々に家畜・栽培化していく、苦痛なほどゆっくりとしたプロセスが必要だった。また人為的な灌漑、鋤、荷車用動物、レンガ造り、冶金といった、単純なテクノロジーが少しずつ開発、洗練されていったことも特徴的だった。[134]

対照的に、第二の局面である都市化は、農業生産性がある転換点を超え、農家が継続的に、官僚、芸術家、政治家などを養うのに十分な余剰を生み出し、彼らを〝たかり屋（フリーローダー）〟ととらえないくらいの余裕ができて初めて実現すると、彼は述べている。その特徴は、商人によって供給され、君主によって統治され、司祭、兵士、官僚によって運営される都市が出現したことだ。

少なくとも仕事の歴史という点では、チャイルドが正しかったのはほぼ間違いない。古代の都市が出現したのも、地域の農民が、畑で仕事をしないですむ大量の人々を生きながらえさせるのに十分な余剰エネルギーを生産できるようになってからのことだ。そしてエネルギーが豊富な場所では、メンガタハタオリのように、人々はまずそれを使ってギョベクリ・テペやストーンヘンジのような巨大な一枚岩のモニュメントをつくり、そののちにきちんとした町や都市を建設した。

アジア、中東、アメリカ大陸の最初の都市は、地理的な偶然によるものであると同時に、現地の人々の創意工夫の証でもあった。たとえばパプアニューギニアと中国の人々は、どちらも一万年から一万一〇〇〇年前のある時期に、農耕を行なう試みを始めた。収穫量の多い米やアワの栽培化に成功するという幸運に恵まれた中国の農民は、四〇〇〇年前には常に十分な余剰食物を生産していて、都市を中心とする最初の王朝を築いて維持していた。その一方で、パプアニューギニアの農民たちは、タロイモやヤムイモの栽培やブタの飼育で得られるエネルギー量が少なかったため、大きい村落以上に発展させることはできなかった。実際、ニューギニアで都市と呼べるものが維持できるようになったのは、米のような収穫量の多い穀物が輸入されるようになった植民地時代のことだ。

メソアメリカでも同じように、収穫量の多い食用植物がなかったことがネックになっていた。何千世代にもわたる人為的な選択を経て、トウモロコシが現在のような収穫量の多い作物に近いものとなり、都市を維持できるだけの余剰が出るようになってからまだ一〇〇〇年もたっていない。

土地に合った品種の収穫量が多いという幸運に恵まれる以外に、地理的な条件で重要な要素は気候と地形だった。中東、東南アジア、インド亜大陸の最初の都市が、穀物生産に特に適した気候と、季節ごとに洪水に見舞われる雄大な河川の氾濫原で発展したのは偶然ではない。肥料の価値が解明されたり、うまくいく輪作の原則が確立されたりする前は、これらの地域の住民は、川の神々が起こす洪水が、遠くの上流から流れてくる堆積物と有機物で表土を回復させてくれることだけが頼りだった。

続々と生まれる新しい仕事

一部の科学者が、エントロピーがあるため地球上に生命が誕生したのはほぼ必然であると主張するのと同じで、歴史を見れば、人々が十分に食料を生産できるようになると、必然的に都市や町ができることが示唆されている。

都市は生物のようにエネルギーを取り込み、それを使うことによって生まれ、維持され、成長する。そして、何らかの理由で都市が必要なエネルギーを確保できなくなると、空気や食料や水を奪われた生物のように、エントロピーに身を委ねて腐敗し、死んでいく。人類の都市の歴史の初期には、そのようなことは想像するよりふつうのことだった。ときには都市や町がライバルたちに包囲され、息の根を止められることもあった。また干ばつや疫病、その他の神の御業によって滅びた都市もある。考古学者からすると、ほとんど一夜にして明確な理由もなく放棄されたように見える多くの古代都市、町、集落の運命は、そのようなものであったと考えられている。

産業革命までは、古代ローマのような最も洗練された生産性の高い農業文明を持っていた地域でも、五人に四人はまだ田舎に住み、土地を耕していた。しかしその五人の残り一人、最も生産性の高い古代の農業経済圏で都市に住んでいたのは、まったく新しい働き方のパイオニアだった。

食料の生産に時間や労力も費やさない最初の大規模な集団だった彼らは、状況と好奇心と退屈の入り混じった力に導かれ、そのエネルギーを使ってできる他の創造的なことを見つけようとした。そして栄養が十分のハタオリドリがエントロピーの要求を聞き入れて仕事をするように、都市は周辺の農地からエネルギーを取り込めば取り込むほど大きくなり、市民は忙しくなった。そのエネルギーの多くは、基本的なインフラの建設、維持、交換のための資材調達に費やされた。その結果、大工、石工、建築家、技師、下水処理など、多くの新しい専門職が出現した。また寺院の建設と聖職の維持にも多くのエネルギーが費やされ、要求の厳しい神々を、犠牲と貢ぎ物でおだてたりなだめたりした。それだけでなく、三〇万年もの間、小さな移動集団の中で暮らしてきた人々の子孫が、大規模な集団の中で秩序を維持するというまったく新しい問題にも取り組む必要が生じた。そのためには官僚、裁判官、兵士、そして秩序を守り、人々を共通の価値観、信念、目標によって都市共同体に結びつけることを専門とする人々が必要だった。

都市化と常備軍

古代都市の起源を語る伝説は、人間の集団的な歴史の空白を埋めている。たとえば捨てられたロムルスとレムスという双子の兄弟がオオカミの乳を飲んで育ち、のちに兄のロムルスが弟を殺してローマを建国したという話のように。ほとんどの場合、小さな村がなぜどのように町や都市に急成長したのかについては、推測することしかできない。農業のおかげで余剰エネルギーが生まれたことで、拡張が可能になったという以外は。

古代の大都市の基盤となる土地（アテネ、ローマ、洛陽、エジプトのメンフィス、アフリカ南部のグレート・ジンバブエやマプングブエ、そしてその廃墟の上にメキシコシティをつくったテノチティトランなど）につながる道は、のちにつくられたそこに出入りする道路と同じくらいあったのは間違いない。儀式の中心地として、あるいは地理的に人と会いやすい場所として、人々が季節ごとに集まり、社交し、礼拝し、贈り物やアイデア、恐怖、夢、配偶者を交換する場所として始まった都市もあるはずだ。また紛争時に防衛しやすい場所でいくつかがまとまり大きくなった都市もあるだろう。強者が弱者に庇護や保護を与えたり、野心的で肥大化したエゴを持つカリスマ的指導者に人々が魅入られたりもしただろう。

都市が生きるか死ぬかは、共通の行動ルールと共通の経験や信念や価値観によって自分たちをまとめ、それを自分たちを養っている田園地帯へと広げていく市民の力に左右されていた。

エネルギー量が増えて農業人口が増加すると、領土と良質な土壌や水などの資源を入手できるかどうかが、ますます大きな価値を持つようになった。さらに収穫後の食料が豊富で、巨大モニュメントを建てる必要もない時期には、男が女の気を引いたり、互いに気を引き合ったり、忙しく働いている間にくすぶっていた恨み、敵意、侮辱について、片をつけようと考えたりする時間ができた。こうしてゆとりのある時期には、ストーンヘンジのようなモニュメントを建てようとするばかりではなく、戦うために集まるようにもなっていた。そのため新石器時代初期のヨーロッパの遺跡の発掘に興味を持つ考古学者たちは、要塞化された村落や、拷問、儀式的殺人、時には人肉食の証拠を示す共同墓地などが埋もれた遺跡の発掘に、かなりの時間を費やすことになると思われる。(135)

谷の向こう側の村人たちに虐殺される可能性を考えて、新石器時代初期の人々の多くが常に警戒をしていたとしても、自分たちを兵士であるとは思わなかっただろう。ときおり一つか二つの村から集まってくる、戦闘のための化粧をした怒りに燃える農民たちを軍隊であると考える者はほとんどいなかったはずだ。新石器時代初期の武力紛争のほとんどは、植民地以前のアフリカの多くの農耕社会（ヌエル族やディンカ族など）や、ヤノマミ族のような南米の森林の狩猟採集民、あるいはパプアニューギニアの対立する村落の間で起こったのと同じようなものだったに違いない。つまり悲惨な虐殺は儀式的な戦闘に比べてかなり少なく、本当の流血よりも、着飾り、闊歩し、戦闘の構えをとり、侮辱し合うといったものが多かったと思われる。

都市と国家の出現によって、それがすべて変わった。都市の住人の仕事は、エネルギー消費の需要によって決まるが、最初に使われたものの一つが、城壁の内部の平和を維持し、エネルギー資源を守り、その利用を拡大できる力を持つ、専門的な常備軍の育成だった。

職業がアイデンティティと同化する

都市の住人が食料生産という難題から解放されたことで、都市で新しい職業が次々と生まれた。そしてそれらの職業の一部は、移動の多い採集民や小さな村に住む農民には想像もできないレベルの、社会的な重要性を持つようになった。

メソポタミアのウルクという、私たちが知る限り最古の都市において、ほとんどの人々の仕事に関わる生活は、おそらく産業革命を迎えようとしていたパリ、ロンドン、ムンバイ、上海のような都市での生活とさほど変わらなかっただろう。ウルクの遺跡は、現在のイラクのサマワから東に三〇キロメートルほど離れた、ユーフラテス川が湾曲した部分の肥沃な土地にある。この都市は約六〇〇〇年前に建設され、人が住まなくなったのは、七世紀にイスラムがメソポタミアを征服したあとのことである。五〇〇〇年前の全盛期には、最高で八万人の市民が住んでいたと考えられている。またのちに誕生した他の大都市のように、ウルクでも類似した商売に携わる人々が同じ地区に住み、一緒に働く傾向があった。

たとえば現代のロンドンでも、特定の職業と歴史的に密接な関係を保っている地区は多く存在する。ショッピングモールやネット通販、スーパーマーケット、そして高級化によって消滅してしまった商売もあるし、特定の商売との独特の結びつきを失ってしまった地域も多いが、まだ残っているものもある。ロンドンのハーレー・ストリート、ハットン・ガーデン、サヴィル・ロウ、ソーホー、スクエア・マイルは、何世紀にもわたって続いてきた商売と密接な関係を保っている。また個性的なアーバンファッションで有名なカムデンや、電気街トッテナム・コート・ロードなどは、比較的新しいものと結びついている。

特定の地域と特定の商売との歴史的な結びつきは、区画規制の気まぐれでもなければ、綿密な都市計画の結果でもない。また特定の商品をさがしている消費者にとっては、街の一角に行けばさまざまな商品を見比べることができて都合がいいという事実からの帰結でもない。それは鼓動する大都市のいくつかの心臓部で、人々は似た仕事をして、似た経験をする者同士の間に、仲間意識や安らぎを見出したからで、その結果、都市では個人の社会的アイデンティティは、彼らの職業と同化した。

墓石に刻まれた碑文や帝政ローマ時代の文書記録には、古代ローマ人が追求した二六八の異なるキャリアパスが記されている。官僚、建設、技師、職人、商人、兵士以外にも、ローマ人が行なっていた多くの仕事は、現在、主に英国のような都市国家で雇用の大半を占めるサービス部門の仕事の前身となるものだった。そしてローマのサービス業従事者の中には、弁護士、書記、秘書、会計士、料理人、行政官、顧問、教師、売春婦、詩人、音楽家、彫刻家、画家、芸人、クルティザンヌ（しっかりした後援者を確保するか、独力で裕福になれれば、生涯を特定の芸術を極めることに捧げられる）などがいた。

新石器時代初期のコミュニティ、そして採集民のコミュニティでは、ほとんどの人の帰属意識、共同体意識、アイデンティティは、地理、言語、信仰、親族関係を共有することで形成され、類似する仕事を一緒にすることが多かったという事実によって支えられていた。

古代都市の人々は、親族の絆で結ばれ、地理的に区分された単一のコミュニティの一員であるという安心感を持っていなかった。彼らはまた、出会ったすべての人と知り合いになる余裕もなかった。こんにちの都市の住民と同じように、彼らは多くの時間をまったく知らない人々と顔を突き合わせて過ごしていた。その多くは同じ指導者に従い、同じ言葉を話し、同じ法律のもとで生活し、同じ地理的条件の土地に住んでいたが、まったく異なる生活を送っていた。

そして都市では、違う職業の人々の間のふだんの日々の交流の多くは、その役割を果たすという文脈の中でしか行なわれなかった。たとえば古代ローマの料理人は、彼が調理したヤマネの薬草詰めを楽しむトーガを着た貴族たちや、ヤマネを獲る路上生活者、その他の食材を売っている商人らと、ほんの短い時間であっても、定期的に言葉を交わしていただろう。彼らは仕事以外でのつき合いはほとんどなかったろうし、社交の場で出会うのさえ気まずいと感じていたかもしれない。しかし料理人は厨房で他の料理人やそこで働く他の人々とは、多くの時間を過ごしていた。おそらく家で家族と過ごす時間や、休みの日に広場で知り合いとナックルボーンズ（訳注：ニワトリなどの骨を投げて行なうお手玉に似た遊び）で遊ぶ時間よりも長かったかもしれない。彼はまた料理人仲間とも時間を過ごしていた。彼らの世界観は厨房で学んだスキルで形成され、腕の火傷の傷跡がその象徴となる。要するに同業者同士のほうが、兵士や元老院議員、酌取り、ヤマネの捕獲人よりも、共通点がはるかに多かったのだ。他の専門的スキルを持つ職にも同じことが言える。

これは現在でも同じだが、古代ローマで料理人や詩人やレンガ職人になることは、多くの場合、長い見習い期間を経て習得した経験と技術を共有することで築かれた、実務の共同体に加わることだった。そしてローマでは、他の多くの都市と同じように、類似した商売に携わる人々が、時間が経つ間にいくつかの世代にわたる小さなコミュニティとして一体化し、その子供たちは一緒に遊んだり結婚したりして、宗教的慣習や価値観、社会的地位を共有するようになる。実際、都市社会が確立されるにつれて、職業は社会的、政治的、さらには宗教的なアイデンティティと、いっそう混ざり合っていった。そのプロセスが特にはっきりしていたのがインドであり、そこでは個々の商売が厳格なカーストと切り離せないものとなった。人はカーストによって、どこで誰と生活するか、どのように礼拝を行なうか、他者からどう扱われるか、子孫がどのような職に就くかが決まる。

ローマではこのような実務のコミュニティが職人コレギアの基盤となり、重要な仕事を奴隷に奪われないよう労働者を保護するのに加え、共同体意識や、市民としてのアイデンティティや帰属意識を与えた。その結果、市場が殺るか殺られるかの競争を生み出すという現在のナラティブとは逆に、歴史の大半において、類似の商売をする者はだいたい協力し合い、協働し、支え合ってきたのだ。

こうした強い結びつきを持つコミュニティが発展したのは、ある分野に独特の技術や経験を共有する人々は、世界の理解のしかたがよく似ている傾向があったからであり、また彼らの社会的地位がしばしばその職業によって規定されていたからでもあった。これが現在でも変わらないのは不思議ではない。私たちの多くは、仕事中に同僚と過ごすだけでなく、職場以外の生活のかなりの部分をその同じ人たちと過ごしている。

人々が都市に集まって生まれた無数の新しい職業のうち、特に重要だったのが、二つのまったく新しい仕事だった。一つ目は文字の発明による副産物であり、二つ目は田舎から獲得してきたエネルギーや、その他の資源の割り当てと流通を支配する商人の出現と権力の増大によるものだ。

文字の発明

すべての採集社会と初期の新石器社会は豊かな視覚文化を持っていて、含蓄のある多くのシンボルを使って互いに意思疎通していた。しかし文字のように汎用性の高い視覚的表現システムが開発されたのは、都市が出現してからだ。

農業と同じように筆記システムも、比較的短期間のうちに世界各地の関連のない集団がそれぞれ独自に開発した。少なくとも三つの独立した筆記システムが、中東、東南アジア、メソアメリカで生まれていて、いま私たちがよく知る現代の書記体系のほとんどはそこから発展している。紀元前六〇〇〇年から五〇〇〇年ごろにメキシコ湾岸のオルメカで使用されていた感覚的な絵文字やシンボルが、一〇〇〇年後にマヤ文明の筆記システムに採り入れられているが、その起源や意味はわかっていない。中国の書物に記されている最古の例で、すでに高度で標準化されていた記号やシンボルの起源についても事情は同じだ。それは三五〇〇年前の殷王朝時代のもので、動物の骨やカメの甲羅の形をしている。

しかし私たちが知る最古の筆記システム、ウルクのシュメール人の文字の起源は簡単に図解できる。あの独特の楔形(くさびがた)文字の進化は三つの段階を経ている。最も古い段階はおそらく一万年前から始まって四五〇〇年にわたっている。この時代には商品の単位を表わす粘土のトークンを使って取引が行なわれていた。次の段階では、この立体的なトークンを絵文字にして粘土板に刻んだものを会計に使用した。最後の段階はアルファベットの前身になるのだが、約五〇〇〇年前に始まり、話し言葉を体系的に表現するために絵文字を使うようになった。

識字の明確な認知的な意味については議論が続いている。若くて頭が柔らかい時期に習得する他の複雑なスキルと同じで、識字能力もまた私たちの脳がどのように整理され、世界についてどのように考え、認識するかを決定するうえで何らかの影響を与えることは明らかだ。議論の中心はこれが起こるかどうかではなく、その結果がどれほど重大なのかである。文字を読み書きする能力がもたらす認知、心理面での変化は根本的なものだと主張する人もいる。それで視覚が他の感覚よりも優先されるようになり、より科学的で、視覚的に整っていて、〝合理的〟な世界の見方が発達する方向へと進んだというのが、彼らの論である。しかしそれには懐疑的で、読み書きに必要な根本的な知的構造は、音を意味のある話に転換したり、砂地についた動物の足跡や、その他の視覚的なサインの意味を解釈したりするのに必要なものと変わらないという見解を持つ人もいる。

しかし話し言葉や複雑な考えを文字という記号で忠実に表現する能力が、まわりの世界を認識する方法を根本的に変えなかったとしても、それがなければ、人間は多くの歴史、哲学、詩だけでなく、数学、科学、工学における重要な発見を可能にした、複雑な抽象モデルを開発するために必要なツールも奪われてしまうという事実についての議論はない。また書くことの発明が、書記から建築家まで、それまで想像もできなかった新しいデスクワークや職業を生み出したことについても議論の余地はない。その多くが高い地位にあるのは、特に読み書きを習得するのに投じたエネルギーと労力のためだ。「書くことをしっかり覚えれば、重労働をせずにすむ」と、紀元前三〇〇〇年から二〇〇〇年、エジプトの父親がこう言って息子を学校に送りだしたのはよく知られている。そして次にこう続く。「書記は肉体労働から解放されている」そのうえ「命令するのは彼なのだ[136]」。

読み書き能力が権力の性質とその行使についても、根本的に変えたことは明らかだ。その能力によって、初期の国家は機能的な官僚機構と、形式化された法制度を確立する手段を手に入れ、はるかに大きな人口を整理して管理し、はるかに野心的なプロジェクトを実施することができた。また読み書きに熟達した者は、神々の言葉や意志に近づく特権を有すると主張することができた。

読み書き能力が商業の世界を変革したのは間違いない。それは形ある通貨、複雑な収支計算の記録、金融・銀行機関の設立、そして帳簿の形でしか存在しなかった富の蓄積を可能にしたからだ。

考古学者たちは一〇万点を超えるシュメールの楔形文字の標本を発見している。その中には、手紙、レシピ、法律文書、歴史、詩、地図などに加え、商業に関わる書類もたくさんある。五〇〇〇年前の給与明細もあり、そこにはウルク市民が、エジプトのピラミッド建設労働者のように、報酬がビールで支払われることに満足していたことが示されていた。四〇〇〇年前の領収書には、家畜の飼料から織物まで、さまざまな品物の取引が記録されていた。また紀元前一七五〇年ごろ、質のよくない商品が届けられたことに腹を立てた客から商人に宛てた、最古の苦情の手紙もあった。

世界最古の支払い記録：労働者がビールを買った支払いが楔形文字で記録された板。紀元前3000年頃。大英博物館に展示

都市における物質的保証は、食料エネルギーやその他の原材料を生産することではなく、その流通と使用の管理に基づいていた。アテネの広大なアゴラから、ブティックのような店が並ぶローマのもう少し整然とした広場(フォーラム)まで、すべての古代都市には市場があった。

ウルクのような古代都市で市場が発展したのは、一部には小規模な農耕集落では当たり前の人間同士の取引関係が、単に都市では不可能だったからだ。農村部では主に知り合いや親戚と物を交換したり共有したりしていたが、都市部ではほとんど見知らぬ人との間で取引が行なわれた。これは助け合いや互いの義務にまつわる、伝統的な規範や慣習が通用しないということだ。

このような義務から解放された都市の商人たちは、取引が富と権力を手に入れる有望な手段であることをすぐに学んだ。そしてこれが重要だったのは、農村では人々は基本的な欲求を満たすことで精いっぱいだったが、町や都市ではそれとは異なる欲求や願望が人々に野心を抱かせ、それに応じて、働き方やその理由が左右されるからだ。

第一二章　果てのない野心という病気

ハバナにあるタデウスの住む小屋からウィントフック市街地までは、車でおよそ二五分である。ただしそれは朝夕のラッシュ時に道路をふさぐぼろぼろのタクシーの渋滞に巻き込まれないですむ場合の話だ。その道のりは、まずアパルトヘイト（人種隔離政策）時代に黒人や〝混血〟の人々が住まわされていた二つの古い町（タウンシップ）を通り、次にウィントフックの中流階級が住む北西部の郊外を経て、ようやく整然とした街の中心部にたどり着く。そこにあるヒルトン・ホテルの屋上テラスからは、広々としたショッピングモール、レストラン、エアコンの効いた高層オフィスビル、そして遠くにはハバナの家々で料理をしている煙が見える。ハバナから市街地に向かうにつれて、ドライブウェイに駐まっている高級車や、住宅、店舗、オフィスビルがどんどん豪華になり、富裕層の増加が目に見えてわかる。それは警備システムの厳重さや、制服警備員が目につくことにも表われている。

ハバナでは、安全は主に信頼できる隣人の目と耳で守られるものだ。タウンシップでは、それはセメントブロック製のシンプルな家のまわりを取り囲む低い塀、ぼろぼろの格子のついた窓、しっかり南京錠がかけられたドアである。しかし都心部に入ると、カミソリワイヤーや割れたガラスを上に並べた低い塀に囲まれた小さな家から、低いうなりをあげる電気フェンスがついたそびえ立つような高い塀、赤外線動作検知器、監視カメラ、棒や鞭やときには銃で武装した制服警備員に取り囲まれた豪邸へと、景色が変わっていく。タデウスもその一人だが、警備員の多くはハバナから来ている。そして彼らは家や店や会社を、ハバナから来た他の人々から守っているのだ。

ウィントフックでは誰もそうした警備を過剰だとは思っていない。南アフリカの近隣都市でよく見られるような冷酷で残忍な犯罪はめったにないが、それでも貧富は関係なく、強盗やおいはぎの被害に遭ったことのない人はほとんどいない。一方、裕福なウィントフック市民は、犯罪が抑止できていないことをしきりに訴え、その原因を人種、道徳心の欠如、警察の無能さのせいにしているが、それがすぐには変わらないことを誰もが知っている。

ウィントフックでの盗みは、純粋に空腹な人々によるものもある。家のセキュリティーをかいくぐった侵入者が最初に物色するのはキッチンだ。しかし他の多くは、別の種類の欠乏が盗みの原因になっている。それは都会では、他の人が自分よりはるかに多くの（そしてよりよい）ものを持っているのを目の当たりにするという事実によって生まれるものだ。

その意味では、ウィントフックは世界の他の都市と同じである。人々が都市に集まるようになってから、彼らの野心は自給自足の農業従事者の場合とは異なる種類の欠乏によって形成されている。それは絶対的なニーズではなく、願望、嫉妬、欲望という言葉で明確に表現される欠乏の一形態である。そしてほとんどの場合、このような相対的な欠乏感が、長時間働き、出世コースに乗り、世間に遅れを取らないようにしたいという原動力となる。

絶対的ニーズと相対的ニーズ

ほとんどの経済学者は、そもそも物が不足しているように感じられる、具体的なニーズについて詮索することには慎重である。ダイヤモンドのような必要不可欠でないものが、なぜ水のような必要不可欠なものよりも価値があるのかといった疑問を、彼らは〝価値のパラドックス〟と片づけ、異なるニーズがなぜ生じるかについては、あまり気にならないと言う。それはニーズの相対的な価値は市場によって決定されるからだ。

ジョン・メイナード・ケインズは、自動化が経済問題を解決すると主張したとき、この点で多くの同業者と対立した。彼は経済問題には二つの異なる要素があり、解決できるのはそのうちの一つだけだと主張した。それは彼が「絶対的ニーズ」を満たそうとする衝動と呼ぶものに対処するものだ。食料、水、暖かさ、快適さ、仲間、安全といったこれらのニーズは、普遍的で絶対的なものであり、鎖につながれた囚人から宮殿にいる君主まで、誰もが等しく経験するものだった。ケインズは、これらのニーズは重要だが無限ではないと信じていた。十分暖かいのに、薪をもう一本、火にくべれば暑くなりすぎるし、たっぷり食べたあとにもっと食べると具合が悪くなる。

経済問題の第二の要素は、ケインズが「相対的ニーズ」と呼ぶものを満たしたいという欲求である。これらのニーズは、満たされたとしても、すぐにもっと野心的な別の欲求が取って代わるだけなので、本当に無限だと彼は信じていた。これらのニーズは人々の「世間に遅れたくない」「仕事で昇進したい」「もっと立派な家を買いたい」「もっといい車に乗りたい」「もっと高級なものを食べたい」「もっと大きな権力を手に入れたい」などの野心を反映したものなのだ。またこのようなニーズこそが、絶対的なニーズが満たされたあとでも、懸命に働く原動力になると信じていた。

ケインズは食事に合ったワインや、週末を過ごす別荘や、パイプ用のトルコタバコを持つことが、絶対的なニーズに含まれるのか明言はしていない。しかし彼は絶対的なニーズと相対的なニーズを区別する中で、人々のニーズを形成する社会的背景と地位の重要性を認識した。この点において彼の考えは社会人類学者に近かった。社会人類学者は経済学者と違って、ある状況、たとえば都市ではダイヤモンドが水よりも価値がある一方で、カラハリ砂漠の伝統的な採集民のコミュニティ（現在、発見されている中で最も豊かなダイヤモンド鉱山が二つある）では、ダイヤモンドに価値はないが、水には値段をつけられないくらい価値があるのはなぜかを、理解しようとする。

不平等の起源

不平等は自然なもので不可避であるという考え方は、インドのヴェーダ、儒教、イスラム教、ヨーロッパの古典哲学の教えだけでなく、多くの政治家のレトリックにもよく使われる。人々が都市に住むようになり、自分の考えを文書に記録してきたのと同じくらい前から、不平等は人生の避けられない事実であると主張してきた人々がいる。アリストテレスはその一人だ。

もちろん、それに対する反対意見も多くあった。平等を叫ぶ人のメッセージは、経済的、社会的、政治的に底辺にいる人々の共鳴を呼び、また大変革、反乱、革命の時代には、道路に築かれた、間に合わせのバリケードの向こうから叫ばれることもあった。

ジュホアンのような採集民を見ると、徹底して平等な社会に生きることも、いまの私たちのように厳格な階級社会に生きるのと同じように、可能であることがわかる。そこから多くの歴史家が、不平等は人間の生来の性質ではなく、動物と共通の感染症や専制主義や戦争と同じように、人間が農業を受け入れた直接的な結果であると論じている。生産物の余剰を貯蔵、交換、分配できるようになるとすぐに、人間のもっと恥ずべき性質が支配するようになったからだと。

しかし極端な不平等は、私たちの祖先が農耕に移行した直接的かつ当然の結果ではない。初期の農耕社会の多くは、現代よりもはるかに平等であり、大昔の田舎の農村や集落では、人々は協力して働き、労働の成果を均等に分け合い、余りは集団の利益のためだけに蓄えていた。このような古風な形の〝キブツ〟の平等主義が存在し続けていたことを示す証拠もたくさんある。それは農業人口が急増するときにだいたい陥る、物質的な欠乏を抑制する効果的な方法だったからだ。そのためたとえば現在のスペインとポルトガルの大部分で、生活を確立した小規模農家の人々は、紀元前一千年紀を通じて「平等主義だったのはほぼ間違いない」と、考古学者は考えている。ただし紀元前一世紀にローマの軍団が現われて、それが変わった(137)。

興味深いことに、これまでに発見された最古の、都市に近い集落であるトルコのチャタル・ヒュユクも、おそらく同じように物質的な平等主義だったと思われる。しかしそれは、あとに続く他の古代の町や都市のどれとも違っていた。その遺跡はまるでハチの巣のように、同じような大きさの何百という住居が密集していて、突出して裕福な者はいなかったことが示唆されている。また市場、公園、寺院、広場のような明らかな公共スペースもなく、公共の大通り、小道、道路もなかった。一つの場所から別の場所へ行くときは、人々は屋根によじ登って移動し、天井から他人の家に入ったと、考古学者は結論づけた。

個々の住居の間取りや大きさで示される、極端な物質的不平等の証拠がないからといって、ジュホアンのような小規模な採集社会の特徴である、徹底した平等主義に近いものがあったとは言えない。たとえば純粋に住居の間取りだけで見れば、過去一五〇〇年の間に、アフリカ中央部、東部、南部に広がっていた壮大なバントゥー文明は、最初はきわめて平等主義的に思えるかもしれない。しかしそれは事実からかけ離れていた。何世紀もの間、これらの社会の中心には、壮大な野心、政治的陰謀、権力闘争によって動かされ、世代別のランク付け、性別のヒエラルキー、牧童の管理の下で村の境界をはるかに越えて放牧される家畜の数で測られる富の格差があった。実のところ、住居の大きさは高度に商品化された不動産市場に住む私たちにとっては富の明確な指標だが、多くの農耕社会では重要とはみなされていなかった。また階級社会の多くでは、首長、貴族、平民、奴隷が同じ建物に住むことも多かった。

それと同じくらい重要なのは富が象徴的な形をとっていたことで、一部の経済学者はそれを原始通貨とみなしている。多くのネイティブ・アメリカン文明では、特定の羽飾りをつけたり特定の歌や儀式を執り行なったりする権利が、地位や権力の決め手となっていた。新石器時代の小規模な農耕集落が高度に平等主義的であったかどうかは別として、世界の大都市での生活は、歴史的にそこからはほど遠く、ときどき革命的志向を持つ人々が、その状況を改善しようと試みることがあった程度である。

商人という立身出世の道

都市について書かれた最古の歴史書は叙事詩の形で、ウルク初期の王ギルガメシュの偉業が記されている。彼は都市の城壁を築いたことで知られ、のちに神であると断定された。これまでに見つかっているいくつものバージョンのギルガメシュ伝のうち、楔形文字で書かれた最古のものはおよそ四一〇〇年前のものだが、時代ごとに話が加えられながら何世代にもわたって受け継がれてきた物語が刻まれたものであることはほぼ間違いない。『ギルガメシュ叙事詩』はもちろん、歴史というより神話であり、事実というより手放しの賞賛が満載の英雄譚である。しかし同時代の他の楔形文字文書と一緒に読むと、四五〇〇年前にシュメールのウルカギナ王によって実施された改革の下での、一般市民の権利と資格が詳述されていて、あらゆる都市の中心地の中で最も古いこの地の生活について、驚くほど細かな洞察を得られる。

これらはウルクをはじめとするメソポタミアの初期の都市国家において、人々がさまざまな職業に就いていたことだけでなく、ウルクが現在のニューヨークやロンドンや上海のように平等主義からはほど遠かったこと、そしてやはりニューヨークやロンドン、東京のように、商人や金融投資家が余剰品の供給と分配をコントロールすることで、貴族や聖職者に匹敵する地位を確保していたことも示されている。

四五〇〇年前のウルク市民は、五つの社会階級に分かれていた。頂点に立つのは王族と貴族だった。

彼らがその特権的な地位を得たのは、ギルガメシュのような古代の王の子孫であり、神々と近い関係にあったからだった。そのすぐ下には聖職者、神官と巫女がいた。彼らは王の近くにいて、人と神々の間を取り持つ者、あるいは聖なる場所と物を守る者、そしてもっと世俗的な意味で、最も重要な都市空間の管理人としての役割を担っていた。まともな人間として数に入れられていなかった奴隷とは別に、最下層にいたのは、いまで言う「労働者階級」だった。そこには主に、都市の城壁の外で暮らす農民、内部で商売を行なっていた男女、たとえば肉屋、漁師、酌取り、レンガ職人、醸造業者、居酒屋の主人、石工、大工、調香師、陶器職人、金細工師、荷車引きなど、他人の下で働く、あるいは自分で小さな商売を営んでいた商人や女性が含まれていた。

そして彼らと聖職者の間に挟まれていたのが、兵士、会計士、建築家、占星術師、教師、高級娼婦、裕福な商人だった。

ウルクのような場所では、革命を起こさない限り、裕福な商人になることが、庶民と貴族との隔たりを埋める唯一の道だったのはほぼ間違いない。言い換えると、富を蓄積すれば、最もよく働き、最も幸運で、最も悪賢い人々は上昇志向の機会を与えられたのだ。古代シュメールの都市の考古学調査によれば、立身出世を目指す者にとって、特に有望な商売はビールの醸造と販売だった。その理由の一部は、小麦や銀と同じようにビールも一種の通貨だったからだ。ビール工場が文無しの農家に、しらふなら夢にも受け入れないような金利や債務不履行のさいのペナルティーに同意させて、融資をしたからでもある。酒場の主人にとって出世チャンスがどのくらい重要だったかははっきりしないが、古代シュメールの君主に名を連ねる唯一の女性であるクババ女王は、もとはみすぼらしい居酒屋の店主だったのが、キシュという都市で権力者として君臨し、一〇〇年間統治したと記録されているのは示唆的である。

植民地と砂糖貿易

どの国であろうと、農業に従事する人の割合は、その国の豊かさを測るのにかなり有効である。農業に関連する仕事の割合が最も高いのは、一般的に最貧国であり、農業生産性も工業化も最低のレベルにある。労働者の四分の三以上が自分たちは農民であると答える一〇カ国はすべて、サハラ以南アフリカにある。対照的に、アメリカでは、現在ハイテク農産業で雇用されているのは労働人口の二パーセント未満だが、そこではごく当たり前に大量の余剰生産物が生み出されていて、畑から食卓まで届けられる間に、毎年一人当たり三〇〇キログラム近い食料が無駄になっている。[138] ほとんどの先進国では、それがふつうなのだ。そうした国々では過去三〇〇年の間に農業が、労働集約的な事業から資本集約的な事業へと形を変えた。それは生産性を飛躍的に向上させると同時に、人間の労働力への依存度を大幅に引き下げた、一連の新しい技術と手法のおかげだ。

一八世紀に北部の町や都市が急速に広がって、英国の産業革命の中核となったのは、新しい製造所、鋳物工場、鉱山の労働力の需要を満たすためだけではなかった。また金を稼ぎたい、あるいは金持ちと結婚したいという希望を胸に、楽観的な若者たちが大挙して都市に移り住んだ結果でもない。それはむしろ、技術の進歩によって可能になった、農業生産性の大幅かつ急速な向上によってもたらされたものだ。裕福な農民による土地所有の統合が進み、農村人口が急成長する中、多くの人にとっては単に田舎できる有益な仕事がなくなっていたということでもあった。

初期の農業国家における農民の生活は、ルネサンス期のヨーロッパの農民の生活とそれほど変わらなかった。耕作、収穫、除草、灌漑、加工するのに彼らが使った基本的な技術は、長い時間がたつ間に改良され、異なる環境に合わせてうまく使えるようになっていたかもしれないが、多くの点で基本的には変わっていなかった。しかし一六世紀後半になると、ほぼ同時期に一連の新しい技術や技法が開発され、広く採用されたことで、ヨーロッパの農場におけるエネルギー収量は劇的に向上した。その中でも特に重要なのは、従来のものより土をうまく掘り起こすことができ、荷車用動物一頭で引くことができる効率的なダッチ・プラウを採用したこと、天然肥料と人工肥料の両方を集中的に使用したこと、選択的育種に重点を置いたこと、そしてより洗練された輪作体系などだ。一五五〇年から一八五〇年の間に、ブリテンの耕作面積一エーカー当たりの小麦とオート麦の純収量はほぼ四倍に、ライ麦と大麦は三倍に、エンドウ豆とインゲンマメは二倍になった[139]。

この生産性の向上が、人口急増のきっかけとなった。一七五〇年の英国の人口は約五七〇万人だった。しかし農業生産性が急速に向上したおかげで、一八五〇年には三倍の一六六〇万人になり、一八七一年には、そのさらに二倍になった。そして一六五〇年に英国の労働者の半分を占めていた農業従事者が一八五〇年には五人に一人にまで減少した。

そのプロセスは奴隷貿易、植民地主義、新世界との貿易によって、さらに加速された。奴隷貿易の利益が英国の織物工場建設の資金源になったという事実は別として、一八六〇年までに、米国の約四〇〇万人のアフリカ人奴隷が、英国初の大規模工業の原料、つまり綿花の九〇パーセント近くを供給していた。

産業革命が起こる前の世紀、ムガル帝国時代のインドは、すでに英国の東インド会社の実質的支配下にあり、世界最大の製造・輸出国だった。比較的安価な更紗、綿、キャラコなどの生地は、ヨーロッパ都市部の裕福な人々の間に消費者革命をもたらし、その結果、既存の毛織物を中心とする英国の家内制手工業は苦戦を強いられるようになった。一七〇〇年、憤慨した羊飼い、織物職人、染物職人、紡績職人が地元の政治家や、その他誰でも耳を傾ける人々に迫った結果、議会は初めてキャラコ輸入禁止法を制定した。これは最初は綿の完成品の輸入を規制するものだったが、やがて完全に禁止することになった。羊飼い、織物職人、染物職人にとって、当初はよいことに思えたが、実は考えられうる最悪の結果をもたらした。不足を補うために北米のプランテーションから綿花が流入し、加工に必要な紡績工場が増加するだけの結果となり、家内制手工業は完全に弱体化した。

それと同じくらい重要だったのが、何百万人ものカリブ地域の奴隷だった。北米南部の奴隷たちが手をぼろぼろにして綿花を摘んでいたのに対し、カリブ地域の奴隷は畑でサトウキビを刈り、原料を糖蜜や砂糖、ラム酒に変えるために必要な火の番をしながら日々を過ごしていた。砂糖製品はやがて、植民地時代の英国が新大陸から輸入する食料品の中で、とりわけ重要なものとなった。カリブ海の植民地で砂糖を大量に生産するようになる前は、それは流行の先端を行く贅沢品で、ヨーロッパ各都市の大邸宅でしか口に入らなかった。一般庶民が甘いものを食べたくなったら、熟した果物で我慢するか、運がよければ蜂蜜をひとさじなめられるくらいだった。

しかし一八世紀末から一九世紀にかけての英国では、手ごろな価格で砂糖が手に入るようになり、かつてないほど大量に消費されるようになった。そして安くて甘いジャムを塗ったパンとともに、温かくとても甘い紅茶を飲むことが、一日一二時間労働を続けるための費用効率の高い方法であるとすぐに知れ渡った。こうして一七九二年には、カリブ地域でプランテーション奴隷制度の廃止運動を展開した弁護士ウィリアム・フォックスのような奴隷制廃止論者たちの間でさえも、砂糖はもはや「贅沢品ではなく、日常的に使われることで生活必需品となった」と広く受け入れられていた。二〇世紀の始まりには、英国における一人当たりの砂糖消費量は、毎日四分の一ポンド（約一一三グラム）という、歯がボロボロになりそうな量に達し、それが二一世紀まで続いていた。[140]

蒸気機関の発明

英国の産業革命の時代、砂糖は多くの労働者を働かせる燃料だった。しかし彼らが働く工場、はしけ、鉄道、船を動かしていたのは石炭だった。

一部の採集民は七万五〇〇〇年も前に、石炭を燃やして燃料にできることを知っていたし、古代中国では、青銅の鋳造工が約四六〇〇年前から、石炭燃料を日常的に使っていた。[141]しかし東アジア以外では、エネルギー消費量の多い機械やエンジンが発明されるまで、石炭はあまり使われていなかった。まず石炭は簡単に見つかるものではなかった。また採掘は困難で、危険な作業でもあり、輸送も難しく、燃やすとくさい硫黄の煙をあげ、粘り気のある黒い煤が発生した。さらに重要なのは、たいていの場所では火を焚くのに十分すぎるほどの薪が家庭にまだ残っていたことだ。石炭が家庭用の燃料として薪に肩を並べられるのは、石炭を採掘しやすい鉱床がすぐ近くにあり、人口が多くてその地域の森林の木のほとんどを燃料にしてしまったような場所だけだった。(142)他の地域で石炭やその他の化石燃料が重要なエネルギー源となったのは、蒸気機関が広く使われるようになってからだ。それは可燃性燃料の可能性が知られるにつれて需要が急増しただけでなく、蒸気機関が最初に広く使われたのは、水がたまった炭鉱から水を汲み上げて、より多くの石炭を掘れるようにするためだったからだ。

アイオロスの球：紀元50年にアレクサンドリアのヘロンが開発した最初の蒸気機関

最初の初歩的な蒸気機関がつくられたのは、啓蒙主義の科学者たちがこれらの機械がどれだけの仕事をできるかを測定する方法について心配し始めるより、ずっと以前のことだ。ローマ時代のエジプトの技術者、アレクサンドリアのヘロンは紀元一世紀にアイオロスの球と呼ばれる初歩的な回転式蒸気機関をつくった。しかし、やはり彼がつくった風力オルガンと同じく、パーティーで偉い人たちをもてなすために、回転させて音をたてる以外の使い道を、彼は思いつかなかった。この簡易版加圧式蒸気タービンは、いまでも毎年何千もの学校の教室で再現されている。

それから一〇〇〇年以上たち、オスマントルコやルネサンス期のフランスの技術者たちも、初歩的なエンジンの製作を試みていた。しかし蒸気を本格的に利用するようになったのは、一六六八年に英国の軍事技術者トーマス・セイヴァリが「火の推進力によって水を汲み上げ、あらゆる種類の工場の機械を動かすための新しい発明」の特許を申請してからである。〝鉱夫の友〟というニックネームをつけられた彼のエンジンは、可動部のないシンプルなコンデンサーだった。密閉された容器の中で高温の蒸気が冷やされると、真空の部分ができて水を上に吸い上げる。またそれは爆発して、使用者に焼けるように熱い破片を浴びせることがあるという、困った性質もあった。しかし炭鉱の水を汲み上げる力は強く、この非効率な機械を稼働させるために燃やす必要のある何トンもの石炭以上の量を採掘する助けになっていたのだ。

セイヴァリはこの固定式の大きなエンジンで、歴史書に名を残すことになった。しかしおそらくは彼が英国議会に専用特許の延長を訴えたためだと思われるが、まもなく他の人が仕組みの違うもっと効率的な新しいエンジンを開発するようになった。

新しい設計で最も重要なものは、一七一二年に石炭と錫の採掘のための機器を専門に製造していた鉄鋼業者トーマス・ニューコメンが発表したものだった。彼のエンジンは分離したピストンを動かすので、結果的にセイヴァリのものよりはるかに効率的で強力だった。それでもニューコメンのエンジンも、主に炭鉱の水を汲み上げたり、水車を動かすため水を循環させたりするために使われた。

ニューコメン型のエンジンは広く使われていたが、一七七六年には、新しいエンジンの設計に二〇年間を費やしていたジェームズ・ワットが、コンデンサーとピストンを別々にすることで、より効率的で汎用性の高いエンジンをつくれることに気づいた。一八世紀に入ると、エンジンの火の番をしなければならなかった人々にとっては幸運なことに、鋳物工場で石炭が広く使われるようになり、鉄の生産量と品質が向上し、より高い圧力でも爆発させずに稼働できる、より精密に設計された頑丈なエンジンの製造が可能になった。その結果、次の世紀にはワットのエンジンの効率と汎用性をもっと高めた新型エンジンが次々と登場し、急速に普及していった。

一七八〇年以降は、ヨーロッパ中の工場に据え置き型のエンジンが設置され、工場のフロアに並ぶ、滑車、レバー、歯車、ウインチなど、ときに困惑するほど複雑なシステムを動かすのに使われた。一方、可動式のエンジンは、一〇〇年前には恐怖を感じるほどのスピードで大きな貨物を運べる高速輸送インフラを動かしていた。

産業革命初期の問題

一七六〇年から一八四〇年の間に建設された、最初は数十からやがて数百にものぼる、蒸気機関を動力とする紡績や織物の工場は、英国の都市や町にやってくる移民のための何千もの新しい仕事を生み出した。しかし最初から新しい職業や商売が数多く生まれたわけではない。それどころか産業革命の初期は、既存の、ときには織物職人や蹄鉄工といった古くからの職業さえ大量に淘汰される一方で、新たに生まれたひと握りのチャンスは、前途有望なエンジニア、科学者、デザイナー、発明家、建築家、起業家といった新しい労働者階級のもので、そのほとんどが私立学校やオックスブリッジで教育を受けた都市の階級の出身だった。工場の現場で働くことを運命づけられた人々に雇用主が求めたのは、実際のスキルではなかった。彼らが必要としていたのは、ジェニー紡績機、水力紡績機、機械式織機の操作を教え込める身体だった。

当時のおぞましい基準からすれば最も啓蒙的な雇用主、たとえばリチャード・アークライトのような人物の下で働く人々でさえ、生活は苦しかった。アークライトは紡績機（糸を束ねる機械）の発明者であり、一七七一年から一七九二年に、イングランド北部にいくつもの工場を設立し、ラッダイトの反乱の主な標的の一人であり、現在では「工場方式の発明者」と思われることが多い。彼の工場で働く者は一週間で一三時間のシフトを六回こなさなければならず、遅刻した者は誰であれ二日分の給料を差し引かれた。彼は従業員に一週間の年次休暇（無給）を与えたが、その間も町を離れないことが条件だった。

産業革命の最初の数十年間は、おそらく古代都市がユーフラテス川の谷間に集まり始めて以来初めて、農民が多くの都会人よりも恵まれていると感じる理由ができた。彼らは新鮮な空気を吸い、たいていはきれいな水を飲んでいたが、都市の人間は長い時間働き、食事は粗末で、スモッグで汚れた空気を吸い、あぶない水を飲み、人がひしめき咳の絶えない安アパートに蔓延した結核などの病気に耐えていた。結核は一八〇〇年から一八五〇年まで、英国で確認された死亡原因の三分の一を占めていた。また一九世紀前半には工場労働者の実質賃金が徐々に上昇したにもかかわらず、男女とも平均身長は低下し、平均寿命も短くなった。

しかしおそらくもっと重要なのは、農民は生涯をかけて蓄積してきたスキルを活用して、日々農場で起きている問題を工夫して解決することで、少なくともある程度は、直接的な満足感を得られていたが、ほとんどの工場労働者は精神が麻痺するような果てのない反復作業に耐えなければならなかったことだ。

工場主にとって幸運だったのは、地方から都市に移住してきた元農民たちは、過酷な労働に慣れていたことだった。空いている役をできる大人が見つからないときや、狭いスペースで動ける小さい体や、大きな機械の扱いにくい部品を修理するために器用な指が必要なときは、だいたいは地元の孤児院から調達できるくらい子供はたくさんいた。子供たちはとても従順で都合のいい働き手だったので、一九世紀に入ると英国の工場労働者の半数近くが一四歳未満となった。しかし工場における日常的な児童の搾取を誰もが認めていたわけではない。結果的に一八一九年に政府が制定した工場法は、工場が九歳未満の子をフルタイムで雇用することを禁止した。その後、その法律は一八三三年に改正され、九歳から一三歳までのすべての子供に、毎日少なくとも二時間の学校教育を受けさせることが義務づけられ、一三歳から一八歳の子供には、一度に一二時間を超える労働を毎日させるべきではないとされた。

仕事をするのは金のため

産業革命の初期の数十年間は、紡績工場や織物工場で働く人々にとって悲惨なものだったかもしれないが、蒸気機関によってもたらされた富が、彼らにも目に見える利益をもたらすようになるのにそれほど時間はかからなかった。

最初のうち工業化によって新たに生み出された莫大な富は、主に経済的な層の上位と中位の人々のものになり、すでに階級にとらわれていた社会では不平等がさらに固定された。しかし一八五〇年代には、その一部が賃金上昇やよりよい住居という形で、工場で働く人々に浸透し始めた。

工場法のような法律制定以上の重要な政府の介入がない中、このプロセスを主導したのは裕福な工場経営者たちで、いまなら「企業の社会的責任」と呼ばれるものを早期に具体化したものだった。自分たちのために働く労働者を手厚くサポートすることはキリスト教的な義務であると感じていた者もいたが、ほとんどの経営者は、生産性を上げるためにはきちんとした住居、十分な食事、そしてときどき贅沢できるくらいの収入が、労働者にも必要であると気づいていた。彼らは商業界の新たな領主として封建時代の貴族に倣い、目もくらむような巨額の財産の一部を使って、労働者のための集合住宅や公共施設を、工場から歩ける距離のところにつくった。

一八世紀から一九世紀の英国の経済データは断片的で、これがいつ、どのように始まったかについて、研究者たちの一致した意見はない。しかし実質賃金（インフレを考慮して調整された賃金）を指標に使うと、一七八〇年からの七〇年で、英国の労働者の世帯収入は倍増したと主張する経済学者もいる。しかしデータがそれを裏づけていないと主張する者もいる。[143] 一八四〇年代まで、工場労働者にとって増えていると感じられたのは、積み上げられていく搾取と貧困だけだったというのが、彼らの主張である。[144] それでも一九世紀半ばから、ほとんどの紡績工場や織物工場の労働者が物質的な生活の質が確実に上昇していること、そしてそれまで中流階級や上流階級にしか許されていなかった贅沢品に使えるだけの金銭を手にしていることに気づいたのは間違いない。

それはまた、仕事はより多くのものを購入するための手段でしかないと、多くの人が考えるようになった始まりでもあり、ここに現在の経済の多くを支えている生産と消費のループが完成した。それからの二〇〇年間の大半を、労働運動やのちに労働組合はリソースのほとんどすべてを、仕事の面白さややりがいの追求ではなく、組合員の給与を向上させ、自由な時間を確保することに注ぎ込んだ。

ステータスを求めて

一七世紀から一八世紀にかけて、農業の生産性が向上するのに合わせて職人的な製造業が増加し、外国から目新しい物が輸入されるようになった。たとえば亜麻布、磁器、象牙、ダチョウの羽、香辛料、砂糖などが植民地から入ってきて、ヨーロッパの特に繁栄している地域で「消費者革命」が引き起こされた。

大きな消費をしていたのは、最初は貴族や裕福な商人階級に限られていたが、労働の報酬を自らがつくったものではなく、現金で受け取る人が増えるにつれて、のちに労働者階級と呼ばれるようになる層の蓄財や野心の形成に、消費が大きな影響力を持つようになった。

当然のことながら、ヨーロッパの消費者革命に拍車をかけた新しい贅沢品の多くは便利なもので、それが持ち主にどのくらいのステータスを与えるかとは無関係だった。軽い木綿のシャツは、特に蒸し暑い夏には、ちくちくする毛織物のベストよりもはるかに快適だった。良質なラム酒は、売春宿で飲む密造のジンよりも飲みやすい。陶器の食器は、木から切り出した荒削りの皿や金物のマグカップより、洗うのも保管するのもずっと楽だった。ただし壊れやすくて何度も買い換える必要があった。しかし他の多くの贅沢品の魅力は、もっぱらステータスの追求にあった。

人間はさしたる理由もなく、それを持つ他人と肩を並べたいというだけで、何かの品物を欲しがることがある。貴族は王族と、大きな志を持つ商人や教養ある専門職階級の人々は貴族と、商人たちは商店主と、そして下層階級の人々は中層階級の人々と張り合っていた。

英国の産業革命において、衣料品と繊維製品が最初に大量生産されたのは偶然ではない。農民は昔から、その日の仕事に合わせた服を実用面だけで選ぶことが多かったが、たとえ古代都市であっても、都市生活者は人目を引く服を選ぶことが多かった。何しろ都会の賑やかな広場の人ごみの中では、たまたままったく同じ服を着ていたら、貴族と平民の見分けがつかないのだ。世界中の都市で、下層階級や下層カーストが社会的地位の高い人々をまねる傾向に対し、階級の違いを見せつけたがっていたエリートたちの中には、苦々しい思いや怒りを抱えていた者もいた。一部の都市のエリート、たとえば太陽王ルイ一四世の時代に、大げさなかつらやスパンコールを身につけてヴェルサイユ宮殿の庭園を闊歩していた廷臣たちは、貧乏人には到底まねできない、ばかげたほど手の込んだ高価なファッションを取り入れることで、自分たちの力を見せつけていた。またローマ人のように階級ごとに衣服の種類を制限する法律をつくってしまう場合もあった。

これは中世ヨーロッパの多くでも採用された手法で、地位にこだわるイングランドでは特に熱狂的に受け入れられた。エドワード三世（在位一三二七～七七年）の治世から産業革命まで、農民や商人が貴族のように振るまうのを防ぐための法律が数多く制定された。こうした贅沢禁止令は、しばしば経済ナショナリズムという人民主義的な言葉で喧伝された。イングランドの羊毛生産者、織物職人、染物職人を支援するという名目で一五七一年に制定された議会制定法は、世襲貴族を除き、すべての成人男性と六歳を超える男子に、毎週日曜日とその他のすべての祝日に特徴的な毛織物の帽子をかぶることを義務づけていた。その特徴的な平たい帽子は、英国における階級的アイデンティティの基本的な目印として導入され、二一世紀までずっと残っていて、流行に敏感な人々が繁栄のシンボルとして嬉々として使用していた。

こうした贅沢禁止法の問題点は、取り締まるのがほとんど不可能なことと、上昇志向の人間が、しばしば自分たちより〝上の階級〟に見える服装をしようとより強く思うようになることだった。一七世紀末の英国では、上流階級が放出した古着の市場が繁盛していた。そのため悩める貴族の中には、着飾った下層階級と区別するため、あえてラフな服装をしようと考える者も現われた。フランス人修道院長ジャン・ル・ブランのような大陸からの訪問者たちにとって、それは驚くべきことであったようで、彼はイングランドでは「主人たちは従者のような服装をし、公爵夫人は侍女のような服装をする」と辛辣な言葉を残している(145)。

衣服は家の外ではいちばん直接的でわかりやすいステータスを示すものだったが、一七世紀から一八世紀に英国の都市が膨張し始めると、上昇志向の家族は、家庭内でも富裕層をまねようとした。特に家庭用品がステータスを示す重要なシンボルとして注目されるようになった。これはとりわけ都市への移住者を受け入れるために建てられた、何十何百という区別のつかない家に住んでいる人々に顕著だった。当然のことながら、野心的な起業家たちが、手頃な価格の磁器や陶器の家庭用品、鏡、櫛、本、時計、絨毯、あらゆる種類の家具などを大量生産するチャンスを探り始めるのに時間はかからなかった。

一七世紀から一八世紀には、ヨーロッパ中の都市でそれほど裕福でない人々が、かつて大金持ちだけが享受していた贅沢なものを消費したいという願望を持つようになり、それが化石燃料のエネルギーを利用する技術の発明と同じくらい、仕事の未来に影響力を発揮した。それがなければ、大量生産された品物の市場は存在せず、市場がなければ工場が建設されることもなかっただろう。それは経済の多くを動かすルールも書き換えた。英国の経済成長は、製造業やその他の産業で雇用され、賃金を自分や他の工場で働く労働者がつくったのと同じ製品に再投資する人々に、どんどん依存するようになっていた。

果てのない願望の病

一八八七年にボルドー大学初の社会学講師に任命されたエミール・デュルケームは、新しい流行をすぐに受け入れるのは、金持ちや権力者に並びたいと願う、どちらかといえば貧しい、あるいは最低限の生活を送っている人々だと信じて疑わなかった。彼はまた、流行とは本質的に短命であると信じていた。「流行が万人に受け入れられると、その価値はすべて失われてしまう」と彼は指摘した。[146]

デュルケームが流行の移り変わりを心配するのはもっともなことで、特に彼がいた学問の世界では、季節ごとに新しい流行の理論が生まれては消えていった。

そのわずか五年前、二〇代半ばで大学を卒業したばかりだった彼は、フランスとドイツの知識階級の大物たちに、社会についての研究は単に目新しい知的作業以上のものであると納得させようとした。社会学はそれ自体が科学として認められるに値するものだ。社会学の建築家を自任する彼は、自らの野心に、一世紀前に経済学を確立したときのアダム・スミスと同じものを見出していた。

偶然にもスミスと同じように、デュルケームの野心の多くもまた〝分業〟への変わらぬ興味によって形成されていた。しかしスミスとは違って、デュルケームは売買や取引や物々交換には特に関心がなかった。また工場の生産工程を改変することで達成されるかもしれない経済効率についても、特に興味を示さなかった。分業について考えるとき、彼は個人の生活と社会全体を形成するのに、〝仕事〟が果たす役割について、はるかに広い視野を持っていた。そして彼の見解では、複雑な都市社会に住む人々が直面する問題の多くは、近代的な都市では人々があらゆる種類の仕事を行なっているという事実と関係していた。

デュルケームは〝原始的〟な社会と複雑な現代社会との決定的な違いについて、次のように考えていた。単純な社会の働きは初歩的な機械のようなもので、すぐに交換できるたくさんの部品が組み合わされているのに対し、複雑な社会は生体の働きに近く、肝臓、腎臓、脳のように、まったく異なる高度に特殊化された多くの器官で構成され、その器官は交換がきかない。そのため単純な社会では首領やシャーマンが、採集者、狩猟者、農民、建設者などを同時に兼ねることができたが、複雑な社会では、昼は提督で夜は建築家とか、昼は弁護士で夜は外科医とかいうわけにはいかなかった。

デュルケームはまた、原始的な社会の人々はだいたい、複雑な都市の社会の人々よりもはるかに強い共同体意識と帰属意識を持っていて、この点において幸福度が高く、自信を持っていると考えていた。もし原始的な社会のすべての人が交換可能な役割を果たしているのなら、彼らは一種の〝機械的連帯〟でまとまっていて、それは共通の習慣、規範、宗教的信仰心で容易に強化できると、彼は論じた。それに対して近代都市社会での生活では、人々は多くの、そしてしばしばまったく異なる役割を果たすため、世界に対しておおいに違った見方を持つようになっている。そのため人々をまとめるのが困難であるだけでなく、破滅につながる、そして常に弱体化を招く可能性のある社会病を誘発すると主張した。彼はその病を〝無規範状態(アノミー)〟と名づけた。

デュルケームは最初の著書『社会分業論』で、アノミーという考え方を紹介し、三冊目の専門書『自殺論』でそれをさらに発展させた。その中で彼が目指したのは、当時は個人の深い欠点の反映であると広く考えられていた自殺には、多くの場合社会的な原因があり、それなら社会的な解決策もある可能性を示すことだった。彼はこのアノミーという言葉を、人々を反社会的な行動に駆り立てる、そして絶望したときには自らの命を断つほどの強烈な疎外感や不安、さらには怒りといった感情を表わすのに使った。

デュルケームがアノミーについてこのように説明したのは、工業化によって起こった急激な変化が、個人の幸福にどのような影響を与えたかを理解しようとしたためだ。彼が特に興味をそそられたのは、ほとんど逆説的だが、フランスでは工業化によって繁栄が広がるとともに、自殺者数と社会的ストレスの増大をもたらしたという事実だった。そのため彼はアノミーの主な要因は都市化と工業の発展にともなう変化であると結論づけた。彼が提示した例は、伝統的な職人たちが、技術の進歩によって突然、その技術が不要とされ、その結果、社会に貢献する価値ある一員としての地位を失い、かつて仕事が与えてくれた生きがいを奪われた生活を余儀なくされたというものだ。デュルケームは、アノミーと自殺の要因としただけでなく、犯罪、不登校、反社会的行動など、それまでは一般的に性格の悪さに起因するとされていた社会問題の数々も、アノミーと結びつけたのだ。

アノミーには産業革命に関係する変化から生じた、個人的な深刻な混乱以上のものがあるとデュルケームは考えた。アノミーの特徴は、彼が〝果てのない願望の病〟と呼ぶもので「それは人間の願望に限りがなくなった状態であり、その原因は何が可能で何が不可能なのか、何が正義で何が不正義なのか、どの主張や期待が正当でどれが過剰なのかわからなくなったことだ」と主張している(147)。

それは彼が明確に意図したことではないが、〝果てのない願望の病〟という言葉を出すことで、欠乏の問題に対して驚くべき独創的な見解を提示したのだ。それは経済学者が使っていた問題とは異なっていた。アダム・スミスや彼に続く世代の経済学者たちが、人は常に果てのない願望に囚われるものと考える一方、デュルケームは手に入れられない望みに縛られることは正常ではなく、むしろ危機と変化の時代にのみ生じる社会的な異常であるという見方をしていたのだ。それはたとえば工業化などの外的要因によって社会が方向性を見失ったとき。彼が生きていたような時代である。

深刻化し続けるアノミー

デュルケームの研究テーマは恐ろしいものが多かったが、その著作の多くは純粋に楽観的な調子で貫かれている。彼はアノミーの原因を特定し、果てのない願望という病を治すことができる、強力な社会的な治療薬がつくられるのは時間の問題だと信じていた。彼はまた、自分たちが生きているのは類のない移行期であり、やがて人々は工業化時代の生活に適応していくとも信じていた。その間に、穏やかなナショナリズム（彼が故国フランスに対して感じていたような紳士的な忠義心）の導入と、そしておそらくは古代ローマのコレギアのような、途方に暮れる都会人に帰属意識と共同体意識を与える職人ギルドの設立が、果てのない願望という病を和らげるかもしれないと考えた。

いまにして思えば、この病気が簡単に治るとデュルケームが考えたのは間違いだったのは明らかだ。アノミーはいまだ、変化から生じる社会的疎外感の分析で何度も何度も引き合いに出されているが、デュルケームのような楽観論に賛同する者はほとんどいない。デュルケーム自身、一九一七年に亡くなったときには、それまでのような確信は失っていたと思われる。彼が人々をアノミーから救うと信じていたナショナリズムは、一九一四年にはより醜悪なものへと完全に変貌していて、それがヨーロッパの指導者たちの果てしない野心と相まり、そしてより破壊的な兵器を産業規模で生産する能力が新たに発見されたことで、大陸は工業化時代最初の戦争に突入した。戦争はやがてデュルケームの愛弟子たちの命を、そして一九一五年には一人息子であるアンドレの命を奪った。デュルケームは喪失感に打ちのめされ、一九一七年に脳卒中で倒れて間もなく亡くなった。

それ以降、工業化のあとにやがて落ち着くだろうとデュルケームが想像していたような安定は、また別の果てのない願望と同じように、手が届きそうになるたびにするりと抜けて遠ざかっていった。それどころかエネルギー獲得率が急増すると新しい技術が登場し、都市は膨張し続け、予測不能な変化が絶えず起こって、あらゆる場所でそれが標準となる。そしてアノミーはしだいに現代の不変の状態のように思えてくるのだ。

第一三章　トップタレント

「有能な労働者は誰でも……いかにゆっくり働き、それでいていいペースで仕事をしていると雇用主を納得させることができるか、かなりの時間をかけて研究している」。

フレデリック・ウィンズロー・テイラーは、一九〇三年六月、アメリカ機械工学会の会合でこう説明した。[148] 彼は「職場でのんびりしたり、だらだらしたりする、人間の生来の性質」の危険性について説いていた。彼はそれを、訓練に身が入らず嫌な仕事を避けるときだけ熱意を見せる徴集兵を思わせることから〝ソルジャーリング（soldiering＝仕事をしているふりをする）〟と呼んだ。彼はまた、自身の〝マネジメントの科学的管理法〟を厳格に適用することによって、どうすれば工場主はソルジャーリングを減らせるかだけでなく、製造プロセスからかなりの時間とコストを削ることができるかを説明した。コストは利益に変えることができるのだ。

テイラーはきわめて神経質で、夜眠るために拘束服を着なければならないほどだったが[149]、決して怠け者ではなかった。板金の溶接、工作機械の設計、報告書や推薦状や原稿の作成、あるいはストップウォッチ片手に細かい時間動作研究をしていないときは、テニスやゴルフに興じることもあった。彼は仕事と同じくらい、娯楽にも熱心に取り組んだ。一八八一年にはテニスで全米選手権を制し、その一九年後の一九〇〇年の夏季オリンピックには、ゴルフのアメリカ代表として出場した。メイフラワー号でやってきた移民にまで遡る裕福なクエーカー教徒の息子であるテイラーは、学校を卒業したあとに進むと思われていた職業には就かなかった。提示されたハーバード大学でのポストを辞退した彼は、フィラデルフィアのエンタープライズ・ハイドロリック・ワークスの門を叩き、機械工の見習いとして四年間の修業生活を始めた。

一八五六年生まれのテイラーは、大工場から排出される硫黄ガスを吸って育ったアメリカ人の最初の世代の一人である。一九一五年に亡くなるころには、ヘンリー・フォードのような、目に生気のない産業界の巨人たちから「科学的管理法の父」として賞賛され、経営コンサルタントたちは、彼を「仕事の科学の世界のニュートン（またはアルキメデス）」であると明言していた。[150]

工場労働者たちは彼の遺産を複雑な思いで見ていた。労働者に適正な賃金を払い、適正な労働時間を定め、休暇を与えるよう働きかけていたにもかかわらず、彼のやり方は、労働者が仕事を遂行する際に自由に行使できた、わずかな主導権を奪うものだった。また管理職が労働者のしていることに口出しすることについては、はるかに大きな自由を認めていた。テイラーの科学的管理法に従って組織化された工場は、忍耐と服従、そして鍛冶場の機械ハンマーの金属的な鼓動に身を任せる能力が、想像力や野心や創造性よりも、はるかに優れた資格となる職場だった。

彼より前に生きていたベンジャミン・フランクリンと同じく、テイラーも「時は金なり」を信条としていた。しかしフランクリンが、なんであれ真剣な作業に費やす時間は魂を育むと信じていたのに対し、テイラーは効率的でない労働に意味はないと考えていた。そしてフランクリンは時間をきちんと守ることでよしとしていたのに対し、テイラーは一秒ごとを利益に変えようと、ストップウォッチをポケットに忍ばせていた。

テイラーはエンタープライズ・ハイドロリック・ワークスでの見習い期間中、同僚たちからあまりよく思われてはいなかった。同僚たちの多くは〝働いているふり(ソルジャーリング)〟をしているし、ほとんどは手を抜いていて、特に勤勉な人でも、彼から見れば腹立たしいほど効率が悪かった。見習い期間が終わったとき、彼は工場の現場に残る決意を固め、ミッドヴェール・スチール社の機械工場で労働者としての仕事を引き受けた。同社は軍事や工学関係の機械のハイスペックな合金部品を製造していた。彼はそこを気に入り、経営陣も彼を気に入った。彼は旋盤工からすぐに班長に昇進し、最終的には職長になった。彼がストップウォッチを使ってある試みを始めたのもここだった。異なる作業を注意深く観察して所要時間を計り、さまざまな重要な工程を何秒かでも短縮できないか、また労働者が無駄な努力をしなくてすむよう、職務内容を変更できないか考えた。

テイラーはミッドヴェールで効率性についての実験を行なうだけの自由を認められていたが、彼の科学的管理法を採用した職場では、彼と同じくらい革新的で野心的な人物がいたとしても、そのような自由は認められない。むしろ目標を掲げて反復的な作業を行なう厳格な職場の体制に縛られる。そこではイノベーションは邪魔なものとなり、管理職の最も重要な役割は、労働者が確実に指示されたとおり働くようにすることだった。

科学的管理法

テイラーの科学的管理法の土台は、あらゆる生産工程を最小の構成要素に分解し、それぞれの時間を計り、その重要性と複雑さを評価し、効率を最大化することを中心に、工程を上から下まで組み立て直すことだった。彼が提案した解決策の中には、作業台で工具や器具の置き場所を変えるなど、ささいだが無駄な動きをなくすという単純なものもあった。また生産工程を全面的に再編成したり、工場の設計をやり直したりといった、はるかに包括的なものもあった。

「作業をこれほど速く確実に行なうには、作業手順を強制的に標準化し、最良の器具と労働条件を強制的に導入し、協力を強制するしかない」と、彼は著書『科学的管理法』の中で説明している。

〝テイラー主義〟と呼ばれるようになったその手法は多くの職場で採用されたが、いちばん有名なのはフォード・モーターだろう。一九〇三年、ヘンリー・フォードは、いまや同社の象徴となったT型フォードの新しい生産プロセスの開発に手を貸してもらおうとテイラーを雇った。フォードとテイラーの協力の結果、自家用車はこれ見よがしの贅沢品から、身近でとても実用的であるとともに、成功や勤勉さの象徴へと変貌した。熟練した機械工が最初から最後まで車両を組み立てるのではなく、車両のシャーシを生産ラインに送りこみ、その横に労働者のチームを配置し、比較的簡単な作業を一つだけ行なわせた。これならフォード社は熟練した機械工を雇う必要がなかった。単純な技術を覚え、まじめに指示に従うことができる人間がいればよかったのだ。またこれで以前よりも多くの車を、より速く、より安くなって価格も八二五ドルから五七五ドルに引き下げられた。

生産できるようになった。T型フォード一台の製造時間は一二時間から九三分に短縮され、それにとも

　テイラー主義を採用した企業の株主や幹部は、これは大成功だと考えた。何しろほぼ即座に生産性が向上し、すばらしい配当をもたらしてくれたのだから。しかし工場の現場で働く労働者からすると、テイラー主義はよくもあり悪くもあるものだった。プラス面としては、テイラーは怠け者たちに腹を立てていた。ほとんどの人が職に就いて仕事に行く理由は、根本的には金銭的な報酬と、それで商品を購入するためだと考えていた。そのような考えから彼は、効率化によって生み出された利益の一部を賃金の上昇と、稼いだ金を使う休暇の増加にあて、労働者にインセンティブを与えるべきだと主張した。

ていたが、同時に〝一流の労働者〟には、その生産性の高さにふさわしい報酬を出すべきだと考え

　テイラーの科学的管理法は、企業の機能としての〝人材管理〟の土台を築く助けにもなったが、彼は仕事に合った人材を見つける必要があると固く信じていた。そこで問題は、テイラー主義を採用した職場において、管理職以外の仕事のほとんどに適した人材は、想像力が乏しく、無限の忍耐力を持ち、毎日毎日同じ繰り返し作業を従順にこなせる人間であるということだった。

　テイラーを批判する者も数多くいた。最も遠慮がなかったのは、アメリカ労働総同盟のカリスマ的会長で創設者でもあるサミュエル・ゴンパーズだった。この組織は、米国に数多く存在する靴職人、帽子職人、理髪師、吹きガラス職人、葉巻職人などの技能労働組合を代表して、ロビイ活動を行なっていた。若くしてニューヨークへ移民としてやってきて、荒っぽいストリートで暮らしていた彼は、葉巻の巻き方を学び、高度なスキルと達成感を感じられる仕事ができることに大きな満足感を得ていた。彼にとっ

てテイラー主義の問題は、それが工場主にもたらす利益ではなく、労働者が仕事に意味と満足感を見出す権利を奪っていることだった。彼らは工場に設置された「高速自動機械」と変わらない、「大きな機械の歯車やねじや留め具であるかのように」扱われるのだ[151]。

テイラー主義は、ゴンパーズのような人々から多くの批判を受けたが、テイラーの批判者たちは、ラッダイトと同じように、利益が増えていく歴史の潮流に逆らっていたのである。出版から九〇年たった二〇〇一年、テイラーの『科学的管理法』は、経営学会（Institute of Management）の会員によって、二〇世紀で最も影響力のある経営書に選ばれた。

しかしもしテイラーがハーバード大学での職のオファーを受け、予想されていたとおりに法律の道に進んでいたら、エンタープライズ・ハイドロリック・ワークスで見習いとして働くことはなく、〝効率化運動〟の導師の衣を着ていたのは、誰か別の人間になっていただろう。産業革命の最初の脈動から、効率性は常に注目を集めていた。アダム・スミスは効率化運動の基本原則を、すでに『国富論』でまとめている。そして一九世紀にはどこの工場主も、生産性と効率性と利潤の間の関係を理解していたが、それを実現するための最良の手段はまだ解明されていなかった。特に肉体労働者の労働時間は、生産性が向上するにつれて急速に減少した。テイラーの類まれな能力とは、科学者が実験室で実験に取り組むのと同じように、この問題に初めてきちんと取り組んだ最初の人物だったということに尽きる。また近代においては、ほとんどの人が働きにでるのは、製品をつくるためではなく、お金を稼ぐためであり、実際の物をつくるのは工場そのものであることに最初に気づいた人物でもある。

労働時間とワークライフバランス

チャールズ・ダーウィンの友人で隣人でもあったジョン・ラボック卿（初代エイヴベリー男爵）は、まさに近代のヴィクトリア朝紳士のお手本だった。そしてほぼ同時代のフレデリック・ウィンズロー・テイラーと同じように、とても多忙な人物でもあった。一九一三年に七九歳で亡くなったラボックは「旧石器時代」と「新石器時代」という用語をつくり、旧石器時代の採集民について、そして新石器時代の最古の農耕文明について説明した人物として人類学者や考古学者の間で記憶されている。しかし彼については、もっと記憶されるべきことがたくさんある。少なくとも英国とその旧植民地ではいまでも年に八回以上、彼の功績の一つが祝われている。ケント州メードストーンの国会議員であったジョン・ラボックは、一八七一年の銀行休日法採択を推進した。その結果、ほとんどの英国人と英連邦諸国の国民は、いまでも毎年「銀行の休日」を享受している。

一八七〇年代には親しみを込めて聖ラボックと呼ばれていた彼は、ワークライフバランスを保つことを早くから熱心に提唱していた。「仕事は生活のために必要なものだ」と彼は説明した。しかし「休息は怠惰ではない。夏の日に木陰で草の上に寝そべり、水のせせらぎを聞いたり、雲が空に浮かんでいるのを眺めたりすることは、決して時間の無駄ではないのだ[152]」

ラボックのように多忙な人物が、雲に思いをはせる時間があったとは想像しにくい。彼は国会議員であると同時に、クリケットではケント州の選抜選手となり、サッカーでは一八七五年のＦＡカップ決勝まで進んだチームの一員だった。一族で銀行を経営し、英国銀行協会の初代会長を務めた。ロンドン州議会議長、王立統計協会会長、王立協会副会長、人類学会会長などの役職に加え、なんとか時間を見つけては研究して何冊かの本を執筆して好評を博した。彼の本には、休息、仕事、スポーツ、自然の重要性を説いた『人生の快楽（The Pleasures of Life）』（全二巻）のように風変わりなものもあれば、英国の植物相と昆虫に関する綿密な研究論文のように、科学的に厳密で慎重に論じられているものもあった。もっと野心的なものもあり、その最高峰が彼の著作で最もよく知られている『前史時代：古代遺跡と、現代の未開人のマナーと習慣による描写（Pre-historic Times as Illustrated by Ancient Remains, and the Manners and Customs of Modern Savages）』である。これは一八六五年に出版され、彼はそのおかげでいくつもの名誉学位やその他の賞を授与された。

ラボックの著作集を読むと、彼が銀行業と政治を忌まわしい職務とみなし、自らの科学的な仕事は価値ある道楽と考えていたと結論せざるをえない。また仕事と娯楽の関係についての彼の見解は、彼が望みさえすれば、遊んで暮らせる身分だったという事実によって形成されたという感覚も避けがたい。彼のそばにはお仕着せを着た何十人という従僕、メイド、料理人、庭師、執事らが控え、ロンドン郊外の彼の家族の領地ハイ・エルムスの、イタリア風の大邸宅と二五〇エーカーの敷地にある広大な庭園の手入れを行ない、美しさを維持していた。彼は数カ月間にわたり、愛するプードル犬のヴァンに読み方を教えようとしたことがあるが、それも特別な形の特権を有していたからできることだ。

それはラボックに限ったことではない。ダーウィン、ブーシェ・ド・ペルト（訳注：一八三八年に洪積世の地層から石器を発見し、それがラボックの研究の基礎になる）、ベンジャミン・フランクリン、アダム・スミス、アリストテレス、そして猛烈型のフレデリック・ウィンズロー・テイラーでさえもそうだったが、ラボックがきわめて重要な功績をあげられたのも、やりたいことをやれるだけの富があったからこそだ。もし彼が領地ハイ・エルムスを管理するスタッフや、農場や工場で働く何千人もの男女や子供たちと同じ時間働かなければならなかったら、銀行休日法を国会で通す影響力も持てなかっただろうし、考古学を学んだり、スポーツをしたり、庭の昆虫の習性をていねいに記録したりする時間やエネルギーもなかっただろう。

一八七一年にジョン・ラボックが銀行休日法を議会の委員会で検討していたころ、英国の工場や製造所の労働環境は規制されておらず、労働組合は禁止され、主従法に基づき、上司に敬意を示さなかったり、労働争議を起こしたりする労働者は刑事訴追の対象となり、刑務所に長期間収監される可能性もあった。労働者の権利に関する実体的な規制を定めているのは、一八三三年の工場法だけだった。これは女性と一八歳未満の子供の労働時間を週六〇時間に制限するものだが、男性の労働時間には何の制限も課していなかった。英国の法令集に男性の労働時間の規制が記載されるようになるまでにはさらに一二八年かかり、また一九九〇年代後半にヨーロッパ連合労働時間指令が施行されるまで待たなければならなかった。それでも一八七〇年には、多くの工場で働く男女の労働時間はすでに、週に約七八時間だったのが六〇時間程度に減少していた。これは週六日勤務で一日一〇時間労働を基本にしていた。

珍しく彼の甘さが出ていると思われるが、彼は「貧しいときより豊かなときのほうが、人は労働を強いられ、当然ながら不安も大きくなる」と書いている[153]。これは彼が著作集の中で述べたいくつかの発言の一つだが、同じような経歴を持つ他の多くの人々と同じく、労働者階級が現実に長時間労働していることや、その仕事の多くがどれほど不快なものか、彼がよく理解していなかったことを示唆している。何しろ下院の委員会室の一つでうとうとしながら一日を過ごし、昼には銀行家協会と四品コースの食事をとる生活と、硫黄とリンの煙にむせながら、凍てつくようなマッチ棒工場で箱を糊付けし、一日一四時間働く生活の間には天と地ほどの違いがある。言い換えると、ほとんどの人々が聖ラボックに感謝していたのは、個人の関心ごとや趣味を追求する時間を少し増やしてくれたからではなく、年に数回、仕事で疲れた体を休め、できる限り何もしないですむ日を確保してくれたからだ。

銀行休日法（一八七一年）の成立は、休暇に対する労働者の考え方が大きく転換したことの表われだった。このプロセスを加速させたのは、銀行休日法制定のあと、同じ年に労働組合の合法化、そして一八八八年に英国史上初めて行なわれた合法的なストライキの成功だった。英国の大手マッチ製造会社の一つであるブライアント・アンド・メイ社で働く〝マッチガール〟たちが、その過酷な労働条件に抗議し、一四時間労働の廃止を要求するために街頭へ出ていったのだ。

労働組合がしだいに力を持ち、影響力を増していったにもかかわらず、労働時間は依然として長く、一九一八年に第一次世界大戦が終結するまで、ほとんどの人が週六日勤務で五六時間働いていた。その後、ソンム、イーペル、パッシェンデールの戦場で殺戮を目の当たりにしたことによる社会の考え方の変化、技術の進歩、フレデリック・テイラーの普及によって生産性が急激に高まったため、労働時間は週四八時間程度まで急速に減少した。さらに一〇年が過ぎようとするころ、アメリカの工場で二〇万人近くを雇用し、ヨーロッパの国々の首都、カナダ、南アフリカ、オーストラリア、アジア、ラテンアメリカの工場でもほぼ同数を雇用していたヘンリー・フォードが先導する形で、週休二日（週末）一日八

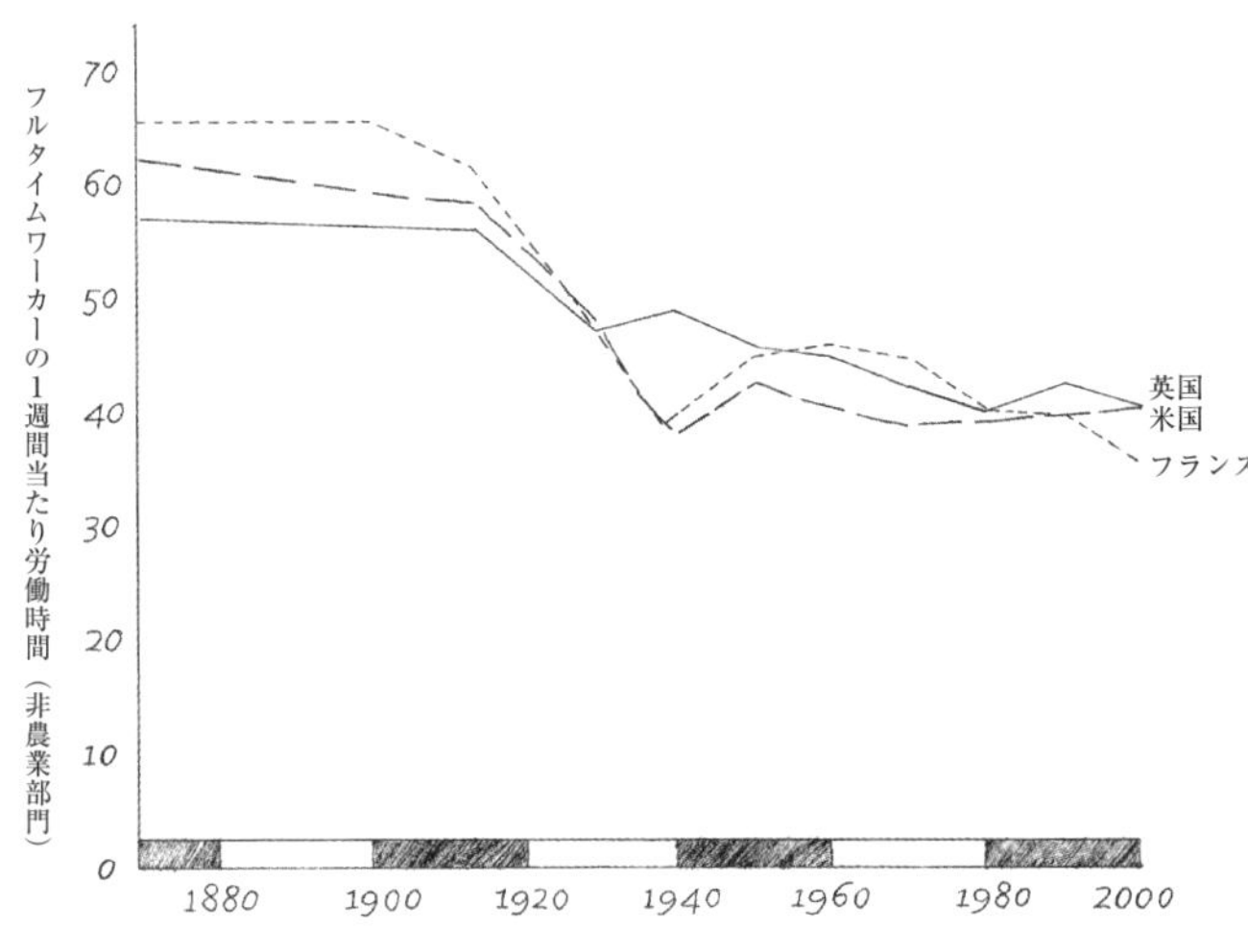

1週間の労働時間の変化

時間というシフトの週四〇時間労働が、大半の大手製造業の標準となった。

世界大恐慌によって企業が生産量を削減したことで、労働時間はさらに減少した。この過程で生まれたばかりの〝時短運動〟に拍車がかかり、ルーズベルト政権は週三〇時間労働を法制化する寸前までいった。そのブラック三〇時間法案は、一九三二年に五三対三〇で上院を通過したが、ルーズベルト大統領が土壇場で躊躇してこの法案は廃案となった。そして大恐慌の最悪の時期が過ぎると、労働時間は再び増加に転じた。一九三九年秋にヒトラーの装甲部隊がポーランドに侵攻するころには、アメリカの雇用労働者のほとんどがまた週三八時間働いていた。

第二次世界大戦中の労働時間の増加した時期を除けば、一九三〇年から一九八〇年まで、米国の平均労働時間は週三七時間から三九時間でほぼずっと推移している。これは他の大半の先進国に比べて二〜三時間短かった。しかし二〇世紀後半の数十年間は、再びじわじわと増加し始める一方で、他のだいたいの先進工業国の総労働時間が徐々に減少していた。一九八〇年以降、米国の週の平均労働時間は西欧経済圏とほぼ同水準となっているが、年次休暇の規定がヨーロッパほど手厚くないため、ほとんどのアメリカ人は、デンマーク、フランス、ドイツなどの国で、同等の仕事に就いている人々よりも、年間で数百時間多く働いている。

二〇三〇年の「先進国の生活水準」は一九三〇年の「四倍から八倍も高くなる」というジョン・メイナード・ケインズの予測は、経済成長率が毎年約二パーセントずつ着実に上昇するという前提に基づいていた。二〇〇七年にイェール大学の経済学者ファブリツィオ・ジリボッティがケインズの予測を再検討した。成長率に基づくと、生活水準は一九八〇年までにすでに四倍になっていて、成長傾向が続けば、二〇三〇年には「生活水準は一七倍、ケインズが示した上限値の二倍以上に達する」と計算した[154]。富と収入の分配が不均等にもかかわらず、先進国経済圏ではほとんどの人々がいまや、ケインズが「絶対的欲求」が十分に満たされる状態と考えていたであろう、基本的生活水準に近いものを満たしている。たとえば米国では二〇一七年の世帯の純資産の中央値は九万七〇〇〇ドルだった[155]。これは一九四六年の三倍だが、サブプライム問題による危機で世界経済が大混乱に陥る直前の二〇〇六年よりかなり少ない。当時の中央値は一九四六年の約六倍だった[156]。またこれは米国の世帯純資産平均の約七分の一で、大きな格差によって数字が上方に歪んでいる。

しかし労働時間はケインズが予測したように減少していない。実に第二次世界大戦後、先進国の労働生産性は四～五倍に向上しているにもかかわらず、週の平均労働時間は、どこでも四〇時間弱に近づき、ずっとそこに留まっている。

経済学者たちは長い間、なぜ週の労働時間がこれほど高い水準で止まっているのか議論しているが、その答えの一部は世界で最も売れ続けているシリアルのブランドの物語に反映されているということについては、大方の意見が一致している。

ケロッグのシリアル

毎年推定一二八〇億杯ものケロッグの朝食用シリアルが、お腹をすかせた何億人もの人々の口に運ばれている。ケロッグ・ブランドは、パッケージやコマーシャルで満面の笑みを浮かべ、スプーンを握っている陽気なキャラクターたちの代名詞だ。これらのキャラクターどれをとっても、創業者であるジョン・ハーヴェイ・ケロッグには似ていない。彼はセブンスデー・アドベンチスト教会の信者で、人の話を聞かず、健康マニアで、セックスに関するものをすべて憎んでいた。男子の自慰行為を抑制するという点で、すべての男子は割礼すべきという考えを持っていた。いくつもの朝食シリアルを開発したが、それはもともと一八八六年に設立された、ベジタリアン向けの〝健康推進(ウエルネス)〟施設、バトルクリーク・サナトリウムにやってくる患者の性欲を抑えるために考案されたものだった。

彼のシリアルはとりたてておいしくつくられていたわけではなかった。ジョン・ハーヴェイ・ケロッグは、スパイシーで濃厚な甘い食べ物は不要な性的衝動を引き起こす一方、薄味の食べ物はそれを鎮めると考えていた。彼が一八九五年に特許を取得したコーンフレークは、特に性的な欲求を削ぐために開発されたのだ。しかし保養所の患者たちは、彼のぱりぱりしたシリアルを気に入った。他の食事で出される塩気のない野菜が盛られた質素な料理を食べずにすむありがたいものだったのだ。

ジョン・ハーヴェイ・ケロッグは、そのシリアルを商品化することにはまったく興味がなかった。それを世界的に知られるブランドへと変えたのは、彼が養子にした息子の一人で、父の清教徒的な考えには与しなかったウィル・ケロッグだった。彼は父のレシピに砂糖を加え、一九〇六年にシリアルの大量生産を始めた。そしてマーケティング・キャンペーンにもいくらかの甘さを加えた。この製品が顧客の性欲をそぐかもしれないというイメージを払拭するために、最初の大々的なキャンペーンでは、若い男性に食料品を売るきれいな娘にウィンクするよう奨励した。

その後四〇年間にわたり、ウィル・ケロッグは米国の食品製造に革命をもたらしてきた。イノベーションを起こし続ける彼は、マネジメント、製造、マーケティングで、テイラー主義を含めてあらゆる最新のトレンドを試し利用していた。一九二〇年代には、彼の会社とその主要製品は米国では誰もが知るブランドとなり、まもなく外国にも広まっていった。

一九二九年に大恐慌が起こったとき、ケロッグはすでに大勢の社員を雇っていた。当時、朝食用シリアル市場で急成長していたケロッグと肩を並べられるのはポスト社だけだったが、同社は経済が不安定な時代に、他の多くの企業がいまでも行なうことを行なった。不要不急の支出をすべて削減し、キャッシュを最大化する努力の一環としてクリップ、ホチキス、インクの在庫を洗い出した。ケロッグはこれとはまったく異なるアプローチをとった。広告を倍にして、商品の生産量を増やした。その戦略はうまくいった。人々はどうやら、苦しい時代には安くて砂糖をたっぷりまぶしたぱりぱりに乾燥させた穀物を牛乳に浸したものを食べるのを好んだらしく、ケロッグ社の利益は急増し、ポスト社の株主はあまり期待せず配当金を待つことになった。

ケロッグ社は他にも珍しいことをした。工場のフルタイムの就業時間を、すでに短めだった四〇時間から、一日六時間勤務を週に五日という形で週三〇時間に短縮したのだ。こうしてアメリカ人の四分の一が失業していた時期に、制度全体を変えてフルタイムの新規雇用を創出することができたのだ。これが賢明な措置だったのには理由がある。一九三〇年代には、ヘンリー・フォードのような企業が週休二日制の五日間労働の導入に成功し、生産性の低下も見られなかった（むしろ収益性は向上した）。それを見た米国の労働者はすでに労働時間の短縮を求めるロビイ活動を行なっていたので、ケロッグは週三〇時間労働は歴史の流れに沿うものと確信していた。そして結果的にケロッグ社の収益をあげるために正しい選択でもあった。生産を止めてしまうような労働災害は以前と比べてはるかに少なくなり、工場管理費も大幅に減少したため、ケロッグは一九三五年の新聞記事で「以前は八時間分の賃金として支払っていたのと同じ額を、（いまは）六時間分の賃金として支払えている」と誇らしげに語っている。

一九五〇年代までケロッグの工場では週三〇時間労働が主流だった。その後、経営陣にとってはやや驚きだったが、ケロッグの工場従業員の四分の三が一日八時間で週四〇時間労働に戻すことに賛成した。社員の中には、六時間労働だと家で不機嫌な配偶者の顔を見ている時間が長すぎるからと説明する者もいた。しかしほとんどの人の理由は明らかだ。長く働いてもっと多くの金を持ち帰り、米国の戦後の豊かな時代に、絶え間なくアップグレードされ、次々と現われていた商品をもっとたくさん購入したかったのだ。[157]

欠乏の終わり

一九四〇年代後半から一九五〇年代前半にかけて、戦争で疲弊したアメリカ人は、戦車の代わりにシボレー・ベルエアを製造し、積み上げられた軍需品の山を窒素肥料に変え、レーダー技術を電子レンジに応用し始めた。これで新たにつくりかえられたアメリカン・ドリームが育まれていくが、その背景には家庭用冷凍庫のアイスクリーム、インスタント食品、ファストフード、毎年の旅行などがあった。

労働組合の組合員数は過去最高を記録し「すべての戦争を終わらせる戦争」による平和の配当は、拡大を続けるより豊かな中産階級を育んでいた。

カナダ出身でハーバード大学の経済学教授であったジョン・ケネス・ガルブレイスは、この繁栄によって、米国のような先進国の経済はすでに生産性が高く、すべての国民の基本的な物質的ニーズを満たしており、ジョン・メイナード・ケインズが指摘した経済問題はおおよそ解決されたと確信するようになった。彼はこの考えを一九五八年に出版されて大好評を博した最も有名な著書『ゆたかな社会』の中で表明している。

ガルブレイスは米国経済史上で仰ぎみられる人物だったが、それは二メートルを超える長身で、視線を合わせられる人物にめったに出会わなかったからというだけではない。二〇〇七年一二月に亡くなるまで数十年にわたりハーバード大学で教授を務めたことに加え、著書が七〇〇万部以上も売れ、二〇世紀に最も広く著書が読まれた経済学者でもあったからだ。また『フォーチュン』誌の編集者を数年間務め、ルーズベルト政権、ケネディ政権、クリントン政権でいくつもの重要な役割を担った。しかしガルブレイスは自分を典型的な経済学者だとは考えていなかった。また自分の選んだ研究分野を特に高く評価していたわけでもない。ガルブレイスはかつて経済学は「経済学者の雇用のためにきわめて有用」なだけで、同業者たちが仕事の陳腐さを隠すため、特に金融政策などの問題について、無用に複雑にしていると非難した。(158)農家の息子である彼が経済学の世界に足を踏み入れたのは、若いころ地元オンタリオ州で最大かつ最高の短角牛の牧場を経営するという野心を持っていたことからだ。そのため彼は農業経済学の学位を二つ取得した。その過程で彼は、農業のような一次生産と、それ以外の経済との基本的な関係についても率直な見方をするようになる。

ガルブレイスは『ゆたかな社会』の中で戦後の米国の姿を描き、物質的欠乏がすでに経済活動の主要な原動力ではなくなっていると論じた。米国は戦後、生産性が向上し「飢えて死ぬ人より、食べ過ぎて死ぬ人のほうが多い」と彼は指摘した。それなのに米国はその富を特にうまく活用できていないと考えていたのだ。「思慮深い人にとって何より不可解なのは、問題を抱えた世界でなぜわれわれは豊かさをうまく使うことができないのか、ということだ」と彼は書いている。

ガルブレイスがこのような見方をするようになった大きな理由の一つは、戦後のアメリカ人が、必要ないものまで際限なく買っているように見えたことである。一九五〇年代には、ほとんどのアメリカ人の物質的欲望は、それを満たすために購入する製品と同じようにつくられたものだと、ガルブレイスは考えた。大半の人々の基本的な経済的ニーズは簡単に満たされるようになったため、生産者と広告主は公共サービスに投資するよりも、新たなニーズを人為的に生もうと画策し、生産と消費の回し車を回し続けさせようとしていると、彼は論じたのだ。つまり本当の欠乏は過去のものになったということだ。

広告で作られる欠乏

ガルブレイスは広告を近代の現象と考えたかもしれないが、欲望を人為的につくり出す行為は、少なくとも最初の都市の誕生と同じくらい古い。古代の大都市では、いまの私たちにもなじみのあるさまざまな形態の広告があった。ポンペイの売春宿の壁を飾っていた思わせぶりなポルノ的絵画から、中国の宋時代に職人たちが配布した、かわいいロゴや気の利いたスローガンが書かれた、洗練されたデザインのビラやチラシまで。しかし広告はわりと最近まで、ほとんどの人が自分のためにするものだった。それが大量に発行される新聞によって一変した。

米国で広告がそれ自体で収益を生み出せる産業になったのは、他ならぬベンジャミン・フランクリンの功績とされることが多い。一七二九年に『ペンシルベニア・ガゼット』紙を買収したフランクリンは、新聞販売だけで利益を上げるのに苦戦していて、新しい事業を宣伝したい地元の商人や製造業者に紙面のスペースを売ることで費用を捻出できないかと考えた。この計画は最初のうちはうまくいかなかった。地方新聞社に大金を払うことに意味があるとは、誰も思わなかったからだ。資金繰りに窮したフランクリンは別の方法を試みようと、自分の発明品の一つであるフランクリン・ストーブを大々的に宣伝し、それがうまくいくかどうか確かめた。これによって彼は、二つの勝利を手にした。フランクリン・ストーブの売れ行きは急増し、他の業者もすぐその効果に気づいて『ペンシルベニア・ガゼット』紙の広告スペースを購入するようになったのだ。フランクリンは新たな収入源を得るとともに、米国における広告の殿堂入りを果たした[159]。他の新聞社や雑誌社もすぐにフランクリンに追随したが、初めてまともな広告代理店（クライアントに代わって広告をデザインし、新聞に掲載することを専門に行なう企業）が設立されるまでには、さらに一〇〇年を要した。

世界的な商業において広告の地位が高くなったのは、結局のところ工業化のおかげである。フランクリンのマーケティング実験からほぼ一〇〇年の間、ほとんどの広告はあか抜けず、情報のみを伝え、地元の人々だけを対象としていた。しかし大量生産がふつうになるとこの状況は一変した。壮大な野望を抱く起業家たちが、地元以外の市場に出ていくには広告が必要だと気づいたからだ。彼らはまた類似した製品を扱う地元の他の業者と差別化する必要があることにも気づいた。その結果、広告主はさまざまな書体で書いた気の利いたコピーや、絵や写真をつけて、読者の目を引くことにどんどん力を入れるようになった。一九三〇年代には、ケロッグやフォードといった有名ブランドにとって、広告は事業のどの部門にも劣らないほど重要なものとなっていた。ヘンリー・フォードが次のように語ったのは有名な話である。「金を節約するために広告を止めるのは、時間を節約するために時計を止めるようなものだ」。

米国の豊かさはメーカーと広告主の結託で浪費されていると主張したガルブレイスだが、ケロッグやフォード・モーターを狙い撃ちしていたわけではない。彼に言わせると、そうした企業は少なくとも有用な製品をつくっていた。彼が敵意を向けたのは、人々の願望を操り、地位に対する不安を利用して「相対的なニーズ」を刺激しようとしている連中だった。

ガルブレイスが『ゆたかな社会』を出版した時期、ビジネススーツと長い昼食会に象徴される広告の時代がさらに上の段階に向かっていたのは、広告主が家庭や職場に直接メッセージを送り込めるかつてないテレビの力に気づいたからだった。それは代理店のN・W・エイヤー・アンド・サンが、現在では米国史上最も影響力のあるキャッチフレーズとして広く知られる「ダイヤモンドは永遠の輝き」を発表してから一〇年余りがたったころだ。この言葉一つで、世界最高の高級品市場で、永遠の愛とダイヤモンドの結びつきが生まれ、男性が婚約者に一粒ダイヤモンドの指輪を贈るという習慣が確立された。そして一九四〇年以前にはほとんど誰も気に留めていなかった製品に持続的な需要を生み出したのだ。一九五〇年代後半になると、ダイヤモンドの指輪はいたるところで目にするようになり、それについてガルブレイスはこう述べている。「かつてダイヤモンドを目立つところにつけていれば、どんなに太った嫌われ者でも注目を集めることができた。それはダイヤモンドがきわめて特権的な階層の一員であることを示すものだったからだ。いまやそのダイヤモンドを買えるのはテレビスターや高級娼婦である」。

ガルブレイスにとって、広告は生産と消費のサイクルを回し続けること以外に、直感に反する別の目的も果たしていた。それは広告によって人々が不平等をあまり気にしなくなるということだ。なぜなら新しい消費財を折にふれ購入できる間は、自分たちも上を目指すことが可能であり、他人との間の格差が埋まっていくと感じられるからだ。

「保守からしても革新からしても明白になっていることだが、総生産の増加は再分配あるいは不平等の縮小にさえ代わるものである」と、彼はそっけなく述べている。[160]

労働生産性と賃金の関係

これは一九八〇年代に、一部のアナリストが〝グレート・デカップリング（訳注：デジタル技術により経済は発展しても、雇用は伸びず大多数の人間の富が増えないという現象）〟と呼ぶ現象が起こったあとにすべて変わるべきだった。

しかし変わらなかった。

二〇世紀の大半、米国をはじめとする先進国では、労働生産性と賃金の間に比較的安定した関係があった。つまり経済が成長して労働生産性が高くなれば、給料として家に持ち帰る金額も、同じ比率で増加した。これは裕福な人ほどより多くの利益を手にすることになるのだが、少なくとも自分たちを雇用する企業が豊かになれば、自分たちも豊かになると誰もが感じていた。

しかし一九八〇年、この関係は崩れた。〝グレート・デカップリング〟によって、生産性、生産量、国内総生産はいずれも成長を続けたが、高額所得者以外の賃金の伸びは停滞した。やがて多くの人が、同じ利益のあがる仕事をしているにもかかわらず、月給が以前ほど増えないことに気づき始めた。グレート・デカップリングは、かなり前から続いていた、労働時間を減少させる圧力を消し去った。

ほとんどの人々は労働時間が短くなると、それまでのライフスタイルを維持することができなくなった。そのため個人あるいは世帯の借金が増えたが、都合のいいことに、当時は利子がとても低かった。賃金の高い分野では〝成績優秀者〟への報酬が突然、高騰する可能性が出てきたことにより、実質的な

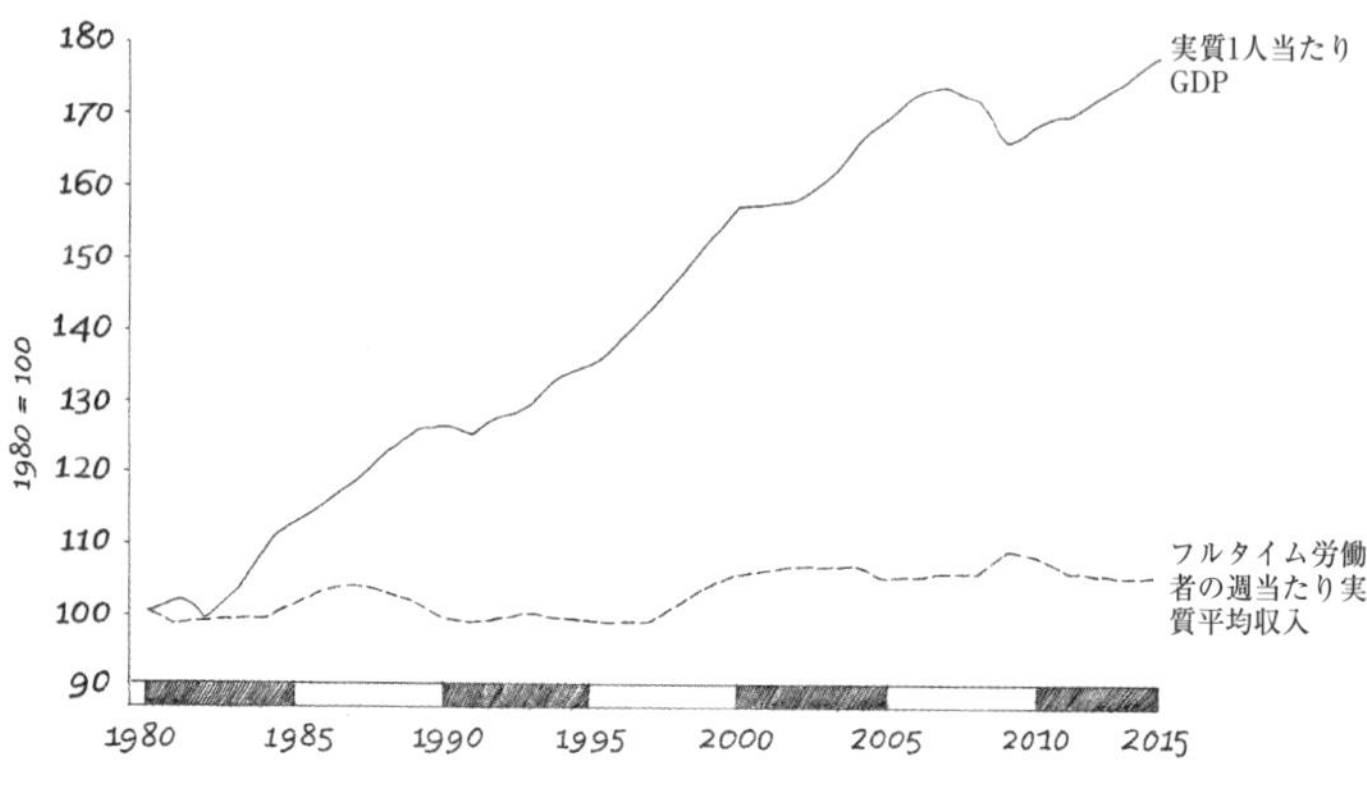

米国の1人当たりGDPは1980年から2015年でほぼ倍増しているが、実質平均収入は横ばい状態だったことが示されている[161]

労働時間が増える傾向に拍車がかかった。

グレート・デカップリングが起きた要因はまだ明らかになっていない。それが起こったことに異論を唱える者さえいる。経済学者の中には、生産性と実質賃金の中央値との間に明確な相違があることを示すグラフは不正確だと主張するが、その理由は、米国人従業員に支払われる付帯給付のコストの上昇（主に健康保険料の高騰）を考慮していない、また標準的なインフレ測定法では実態を把握できないからというものだ。

しかし他の多くの人々にとって、グレート・デカップリングは、技術の拡大が労働者の仕事を食い、少数の人間が富を独占することを示す最初の明確な証拠となった。一九六四年当時、通信大手ＡＴ＆Ｔの企業価値は、現在のドルに換算すると二六七〇億ドルで、七五万八六一一人を雇用していたと、彼らは指摘する。これは一人の従業員に三五万ドルの価値があるという計算になる。対照的に、こんにちの通信業界の巨人であるグーグルの企業価値は三七〇〇億ドルで、従業員数は約五万五〇〇〇人にすぎない。つまり従業員一人当たり六〇〇万ドルだ。

このプロセスを助長したのは、一連の重要な政治的な出来事だった。サッチャーとレーガンが支持した市場の規制緩和と〝トリクルダウン経済〟論、その後の共産主義の崩壊と、旧ソビエト連邦が、少数が支配する資本主義を受け入れたこと、中国の国家資本主義の受け入れによる東南アジアの〝タイガー・エコノミーズ〟の台頭があった。

ジョン・メイナード・ケインズが経済的な約束の地への道筋を描いたとき、彼が想像していたのは、野心的なＣＥＯや資産家など「猛烈で目的意識が高く稼げる人々」こそが、私たちをそこに導いてくれるということだった。しかし彼はまた、私たちがそこに到着したら「あとに続く人々は、彼らに声援を送ったり励ましたりする義務はない」とも考えていた。

この点で、彼は間違っていた。

〝人材獲得戦争〟という虚飾

一九六五年、米国の上位三五〇社のＣＥＯの報酬は「平均的な労働者」の約二〇倍だった。[162] それが一九八〇年には三〇倍となり、二〇一五年には三〇〇倍弱にまで急増した。インフレ調整後の実質賃金は、一九七八年から二〇一六年までに一一・七パーセント上昇した。一方、ＣＥＯの報酬はだいたい九三七パーセント増加した。

上級管理職の給与の高騰は米国に限られた現象ではない。二〇〇七年の大不況以前の二〇年間は、

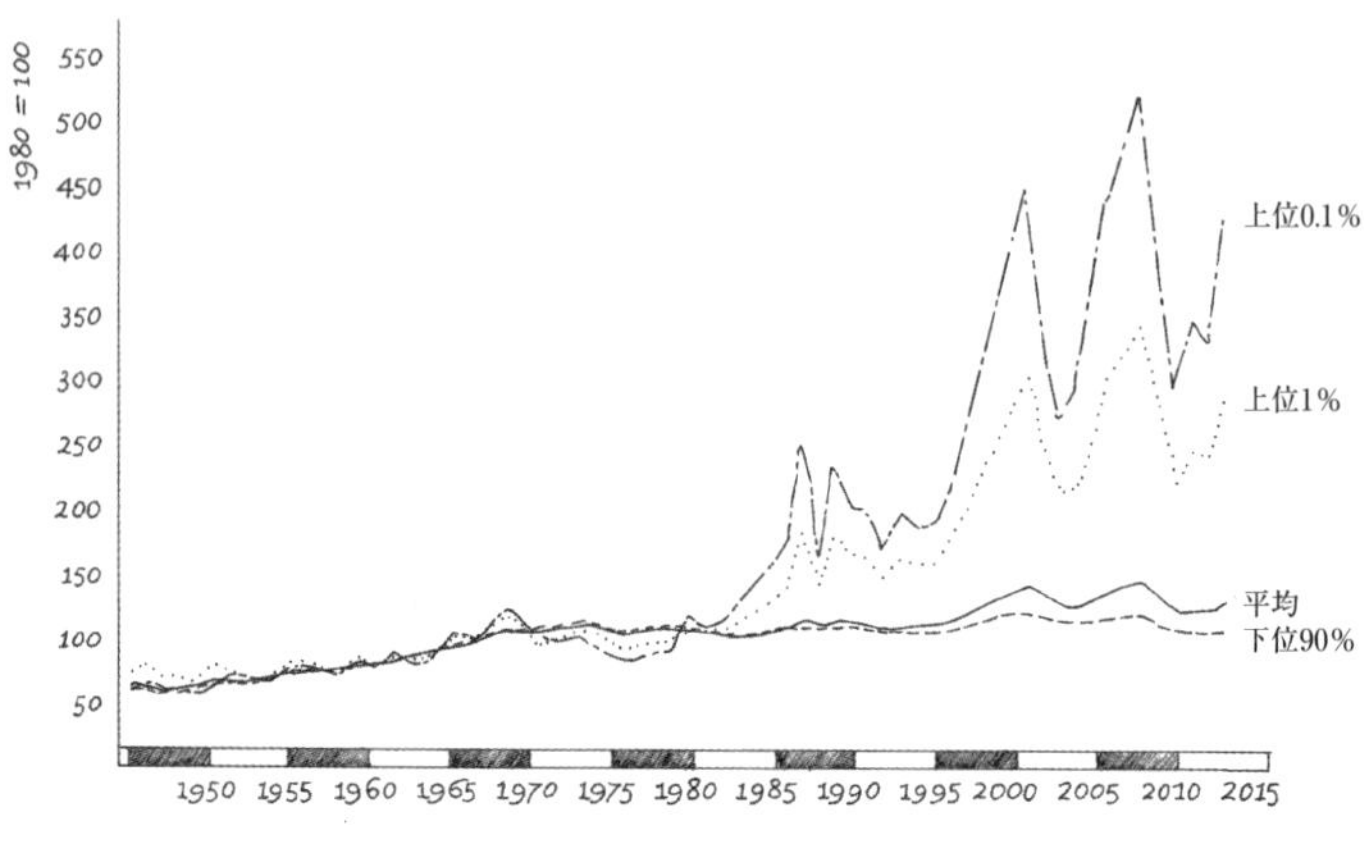

1945年から2015年の世帯当たりの実質所得の変化[163]

〝トップクラスの人材〟を惹きつけ、引き留めるためには法外な報酬パッケージを提示しなければならないと、どこの大企業も納得していた。

この狂騒を引き起こしたのは、世界的なコンサルタント会社であるマッキンゼー・アンド・カンパニーである。一九八八年、マッキンゼー・アンド・カンパニーは、顧客や潜在顧客向けの《クオータリー（Quarterly）》の記事の見出しを『人材獲得戦争（The War for Talent）』として〝人材（talent）〟という言葉を企業用語として導入した[164]。こうした空虚なスローガン満載のPR記事は、通常は企業に必要のないサービスに大金を使うよう仕向けるためにつくられていた。大半は重役の書類箱に読まれないまま置かれっぱなしになるか、せいぜいトイレの個室でさっと目を通される程度のものだった。

ほとんどの人があまり目を留めないと知っていたマッキンゼーは、報告書にショッキングなフレーズをちりばめた。このときの報告書は、紛争地帯にいるジャーナリストが発信したものであってもおかしくはないと思えるほどだ。「人材をめぐる戦争があり、それはこれから激化する」という指摘、「すべてが無防備である」という警告もあった。

だいたいにおいて、〝中核的〟な部署（財務、サプライチェーン、マーケティング）の同僚たちからは一段下の立場に見られ、嫌われ者で過小評価されがちな世界的な大手企業の人事部長にとって、この報告書は天からの授かりものだった。同僚や取締役会やCEOに堂々と見せ、あきれられたり、あくびをされたりしないものを手に入れたのだ。なにしろこの報告書には、よい企業と悪い企業の違いは、その企業が従っている手法でもなく、どれだけ効率的かでもなく、組織の舵取りをする優秀な人々、つまり彼らのような上級幹部だと書いてあったからだ。

報告書でいちばん目を引くのは一つのグラフで、マッキンゼーはそれに〝証拠一〟という、不穏なタイトルをつけている。それによると国連に関わる人口統計学者の一部が、この二年間で米国の三五歳から四四歳の人口が、予想されていた最大値を一五パーセントほど下回る水準になると考えているという。いま振り返ればこの予測はでたらめだった。しかしそこから導き出された結論、つまりごく少数の有能な経営幹部を引き留めるために、トップ企業の取締役会は互いに情け容赦なく奪い合うべきだという結論は、好意的に見てもとんでもないこじつけだった。教育の動向や、毎年多くの新卒やMBA取得者が就職市場に参入しているという事実についての認識がまったく含まれていなかった。また移住の問題や、さらにグローバル化が進む上級管理職の市場では、地域の人口動態に関係なく、ほとんどどこでも人材を調達できることについても言及されていなかった。

未来の歴史家から見ると「人材獲得戦争」は史上最も手の込んだ企業の陰謀に思えるかもしれない。

未来の経済学者は、これをあとにも先にもないほど不合理で必然的な市場バブルだったとみなすかもしれない。しかしそれ以外の、だいたいの人はおべっかに弱いと知っている人たちは、もっと同情的な見方をしてくれるかもしれない。結局のところ、報酬の高騰の恩恵を受けた人々は、自分たちがそれだけの額に値する存在であると保証されたことをありがたく思っていたのだ。実際、歴史を通じて都市のエリートたちが、高貴な血筋や英雄的行為、あるいは神々に近い存在であることを理由に他者より高い地位にいることを正当化したように、これら〝世界の支配者〟たちは、功績があったからこそ、その地位にいるのだと思い込んでいた。

この評判を呼んだ《クオータリー》を企画したマッキンゼー・アンド・カンパニーのチームは、そこに新たなチャンスがあるのを嗅ぎつけた。彼らはさっそくそれを、恐ろしいほど中身はないがベストセラーとなるビジネス本に仕立て上げ、当然のように『人材獲得戦争（ウォー・フォー・タレント）』というタイトルをつけた（邦訳『ウォー・フォー・タレント　人材育成競争』渡会圭子訳　翔泳社）。他の大手コンサルタント会社もすぐ便乗し、人事部長たちは、自分たちの部署が退屈な管理サービス部門から、世界の大企業のいちばん上のテーブルに座るに値する、多機能で成功を左右する中核部門へと変貌を遂げるのを目の当たりにした。

ほどなく一部の批評家が、人材に関するナラティブはナンセンスであると指摘するようになった。スタンフォード大学経営大学院のジェフリー・フェファー教授（組織行動学）は「人材獲得戦争に加わるのは、組織の健全性を損なう危険がある」と論文で発表した。[165] その中で彼は、ビジネスは協力して行なうからこそ成功するという、一見当たり前のことを指摘している。そして個人を過大評価すると、有害な文化を生む可能性が高いとしている。その直後、マルコム・グラッドウェルは二〇〇二年に発行された『ザ・ニューヨーカー』で、彼が〝人材の神話〟と呼ぶものについて痛烈な批評を行なった。このような事態になったのは、マッキンゼーの高給取りの幹部たちが、自分たちの優秀さの神話を受け入れたからというのが、彼の主張だった。彼はまた、マッキンゼーと彼らの能力重視の考え方が、有害な文化を生み、上顧客だった企業の一つ、エンロンを崩壊させたと示唆している。エンロンは二〇〇一年に破産を申請し、不正調査官の手をわずらわせ続け、のちに幹部の何人かが刑務所へと送られた(166)。

しかし人材獲得戦争論に説得力があっただけでなく、株式市場や商品価格がどこまでも高騰していったため、フェファーやグラッドウェルの抗議はかき消されてしまった。この経済の活況は〝超優秀な人材〟とはほとんど関係がない。むしろこれは東南アジアの一〇億人の新規顧客が消費者主義を受け入れたこと、また米国やヨーロッパで、当時規制が緩和されて急速に拡大した銀行が、不正によって得た資産をばらばらにして埋めるために使った巧妙なアルゴリズムが、ついに〝景気循環の経済〟（二〇世紀を通じて、経済が上向きのときに崩壊して不況に陥るサイクル）に終止符を打ったと、彼ら自身も政府も思い込んでいたために起きたのだ。そしてどのように管理するのかよく理解できないまま、彼らは市場で金利の低い融資を乱発し、預金残高が大幅にマイナスになっても消費を続けられるようにしたのだ。

生き残った神話

二〇〇八年から二〇〇九年に株式市場は暴落、工業原材料の価格も急速に低下し、パニックに陥った中央銀行は傾きかけた経済を立て直すために何兆ドルもの紙幣を必死に印刷し始めた。このとき、ほんの束の間、大企業の上級幹部が手にする膨れ上がった給与と多額のボーナスのバブルは、華々しく弾けると思われた。また金融危機によって、ミダス王の手が生み出すものが見かけだおしのまがい物ばかりであることが明らかになれば、世間の〝優れた人材〟に対する信頼は失われると思われた。

しかしバブルは弾けなかった。そのころには人材についてのナラティブは、特に脆弱な企業の組織構造にさえ深く埋め込まれていて、コスト削減のために人員を減らしたり事業を終了したりし始めた多くの企業が同時に、わずかな手元資金を取り崩して幹部たちに多額の残留ボーナスを支給した。彼らがいなければ、この危険な状況を乗りきれないという思いがそこにはあった。

トップの立場にいた多くが、なんとか自分のための大きな報酬を確保できた一方で、暴落によって経済学者に対する社会的信頼は一気に低下した。いわゆる専門家が危機の到来を予見していなかったとしたら、彼らの専門知識を疑われてもしかたないだろう。

問題は経済学が長いこと科学の仮面をかぶってきたために、人々が道理をふまえ、物理学や医学のようにはるかに確実な根拠を持つ分野を含め、専門知識全般に懐疑の目を向け始めたことだ。その結果、人為的な気候変動の危険性を警告する気候科学者や、予防接種の利点を説明する疫学者のような人々に対する、かつて世界的に存在していた信頼が、金融危機で思いがけず犠牲となってしまった。

平等意識の二極化

金融危機の後、ウォール街をはじめとする世界の金融資本を〝占拠〟した夢想家と不満分子たちが即席で連携し、打ち出した唯一の統一メッセージは「金持ちを燃やせ」という内容のものだった。しかし彼らが不平等を強調しても、世間一般の認識が大きく変わることはなかった。その後に行なわれた数多くの研究プロジェクトによって、最も不平等な国の人々は、そのレベルを過小評価しているのが常であることが明らかになった。一方、国の富の大部分が、大きな中産階層の手にある国では、不平等については正確に、場合によっては過大評価する傾向さえあることがわかった[167]。現実と認識とのギャップが特に大きいのが、物質的不平等がこの半世紀で最も深刻な米国である[168]。同国での調査では、暴落後でさえ、一般人のほとんどが、上司と未熟練労働者の賃金比率を、ひと桁小さく評価していることが明らかになった[169]。

米国や英国において、物質的に平等になっているという世間の幻想が続いているのは、一部には、富は勤勉さに比例するという、明確な実力主義的な考え方が根強く存在していることの証拠である。このように大金持ちは、自分たちが手に入れた金銭的報酬にふさわしい価値があると信じたがり、それほど裕福でない人の多くは、必死に働きさえすれば自分たちも同じくらいの富を得られるという夢を壊したがらない。彼らにとってはおそらく、制度が自分たちに不利にできている、つまり長時間過酷な労働をするよりも、金がより多くの金を生む仕組みになっていることを認めると、主体的に生きているという感覚や、自分たちの国の美点は、きちんと働けば誰でもなりたいものになれるという、大切な信念を放棄することに等しいのだ。

米国のような場所における不平等とその原因に関する認識は、いま人々が自らを進歩的か保守的か、どちらと認識しているかに密接に関係している。ケイトー研究所（訳注：個人の自由、市場経済、平和などの拡大のための議論を深めることを使命と掲げるリバタニアン系のシンクタンク）は二〇一九年の富と福祉に関する意識調査の結果について、次のようにコメントしている。「強力なリベラルが金持ちになれる要因として、一族のコネクション（四八パーセント）、遺産（四〇パーセント）、幸運（三一パーセント）と答え、強力な保守派は、勤勉（六二パーセント）、野心（四七パーセント）、自己鍛錬（四五パーセント）、リスクを負える（三六パーセント）と言う」と指摘している。[170]

確かに、過去一〇年間における、不安とソーシャルメディアによって増幅された二極化の少なくとも一部は、自動化がもたらしつつある経済的・社会的なとてつもない変化を、どうすれば乗り切れるかについて、人々が異なる思想集団にまとまっていくことに起因していると、結論せざるをえない。そのため一方では、移民排斥主義、経済ナショナリズム、そしてさまざまな宗教的教義や、勤勉さといった観念に基づく、先験的な美徳への回帰を主張する人々がいる。他方では、たとえそれが何か明確ではなくても、はるかに変革的な意図を持つ進歩派もいる。

しかし工業化された都市経済における将来への不安によって悪化しているのは、決して政治的な二極化だけではない。そうした場所では、多くの人にとって仕事とプライベートの境界はほとんどなくなっている。

第一四章　あるサラリーマンの死

新聞の通信記者の小さな集団の中で、紛争地帯での生と死を記録することに喜びを感じる地方通信員やフリーランサーにとっては、流れ弾にあたったり、目出し帽をかぶった声高な人々に誘拐されたり、爆破されたりするリスクはすべて仕事の一部である。また権力者の汚い秘密を暴いたり（あるいは握りつぶす）、犯罪ネットワークの暗い奥底を探ったり、相手を挑発し、動揺させ、憤慨させることを目的とした意見を発信したりするジャーナリストも、その仕事が自分たちを危険にさらす可能性があることを受け入れている。

しかしほとんどの人にとって、ジャーナリズムは安全な職業であるはずだ。たとえば交通渋滞や金融市場の浮き沈み、最新の機器やファッションのトレンドを取材中、あるいは市役所内の政治という退屈な戦いを記録している最中に死ぬとは誰も思っていない。

悲しいことに、日本の公共放送であるＮＨＫの記者、佐戸未和氏はまさにそのような事態に襲われた。彼女は地方自治体を担当していて、二〇一三年七月二四日、東京の都議選を取材してきた時期に亡くなり、自宅のベッドで手に携帯電話を持ったままの姿で発見された。

医師はまもなく、死因が心不全であると診断した。ところが日本の厚生労働省（厚労省）による調査の結果、彼女の死因は〝過労死〟に変更された。死の前月の佐戸の労働時間は、公式な残業で一五九時間に及んだ。これは四週間にわたり、平日に八時間勤務を毎日二日分行なう計算である。非公式の残業時間はおそらくそれ以上だった。彼女の死から数週間、悲嘆に暮れる父親は彼女の電話やパソコンの記録を徹底的に調べた。すると娘は死亡する前の一カ月に、少なくとも二〇九時間の時間外労働をしていたことがわかった。

その年は、佐戸以外にも同様の例が数多く報告されている。日本の厚労省は働きすぎの直接の結果として起こる、二つの死のカテゴリーを公式に認めている。一つは過労死で、働きすぎによる疲労、睡眠不足、栄養不良、運動不足に起因する心疾患による死である。これが佐戸のケースだ。もう一つは過労自殺で、過重労働による精神的ストレスの結果、従業員が自ら命を絶つことである。その年の末、厚労省は二〇一三年の一年間に、過労死と過労自殺で一九〇人が死亡したことを認定し、前者が後者を二対一で上回っているとしている。これは過去一〇年の年間平均とほぼ同じだった。

しかし厚労省が過労死や過労自殺を認定するのは例外的な状況で、労働者が妥当な残業時間の限度を大幅に超過し、他に重大な要因（重度の高血圧など）がなかったことが疑いの余地なく証明された場合に限られる。そのため日本に数多く存在する過労死防止を訴える団体の一つ「過労死弁護団全国連絡会議」の幹事長である川人博氏は、政府が過労死の本当の規模を把握することに消極的であると主張している。[171]彼は実際の数字は一〇倍以上であるとの見解を示している。そして働きすぎの結果として、深刻な精神障害や健康障害に苦しむ人の数は、さらに桁違いに多いと考えている。仕事中、疲労困憊していたために、労働災害を引き起こした人の数についても同様である。

一九六九年、日本の大手新聞社の配送部に勤務していた二九歳の事務員が、泣きたくなるような長い残業をして、デスクで倒れて死亡したのが、過労死と公式に認められた初めてのケースである。この言葉はすぐに世間で使われるようになり、働きすぎが直接の原因とされる死者が増えるにつれて、国民の会話でもよく出てくる話題となった。それはすでに増えつつあった日本特有の労働関連の不調を表わす語彙に加えられたのだ。

特に知られていたのが〝課長病〟で、これは昇進をめぐって中間管理職が感じる圧倒的なストレスを説明するために造られた語である。これはチームの士気を削ぎ、自分や家族が恥ずかしい思いをし、さらに悪いことに上司を失望させ、会社を弱体化させる。しかし課長病がホワイトカラーだけを苦しめる問題であるのに対して、過労死はブルーカラー労働者に加え、管理職、教師、医療従事者、ＣＥＯをも同じように苦しめ、無差別に命を奪っていくものだ。

東アジアの過重労働

東アジアでは日本以外にも、働きすぎで死ぬ可能性があることを、社員がストレスをためながら職場で急いで昼食をとりながら真剣に考える国はある。英国人やオーストラリア人よりも年間平均労働時間が四〇〇時間も長い韓国では、同じ現象を説明するのに、日本語の〝過労死〟[172]という言葉が使われている。それは中国でも同様である。一九七九年に〝国家資本主義〟を慎重に受け入れて以降、中国は猛烈なスピードで経済成長を遂げ、およそ八年ごとに経済規模が倍増している。そこではテクノロジーが大きな役割を果たしたのは確かだが、中国の成長をあと押ししたのは、規律正しく安価な労働力である。それは世界中の製造事業を猛スピードで飲み込み、中国を世界最大の製品の製造・輸出国に変貌させた。しかしその予期せぬ結果の一つが、過労が原因とされる死者の急増である。二〇一六年、ふだんはよいニュースだけを大げさに伝える国営放送のＣＣＴＶが、毎年五〇万人を超える中国人が過重労働で死亡していると発表した(173)。

公式の統計によれば、韓国、中国、日本の労働時間は過去二〇年間で大幅に減少しており、中でも韓国は特に激減している。この変化の要因の一つは、より調和のとれたワークライフバランスを求める過労死予防を訴える集団の活動にある。たとえば二〇一八年の日本では、平均労働時間は約一六八〇時間で、二〇〇〇年より一四一時間短くなっている。これはドイツ人労働者より年間三五〇時間近く多いが、メキシコ人労働者より五〇〇時間少ない。また名目上、自由貿易を推進する世界のエリート国家のクラブである経済協力開発機構（ＯＥＣＤ）の平均も下回っている(174)。

しかし日本、中国、韓国では労働時間を過少申告する文化も定着していて、従業員を対象とした調査データによると、多くの従業員にとって、以前と変わらず労働が生活の中心であることが示唆されている。日本では休暇の取得を促す政府によるキャンペーンが盛んに行なわれているにもかかわらず、二〇〇〇年以降でも、有給休暇の半分も消化しない労働者が大半を占めているのだ(175)。

中国国家統計局の二〇一六年の統計では(176)、都市部の労働者は毎日一時間近い残業を日常的に行なっていて、労働者の約三〇パーセントが週四〇時間労働の基準を少なくとも八時間超過していることが報告されている。この中で最も過酷な労働を強いられているのは、「ビジネスサービス要員」と「生産、輸送、設備操作担当者」で、四〇パーセント以上が毎週四八時間を超える労働を強いられている。しかし実際の数字は報告されているよりもはるかに高いと思われる。

主に農村部に住む人々はまだ自らの裁量で労働時間を決めやすいが、広州、深圳、上海、北京などの賑やかな都市部で働く民営企業の労働者にとって、長時間労働はもはや当然のことである。特によく働くのが、バイドゥ、アリババ、テンセント、ファーウェイといった企業に代表される、中国の急成長中のハイテク分野で働く人々である。彼らはいま〝九九六〟というマントラに従って労働生活を送っている。この二つの九は、午前九時から午後九時までの一二時間労働、六は週六日で、出世をしたいならそれだけの時間、職場にいることが求められるということだ。

それはアジアだけの問題ではない

農耕民族の疲労骨折や疲労による骨の肥厚は、私たちの祖先の一部が弓や掘り棒の代わりに鋤や鍬を使うようになった時代から、過労死があったことを示唆している。歴史上「農場を守ろうとして」死んでいった多くの人々の他に、他者に鞭打たれて死ぬまで働かされた無数の人間がいる。たとえば古代ローマ人が鉱山や採石場に送り込んだ奴隷たち。アフリカからアメリカ大陸に連れてこられ、綿花や砂糖のプランテーションで、過酷かつ残忍な扱いをうけて短い一生を送った男女の子孫たち。罪を犯した、あるいはそのときの社会を支配する制度や主義や人間から排除される側にいた結果、二〇世紀のグラーグ（訳注：ソ連の強制収容所）や労働コロニー、刑務所、強制収容所で命を落とした数千万人の人々。またベルギーのレオポルド二世の支配下のコンゴ、あるいは二〇世紀初頭にコロンビアのプトゥマヨ川沿いで天然ゴムの収穫をしていた人々は、使い捨ての安い労働力としか見られていなかった。

しかし過労死や過労自殺のそれぞれの事情はこれらと違って、佐戸未和のような人たちが命を落とすのは苦役や貧困のリスクではなく、雇い主の期待によって屈折した彼女たち自身の願望のためだということだ。

現代の富の追求と、責任・忠誠・名誉といった儒教的な倫理観の融合が、ソウル、上海、東京といった都市における過労死の多さの原因かもしれない。しかし過労死は二〇世紀後半から二一世紀初頭の東南アジアに特有の現象ではない。実のところ、この点でこの儒教圏の経済に特徴的なのは、過労死が他の地域に比べて多いことではなく、人々が過労死を一つの問題として、対処しようとしているという事実なのだ。

西ヨーロッパや北米では、働きすぎによる死はふつう雇用主や政府の行為や過失ではなく、個人の過失に起因するとされる。そのため国民的な話題の一部となることもなければ、ニュースの見出しを飾ることもなく、悲嘆に暮れる親族が雇用主に屈辱的な謝罪を要求することもなく、政府が対処に乗り出すこともない。

それでもときどきこの問題が注目されることがある。たとえばこの一〇年間で、旧フランステレコム（現オランジュ）のＣＥＯが退任を余儀なくされ、何人かの上級管理職が〝モラル・ハラスメント〟で告発された。これは彼らが同社に植え付けた有害な労働文化のせいで、二〇〇八年から二〇〇九年にかけて三五人の社員が自殺したためだと検察側は主張している。いま英国や米国でも、職場におけるメンタルヘルスの問題については以前よりはるかに議論されるようになった。統計から判断すると、それにはもっともな理由がある。英国では保健安全局の二〇一八年の報告書によると、職場関連のストレス、うつ、不安で労働者が働けない日数が一五〇〇万日近くにのぼり、二六五〇万人の労働者のうち六〇万人近くが、その年に仕事に関連したメンタルヘルスの問題に苦しんだと自己申告している。[177]しかし職場でメンタルヘルスの問題が注目されるようになったのは、多くの国で、かつてはごく当たり前と考えられていたストレスや不安を病気としてとらえるようになったためなのか、このデータから判断するのは難しい。そして病的なものとみなす傾向の表われとして特に重要なのは、〝働き中毒〟が、致命的な結果をもたらしかねない、診断可能な実際の症状であることがいまや広く受け入れられていることだ。

ワーカホリズム

一九一七年、サウスカロライナ州グリーンビルに生まれたウェイン・オーツ牧師は、祖母と姉の世話を受けながら貧しい幼少期を過ごした。母親は大恐慌の中、生活費を稼ぐために地元の綿工場で長時間働いていた。しかし彼が深く信仰していたキリスト教は、幸福を数えることを教え、それでのちに彼は精神医学と心理学という、きわめて世俗的な世界と自分の宗教的信念を調和させることに力を尽くす決意をした。ケンタッキー州ルイビルの南部バプテスト神学校で講師としてすばらしいキャリアを築いたことに加え、五三冊もの本を出した多作な作家でもあった彼は、自らカウンセリングを行なったアルコール依存症患者の行動の中に、自分自身の「絶え間なく働かなければならないという強迫観念」のようなものを見出し、それを表現するために、ワーカホリックやワーカホリズムという言葉をつくった。初版が一九七一年に出版された『ワーカホリック――働き中毒患者の告白』（小堀用一朗訳　日本生産性本部）は絶版となり、その慈愛あふれるアドバイスもほとんど忘れ去られてしまったが、彼がつくった〝ワーカホリック〟という新しい言葉は、たちまち人々の日常語となった。

彼がこの言葉を発表した直後から、ワーカホリズムは熱い議論が交わされる心理学のニッチな分野になった。しかしその治療法はおろか、その定義や測定方法についてさえ一致した意見はなかった。ギャンブルやショッピングのような〝依存症〟であると主張する者もいれば、過食症のような病理学的なもの、一つの行動パターン、そして〝意欲の高さ〟と〝仕事の満足度の低さ〟の不幸な結合から生まれた症候群だと主張する者もいる。

ワーカホリズムは広く合意されている定義がないため、どのくらい患者がいるのかを示す有用な統計はほとんどない。体系的な統計的研究が行なわれているのはノルウェーだけで、ベルゲン大学の研究者たちがベルゲン・ワーク・アディクション・スケールと呼ばれる評価方法を開発した[178]。待合室のライフスタイル雑誌に載っている大衆向け心理テストを思わせるが、ベルゲン・テストは「仕事を禁止されるとストレスを感じる」「趣味や娯楽よりも仕事を優先する」といった、簡単な七つの文に対する標準化された回答に基づいて数値スコアを割り当てる。これらの質問の大半に「いつも」または「しばしば」と答えた人は、おそらくワーカホリックであると、このテストの作成者は判断している。

ベルゲン大学の研究グループは、一一二四件の調査回答データを使い、他の一連の性格テストと照合した。それらをすべて調べた結果、ノルウェー人の八・三パーセントが〝ワーカホリック〟であり、ワーカホリズムは一八歳から四五歳の成人に最も多く、一般的に「好感が持てる」「知的な意欲があり」「神経質」な人がなりやすいという結論に達した。またその有病率は公衆衛生上の問題として、懸念するべきレベルであるとも指摘している。

仕事と娯楽の境界

ジョン・ラボックが入念な科学研究や長い単行本の執筆を娯楽と考えたのと同じように、私たちの多くにとって仕事と娯楽の区別は、その活動をして報酬をもらっているか、自ら好んでやっている（そしてだいたいふつうの仕事で稼いだ現金をつぎ込んでいる）かどうかだけだ。

職場への往復時間や、買い物、育児といった家事に必要な時間を考慮すると、標準的な週四〇時間労働では、娯楽に割ける時間はそれほど多くない。フルタイムの仕事に就いている人の多くが、純粋な余暇時間の大半を、テレビを見るような休息的で受動的な活動に費やすのは意外なことではない。しかし産業革命の初期とは異なり、ほとんどの従業員は週末は休みで、数週間の年次有給休暇もある。そしてその貴重な時間を休息にあてるのではなく、自分の好きな仕事をするために使う人も多い。

コンピュータゲームに没頭する人々（実際の仕事を模した活動をともなうものも多い）以外に、人々が自由な時間を過ごすために選ぶ特に人気のある趣味の多くは、過去に私たちが給料をもらっていたかもしれない、あるいは他の人々がいまでも給料をもらっているような仕事を含んでいる。つまり魚釣りや狩猟は採集民にとっては仕事だが、いまやそれは高くつくがとても人気のある余暇の活動である。また野菜作りやガーデニングは、農民にとってはわずらわしい労働とみなされていたが、いまでは多くの人々にとって、深い満足を得られる楽しみとなっている。かつては裁縫、編み物、陶芸、色塗りは、必要な収入を得るための手段だったが、現在では、だいたいは穏やかで反復的なリズムに安らぎを見出している人が多い。手先の器用さや知的なスキルの開発や高度化をともなう趣味やレジャー（料理、陶芸、絵画、鉄工、木工、ホームエンジニアリング）は本当に多い。それは進化の歴史の中で私たちが頼ってきたものであり、現代の職場からしだいに失われつつあるものだ。

心理学者がなんとかワーカホリズムを定義、測定しようとしてきたもう一つの理由は、人々が都市に集まるようになってからずっと、多くの人が自分の仕事を単に生計を立てる手段をはるかに超えるものと考えるようになっているからだ。エミール・デュルケームがアノミー問題の解決策を考えたとき、彼は職場で築かれる人間関係が、かつて小規模で統制の取れた村落共同体で人々をまとめていた「集団意識」の構築に役立つかもしれないと気づいた。実際、都市における社会的疎外の問題に対処するための解決策の一つとして、彼は古代ローマで形成された何百ものコレギアのような労働者ギルドをつくることを提案している。

それは軽率な提案ではなかった。ローマの職人のコレギアは、単なる会員の利益を代弁する業界団体ではなかった。それはフミリオレス（下層階級）が、労働を基盤とする市民としてのアイデンティティを確立し、ローマ社会をまとめていた大きな階層に、彼らを結びつけるうえで重要な役割を果たしていたのだ。多くの点で、コレギアは都市の中の自治村のような存在だった。それぞれに独自の習慣、儀式、服装の様式、祭礼があり、それぞれに後援者や行政官がいて、ローマ元老院を模した全大会があり、政令を発する権限を持っていた。私設の民兵組織を持つところさえあった。しかし何よりも、コレギアは社会的な組織であり、仕事、価値観、規範、共通の社会的地位を基盤に、人々を小さいが密接な共同体に結びつけ、その内部で結婚する人が多く、主に交際するのはそこに所属する人々とその家族だった。

仕事の社会的ネットワーク

現在、大量輸送システムによって町の端から端まで、ローマ時代とは比べものにならないほどすばやく移動できる大都市の生活を、多くの人が当たり前のことととらえている。またどこに住んでいるかに関係なく、ダイナミックで活発なコミュニティを形成できるデバイスが手の届くところにあることについても同じだ。それでも現代の都市生活者の大半は、驚くほど小さくて拡散した社会的ネットワークに埋没してしまい、それがその人のコミュニティとなる傾向がある。

古人類学者のロビン・ダンバーが、うわさ話と毛づくろいが、私たちの進化上の祖先の言語能力の発達に中心的な役割を果たしたと主張したとき、彼が根拠の一部としたのは、さまざまな種の霊長類の脳の大きさと構造の関係、そしてそれぞれの種が形成している活発なコミュニティの大きさと複雑さとの関係について検証したことだ。彼はそこに明確な相関があることに気づいた。他のさまざまな霊長類のデータから推定して、人間の脳の大きさに基づいて計算すると、ほとんどの人が維持できる活発なネットワークは一五〇人くらいの規模であり、それを超えると維持が難しくなるのは、相互作用や相互関係を追い続ける作業があまりにも複雑になるからだと述べた。これを世界中の人類学者が収集した村の規模のデータ、ジュホアン族やハッザ族といった採集民の社会的ネットワークの規模、さらにはフェイスブックなどのソーシャル・メディアで人々が積極的に関わる〝友達〟の数などのデータと関連づけたところ、彼の計算がほぼ正しかったことがわかった。いまでも活発な交流を維持できるのは、わずか一五〇人くらいのコミュニティなのである[179]。

人類の歴史の大部分において、このような直接的な社会的ネットワークは、同じ地域に住んでいることが基本で、血縁による親密さ、共通の信仰、儀式、慣習、価値観によって表現され、同じ環境で働き、同じような経験をすることによって育まれた、多世代にわたる共同体という形をとっていた。

しかし人が密集した都市では、ほとんどの人の社会的ネットワークは広範囲にわたり、その人が関わっている、ときにはまったく異なるあらゆる興味や趣味によってつくられる、複雑に交錯したモザイクのような形のものである。そしておそらく驚くことではないが、私たちの多くにとって、ふだん使っている社会的ネットワークは、一緒に働いたことのある人たちや、仕事で出会った人たちで構成されている。ほとんどの人が家族よりも職場の同僚と過ごす時間のほうが圧倒的に長く、仕事上の責務を中心に日常生活を送っているという事実以上に、私たちの仕事はしばしば社会的な中心事項となり、それが私たちの野心、価値観、支持政党などを左右する。都会の社交場で、初対面の人と話をするとき、私たちはだいたい仕事について尋ね、その答えに基づいてその人の政治的見解やライフスタイル、さらには経歴について、それなりに当たる推論ができるのも偶然ではない。また職場での恋愛に関して定期的に行なわれている唯一の調査で、アメリカ人のほぼ三人に一人が、仕事を通じて知り合った人と、少なくとも一度は性行為をともなう長期的な関係を持ち、さらに一六パーセントが配偶者と職場で出会っていることが示されたのも偶然ではない[180]。

これはまったく意外なことではない。私たちの個々のキャリアパスは、経歴や学校教育、その後にどのような訓練を選ぶかで決まることが多い。その結果、私たちは自分の世界観や期待を、しだいに教師や同僚と合わせるようになり、似たような人々の中で仕事をさがし、できるなら既存の社会的ネットワークを利用する傾向がある。そのためゴールドマン・サックスの人事担当者のところに高利貸しを罪悪視する人は来ないし、軍隊の採用担当者のところに生粋の平和主義者も来ない。また警察の採用担当者のところに無政府主義を公言する人からの求職申し込みが来ることも少ないはずだ。そして同様に重要なことだが、いったん仕事に就けば、自らの世界観を同僚たちの世界観と、さらに一致させ続ける傾向がある。共通の目標を追求し、共通の成果を祝うプロセスで同僚との絆が深まっていくからだ。

しかし仕事が人々に共同体や帰属意識を与えるとしても、職場を中心として周囲につくられるような共同体は、彼が予測したほどには実現していない。実のところ、デュルケームが未来の都市を、仕事を基盤としたコミュニティの寄せ集めで構成されるものと思い描いたとき、彼は工業化時代における雇用と労働の性質の変化をあまり理解していなかった。まるで工業化によって不要になった技能は、別の新しくて長く役に立つスキルに、そのまま取って代わられるとでも考えているかのようだった。彼はたとえばフレデリック・ウィンズロー・テイラーが開発した〝科学的管理〟法に従って運営され、実際の技能が余分なものになる職場は考えていなかった。また技術の発展によって、どのくらい現代の工業化時代の職場は常に変化するものになり、ある一〇年間に習得した最先端のスキルが次の一〇年には不要なものになるのかという想像もしていなかった。

仕事から得られる喜び

一九七七年、イリノイ州の公務員だったベン・アロンソンが内出血で倒れた。その後、重度の心臓疾患と診断され、手術による治療が必要となった。彼は病気の原因は仕事上のストレスのせいだと考え、『フロリダ・タイムズ・ユニオン』紙の記者に、特に心配しているのは、休暇と病気休暇を合わせても四週間しか付与されず、主治医からもいまの彼の状態では復職は無理だと言われていることだと語った(181)。

しかしアロンソンは、単に働きすぎの結果に苦しんでいる大勢の一人だったわけではない。この話が短い期間だがジャーナリストの注目を集めたのは、彼の心臓の問題が、会社が彼に仕事をさせなかった結果として生じたものだからだ。アロンソンが倒れる数カ月前、雇用主はほんの数年間で二度目の解雇を行なおうとした。アロンソンはそのたびに違法解雇で雇用主を訴えた。裁判所はいずれもアロンソンに有利な判決を下し、雇用主に彼の復職を命じた。彼らは一度目はきちんと彼を職場に戻したが、二度目は納得してのことではなかった。彼らはアロンソンに、一七三〇ドル（現在の価値で約七五〇〇ドル）というたいへん高額な月給をこれまで通り支払うが、彼がなすべき仕事は何もないと伝えた。そして彼のオフィスから電話を撤去し、郵便室には彼の郵便物を配達も回収もしないように指示し、他のスタッフには彼を無視するよう命じた。

悲しいことに、アロンソンの話はその後も追跡取材するほどのニュース価値はなく、結局のところ有意義な仕事がなかったために体調を崩して出勤できなくなったという理由で解雇されたのかどうかは不明である。しかし彼の個人的な奇妙な境遇に、自分自身の中にあるものを見出す人は多いだろう。

一生高い給料をもらいながら仕事の責任はないというのは、夢のような話だと思う人もいるかもしれない。しかしそんな経験も物珍しさがなくなると、どんなに平凡でも、どんなに低賃金でも、仕事から得られる人間関係、コミュニティ、役に立っているという感覚が恋しくなる人もいる。そしてその仕事に関わるスキルがあれば、それを行なうことで得られる、あまり言葉にされない喜びも恋しくなるのは間違いない。そのような集団には、宝くじで高額当選したり、遠い親戚から思いがけない財産を相続したりしながら、とりたてて面白くない仕事を以前と変わらぬまじめさで楽しそうに続けている何千もの人も含まれる。

また経済界のサービス部門で働く人々がアロンソンの話に共感するのは、オフィスの電子メールやイントラネットのアカウントが突然ブロックされたり、電話が撤去されたり、同僚たちに自分を無視するよう指示されたりすることで自分がいなくなっても、組織の将来はほとんど変わらないと、心の底ではわかっているからだ。

サービス業の拡大

英国国家統計局によれば、英国の労働者の八三パーセントが、これまで以上に形のはっきりしない

〝サービス〟や〝第三次産業〟で雇用されている。第三次経済と呼ばれることもあるサービス業には、農業や鉱業や漁業以外、つまり原材料の生産や収穫をともなわない仕事、あるいはそれらの原材料から実際の物体（ナイフやフォーク、核ミサイルなど）の製造をともなわないあらゆる仕事が含まれる。

世界の富裕国の中で、サービス業に従事する労働者の割合が八三パーセントというのは特に多いわけではない。むしろルクセンブルクやシンガポールのような、仕事を持つほとんどの人が何らかの形でサービス業に従事している国よりは少ない。しかしいまだに人口の大半が農業で生計を立てている、タンザニアのような発展途上国よりははるかに多い。また中国のような、サービス業での雇用が近年急増しているものの、人口の半数以上がいまだ農業、漁業、鉱業、製造業に従事している国よりも、いくらか多い。

多くの経済圏でサービス部門が優勢になったのは、比較的最近の現象である。一六世紀にヨーロッパ全土で農業生産が急増するまで、英国人の四分の三は農業、採石業、林業、漁業で生計を立てていたと推定される。一八五一年、産業革命が勢いを増すと、その数は三〇パーセント強まで低下し、労働人口の約四五パーセントが製造業、残りの二五パーセントがサービス業に従事していた。[182] この比率は第一次世界大戦後までほとんど変わらなかった。

その後、家庭や産業界が電力網から直接エネルギーを取り入れ、内燃機関のような新技術が登場すると、新しもの好きの家庭や個人が消費する、さまざまな新製品の発明や製造が加速し、再び緩やかに上昇し始めた。この流れは第二次世界大戦後も続き、一九六六年には英国の製造業人口は急速な減少に転じた。一九六六年には労働人口の四〇パーセントが製造業で雇用されていたと推定されるが、この数字は一九八六年には二六パーセント、二〇〇六年には一七パーセントにまで減少している。テクノロジーと自動化は、前は労働集約的であった製造業を資本集約的なものへと変えるうえで重要な役割を果たした。それはグローバル化も同様である。最も労働集約的な産業が、英国よりも労働力の安い地域で操業する製造業者に取って代わられるようになったからだ。

サービス業の急速な拡大は、大規模な工業化からの必然的な流れであると考える経済学者が多い。また現在では〝ポスト工業化社会〟の特徴とも考えられている。これは少なくとも、現在ではすっかり定着した経済の〝三つの産業分類モデル〟の開発に最も深く関わっている経済学者、コリン・クラークの見解だった。クラークは一九四〇年に執筆した文書で、英国のような経済においてサービス産業従事者の数は、これから八〇年にわたり増え続けると正確に予測していた。彼は資本の増加、技術開発、生産性の向上の結果、経済の総資産が増加したためサービス業の需要が増加して、漁業、農業、鉱業（第一次産業）での雇用減少が相殺されたと述べている[183]。

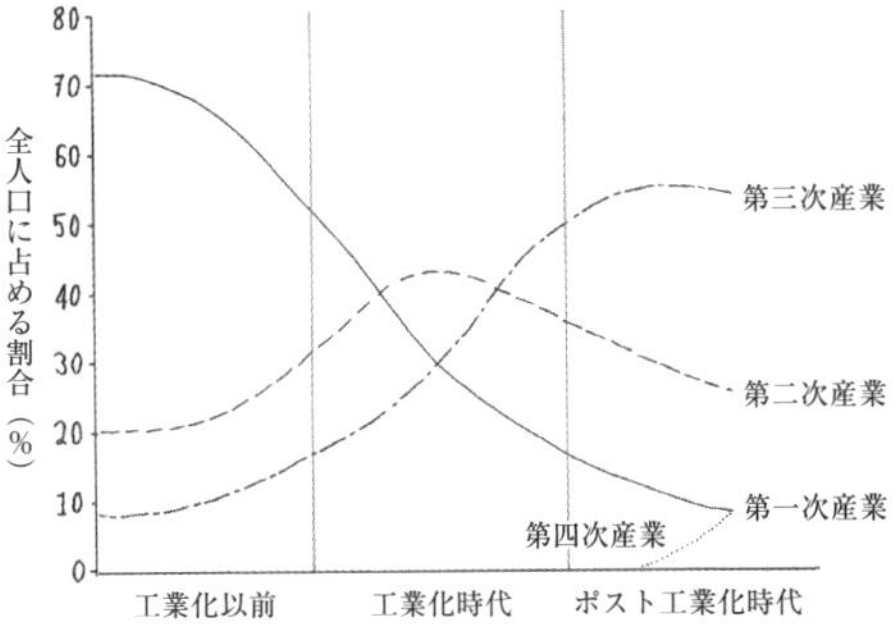

クラークは社会問題に強い関心を持った経済学者だった。彼は生産的で安定した経済を築くことに加え、「個人と集団の間の公正な富の分配」を果たせるよう努めることが、経済

クラークの三セクター・モデルは、サービス産業での雇用が、第一次産業と第二次産業での雇用減少を埋め合わせていることを示している

学者の道徳的義務だと信じていた。[184] しかし以降、彼のポスト工業化モデルは、特に経済左派の論者たちから、人材開発のモデルを装った「資本主義発展」のモデルとして激しく批判されている。

クラークの有名な図式モデルは、三つのセクターが時間の経過によって変化していく関係を表わしたもので、西ヨーロッパ、日本、米国の経済で起こったことを驚くほど正確に表現している。その他の国の経済、たとえば中国も、クラークの予測した道を進んでいるように見える。農業が衰退するにつれてサービス業は着実に成長し、製造業の重要性は徐々に低下している。しかしサービス部門の仕事が大幅に増えたことを、実際に存在する大きなニーズへの対応であるとか、その重要性を訴える広告主やインフルエンサーの力によるものと考えるのは難しい。

クラークのモデルのもう一つの問題点は、国民の大多数がサービス業に従事することは明らかに新しい現象であるが、サービス業は最古の都市と同じくらい歴史が古いということだ。ただそのサービスは城壁の外までは広がっていかない。ローマのような最も壮大な古代都市でさえ、製造業は比較的低レベルの産業であり、目立って消費するのは特に裕福な貴族や商人だけだった。ウルクのような古代都市でも、人口の大半は司祭、行政官、会計士、兵士であり、そしてどうやらバーテンダーもそこに入っていたらしい。ウルク、メンフィス、洛陽、ローマといった古代都市でサービス業の仕事が多かった理由を、製造業の生産性の急上昇を背景にしたサービス業の需要の増加という観点から説明するのは難しい。

私たちと仕事との関係についてもっと長期的な視点を持つと、経済がますます〝ポスト工業化〟していく中で、サービス業が急速に拡大していることを解釈するには、おそらく別の方法があることが示唆される。

一つは、多くの（しかし決してすべてではない）サービスが人間の基本的な欲求に応えるものだと認識することである。こうした欲求は私たちが進化する中で受け継いできたものでもあり、小さく緊密な社会共同体から離れた都市では簡単には満たされない。医師が存在するのは、私たちが生きることを望み、苦痛を嫌うからだ。芸術家やエンターテイナーが存在するのは、人々に喜びをもたらすためだ。ヘアスタイリストが存在するのは、見た目をよくしたいと思う人もいれば、親身に話を聞いてほしい人もいるからだ。ＤＪが存在するのは、人がダンスを好むから。官僚が存在するのは、最も熱いアナーキストでも、バスをスケジュール通りに走らせたいからだ。この種のサービスに対する需要は、製造業の進歩によって増加したわけではない。それらは常に存在していた。農業と製造業の生産性が十分に高くなり、多くの人々が自分の時間とエネルギーの大半を生産や製造に注ぎ込まなくてすむようになると、他の基本的なニーズが増幅されたのだ。

サービス業の増大についてのもう一つの考え方は、農業革命以来、私たちに深く根付いた労働文化という観点から見ることだ。それはただ乗りには不寛容で、給料を払う形態の雇用を互いの社会的契約の基盤としているが、その仕事の多くは人々を忙しくさせておく以外にあまり役立たないという文化である。

これは転じて、生命、エネルギー、秩序、エントロピーの基本的な関係を物語っている。メンガタハタオリやニワシドリが、余ったエネルギーを使って精巧な、そしてしばしば不要な構造物をつくるのと同じように、人間もまた、持続的な余剰エネルギーを手に入れると、そのエネルギーを常に何か意義あるものへと向けてきた。この点から見ると、古代に多くのサービス業が生まれたのは、当時はいつでもどこでも持続的なエネルギーが大量に余っていたため、人間（や他の生物）がそれを創造的に仕事に使う方法を見つけた結果だと言える。人間の場合、それは無数の驚くべきまったく異なるスキルの開発であり、それを習得し、実践することは、しばしば大きな満足感を私たちにもたらしてくれる。だからこそ、都市は常に芸術性、陰謀、好奇心、発見のるつぼであり続けているのだ。

ブルシット・ジョブ

神経外科医、大学講師、銀行家、ハンバーガー屋の店員、占星術師などを含むサービス業という分類は、いまやあまりに巨大で多様であるため、雇用市場の浮き沈みを解明しようとするアナリストにとって特に有益ではなくなっている。学者たちがクラークの経済の産業分類は時代遅れだと考えるのは、もっともなことだ。一部では、コンピュータ、プログラミング、研究とゲノミクスのような最先端ハイテク産業に特化した〝第四次産業〟を加えることを提案する学者もいる。しかしデジタル技術が他の経済部門を大きく変えていることを考えれば、これも問題である。結果的に、ほとんどのアナリストは、ホスピタリティ産業、観光、金融サービス、医療など、もっと細かい機能に分割しようとする。

またサービス部門、ひいては経済全体について、根本的に考え直すべきだと訴える者もいる。こうした考え方のいくつかは戦後の西洋の経済、すなわち政府が優れた経済政策を立案し、そこにどのような社会的利益をつけるかよりも、優れた社会政策を立案して、そのための代価をどう払うかを検討することに傾倒していた時代を思わせる。その大半の中心にあるのは、市場の価値配分のあり方、多くの人々の価値配分のあり方が、ほとんどの人が行なうことを正しく反映することはごくまれだということだ。

たとえば私たちが子供の教育や病気のときの看病で頼っている人々の給料は、富裕層に税逃れの方法を助言したり、不必要な広告を無限に送りつける新しい方法を考案したりして生計を立てている人々よりも、かなり低くなっている。そのため、さまざまな仕事が生み出す非金銭的価値（健康や幸福など）をもっとわかりやすく把握するために、サービス部門を細分化することを支持するアナリストもいる。医師、看護師、教師、廃棄物収集員、配管工、清掃員、バス運転手、消防士が、非金銭的価値を提供してくれていることを疑う者はいない。また何をエンターテインメントととらえるかについての見解はさまざまだが、エンターテイナー、シェフ、ミュージシャン、ツアーガイド、ホテル経営者、マッサージ師など、他人に幸福をもたらし、刺激や感動を与える仕事も重要であることにも、異論を唱える人はほとんどいないはずだ。

サービス業における役割を分類しなおす特に斬新なアプローチの一つは、人類学者のデヴィッド・グレーバーが提唱したものだ。彼が二〇一三年に書いた短い論文[185]はのちに口コミで広がり、それをもとにして本が書かれた。そこで彼は、教育、医療、農業、科学研究のような真に役に立つ仕事と、外見上は華やかだが、誰かに何かをさせること以外に明白な目的のない他の仕事を区別した。後者の職種としては、企業弁護士、広報幹部、医療・学術界の行政官、金融サービス業者などであり、彼はそれらを「ブルシット・ジョブ」と呼び、「従業員でさえその存在を正当化できないほど、まったく無意味で不必要で有害な雇用」の形態と定義した[186]。

「まるで私たちを働かせ続けるために、誰かが無意味な仕事をでっち上げているようなものだ」と彼は論じた[187]。

自分の仕事をくだらないと思っている人はいるかもしれないが、同じような職務に就いているにもかかわらず、そこにやりがいや目的、充実感を見出している人も当然ながらいるだろう。平凡なスキルを何か芸術に近いものに変換することで、祖先の活動を伝える人々だ。とはいえ職場調査では一貫して自分の仕事に不満を持つ人のほうが多い事実から、それが単なる対処メカニズムであることが多いことが示唆される。これはその進化の歴史が根本から、目的と意味を必要とすることで形成されてきた種の特徴である。

肥大化する官僚組織

ポスト工業化社会の特徴であるサービス業が急増する中で無意味な仕事が蔓延することに気づいたのは、決してグレーバーが最初ではない。組織の官僚主義が膨れ上がりやすい傾向は、現在ではパーキンソンの法則と呼ばれている。これはシリル・ノースコート・パーキンソンにちなむ命名だ。パーキンソンは一九五七年に『エコノミスト』誌に皮肉たっぷりの記事を発表し、この法則を提唱した。無駄な仕事の多いことで知られていた植民地省での経験に基づくパーキンソンの法則では、「仕事の量は、それを完成させるために与えられた時間をすべて満たすまで増加する」とされ[188]、それに応じて官僚組織は常に内部の仕事を生み出していかにも忙しく重要な仕事をしているように見せかけ、生産量が同じように増えなくても、その後も確実に存在、あるいは成長できるようにするだろう。

この記事を書いたときに、パーキンソンがそれを意図していなかったのは明らかだが、彼が使っている言葉は、シュレーディンガーのような科学者が、仕事とエネルギーと生命の関係を説明するときに使った言葉をほうふつとさせる。パーキンソンの法則によれば、官僚制が存続して成長するためには、継続的にエネルギーを現金という形で収穫し、メンガタハタオリのように、たとえエネルギーを消費する以上の目的がなくても仕事をしなければならない。

パーキンソンの法則が持ち出されるのは、現在ではCEOが事業規模を縮小するときや、負債を抱えた政府が緊縮財政を要求するときくらいかもしれない。とはいえこれは管理職の多くが直感的に気づいていることだ。ただそれをどう呼べばいいのかわからなかったのだ。結局のところ、多くの組織で〝最上級の人材（トップタレント）〟として認められるために必要な主要スキルの一つは、壮大だが意味のないプロジェクトを実行するための説得力のある理由を示し、多額の予算と、より多くのスタッフを引き出せるということなのだ。屈辱的な退場をしなければならなくなる最短のルートが、予算を使い切らないことであるのと同じである。

官僚主義が肥大化している証拠はいたるところにあるが、官僚主義が組織や機関をいかにむしばんでいるかを見なければ、その規模が明らかにされることはない。たとえば大学は基本的な目的が何世紀にもわたり、大きく変わってはいない。

いちばん古いハーバード大学が一六三六年に設立された米国では、現在の授業料は、インフレ調整後で、一九九〇年当時の平均二倍から三倍になっている。[189]最古の大学が一二世紀に設立された英国では、高等教育は一九九八年まで無料だっただけでなく、ほとんどの学生に、自治体から資産状況調査に基づいて、学生が生活費を稼ぐために学期中にアルバイトをしなくても、比較的快適に暮らせるくらい手厚い生活費が支給されていた。一九九八年に授業料の制度が導入されて以来、学費は九〇〇パーセント上昇している。米国でも英国でも、特に裕福な学生以外は、卒業時に返済に何十年もかかる借金を負う可能性が高いことをよくわかっている。

英国における授業料の大幅な値上げは、大学外の経済的要因によって加速された面もあるが、その主な理由は、かつてないほど肥大化した管理部門の費用を調達しなければならないということだ。たとえば、カリフォルニア州立大学では、管理職および専門管理職の総数は、一九七五年には三八〇〇人だったのが、二〇〇八年には一万二一八三人に増加する一方、教職員の数は一万一六一四人から一万二〇一九人の増加に留まっている。教職員は三・五パーセント増に対し、事務職員は二二一パーセント増である。特筆すべきは、増加した管理職はほぼすべて、オフィス勤めの官僚的な職務であるということだ。実を言えば、同じ時期に事務、サービス、メンテナンスの職員の数はほぼ三分の一に減少している。[190]

大学やその他多くの組織における新しい管理的役割の中には、重要で有用なものもある。官僚機構はすべて、政策立案、技術に特化した専門家、その特殊で難解な業務に深い満足を見出し、かつその人がいないとすべてが止まってしまうという人間を生み出す。しかし重要と思われているのは、そこで生まれた人々が、自分や他人に重要だと思い込ませることがうまい、あるいは他の人が重要なことを行なっているのを観察、測定、評価するためだけに存在しているからだという疑念を避けるのも難しい。

それが多くの学者の見解であるのは間違いない。研究や教育に多くの時間を使えるようになったどころか、二〇年前に比べて、週の労働時間のうち事務作業に費やす割合がかなり高くなったことがほぼ世界中で報告されている。また管理部門の仕事は学術的な仕事よりも専門性が低く、高い能力も必要としないのに、給与ははるかに高いことが多いとも指摘している。たとえば英国では、二〇一六年に学者の一〇人に四人が、自らの天職であると何年もかけて手に入れた仕事を辞めようと考えていると報告されている。(191)

エンゲージメントの低下

多くの人々が仕事にやりがいを見出し、少なくともそれが人生にもたらす交友関係や構造を楽しんでいるのは間違いない。その中には〝意味のない〟職で雇われている人もいるだろう。たとえそうであっても、問題なのは、世界中の労働者の圧倒的多数が仕事から大きな満足を得られていないことだ。ギャラップ社が毎年発表している『世界の職場の現状』報告書の最新版では、「二〇一四年、二〇一五年、二〇一六年に一五五カ国で収集されたギャラップ社のデータを集計した結果、自分の仕事にエンゲージしている従業員は、全世界でわずか一五パーセントにすぎない」とまじめに指摘している。三分の二はエンゲージしておらず、一八パーセントはむしろ関係を避けている。しかしエンゲージメントは国・地域によって大きな違いがあることも指摘されている。米国は三一パーセント、カナダでは二七パーセントの労働者が仕事といい関係を築いていると答え、〝職場へのエンゲージメント〟に関しては、世界をリードしている。対照的に、西ヨーロッパでは仕事にエンゲージしていると答えた労働者はたった一〇パーセントだが、少なくとも仕事にやる気を感じている労働者がたった五パーセントから七パーセントという日本、中国、韓国、香港、台湾の労働者よりは幸せである[192]。

サービス部門が拡大する一方なのは、自動化と効率化が進む製造部門の生産ラインから弾き出された人々を受け入れるための新たな仕事を発明するという点で、私たちの集団的な創造性を証明しているのかもしれない。しかし意義ややりがいを感じられる仕事を生み出す（あるいはそれに報いる）ことに関して、私たちがそれほど創造的でないのは明らかである。さらに重要なことは、次の自動化の潮流によって、その仕事が過剰であると判断された人たちすべてを、サービス部門が受け入れられるかどうか、まったくわからないということだ。その波はすでに、産業革命後の時代に働く男女の最後の避難場所となった岸辺に届き始めている。

第一五章　新しい病気

「私たちは新しい病気に冒されつつある。まだその名を聞いたことのない読者もいるかもしれないが、それについてはこれから数年のうちにおおいに耳にすることになるだろう。具体的には〝テクノロジーがもたらす失業〟である」と、ジョン・メイナード・ケインズは、労働から解放されたのちのユートピアを説明するときに、こう警告している。彼はそのあとに「これは労働力を節減する手段を発見したために起こる失業が、労働の新たな使い道を見つけるペースを上回ることを意味する」と述べている。それは一九三〇年代の聴衆に向けた良識的な指摘だった。人々は産業革命のギアがセカンドに上がって以降、自分たちの商売や生計を立てる手段が、新しい技術や働き方に取って代わられる可能性を心配していた。しかしさらに効率化と自動化が進むことで、人間の労働力の需要を食われてしまうことを、はっきり見抜いていた人はほとんどいなかった。

いまにして思えば、ケインズは〝先進的経済〟圏において、農場や鉱山、漁業、そしてどんどん自動化が進む生産ラインから追い出された人々を、拡大を続けていたサービス業が難なく吸収してくれるレベルを過小評価していた。駅の切符販売からスーパーのレジ係に至るまで、かつては多くの国でごくふつうに見られた職務の多くが自動化されているにもかかわらず、自動化によって仕事が食われる可能性についての議論は、一部のテクノロジーの中心地、企業の役員室、学術誌でしかなされていなかった。それも、サービス業が急速に拡大していたからだ。

それがすべて変わったのは二〇一三年九月、オックスフォード大学のカール・フレイとマイケル・オズボーンが、テクノロジーがもたらす失業に関するジョン・メイナード・ケインズの予測の正確性を評価する研究プロジェクトの結果を発表したときだ(193)。

オックスフォード大学の研究が大きな波紋を呼んだのは、フレイとオズボーンが、ロボットはすでに工場の門の前に列をなしているだけでなく、米国内の既存の仕事の半分近くに、その小さな機械の目で狙いを定めていると結論づけたからだ。七〇二の異なる職業を対象とした調査に基づくと、米国では現在の仕事の四七パーセントが、早ければ二〇三〇年までに自動化され消滅する「危険性が高い」という。もう一つ彼らが指摘したのは、最もリスクが高いのは、増え続けている官僚組織や中間管理職に属する人々ではなく、学歴が低い人が担うとされている、より実務的な職務に就いている人々だと思われるということだ。

その後、同様の研究が次々と発表された。政府、多国籍組織、シンクタンク、世界経済フォーラムといった、豪華な企業集団、そしてもちろん大手経営コンサルタント会社などがこの動きに加わった。それぞれが微妙に異なる方法論を用いてはいるが、どの主張もフレイとオズボーンの悲観的な見解にいくつもの細かい意見を積み上げたものだった。

たとえば世界最大の経済組織である経済協力開発機構（ＯＥＣＤ）が実施した調査では、自動化の影響は加盟国内でも加盟国間でも、地域によって異なる可能性が高いと結論づけている。西スロバキアのように離職率が四〇パーセントに達すると予測されている地域もあれば、ノルウェーの首都オスロのように、自動化される仕事が五パーセント未満で、ほとんど影響がないと考えられている地域もある。マッキンゼー・アンド・カンパニーのグローバル・インスティテュートの報告では、今後一五年から三五年間にかけて、部分的な自動化により、三〇パーセントから七〇パーセントの仕事が、存続の危機にさらされると示唆している。別の大手コンサルタント会社、プライスウォーターハウスクーパースによると、今後危険にさらされる仕事は、英国で三〇パーセント、米国で三八パーセント、ドイツで三五パーセント、そして日本ではたった二一パーセントであるとしている。(194)

これらの研究すべてで一致していたのは、一つのセクターの中でも、自動化のあおりを受けやすいサブセクターがあるということだ。ビジネスにおけるテクノロジーはすでに、投資に対して比較的短期間でリターンを得られるくらい、手頃な価格になっていたからだ。既存の仕事の半分以上が危機に瀕している、特に存続が危ぶまれるサブセクターは「水道、下水、廃棄物管理」と「輸送・保管」だとしている。僅差でそれに続くのが「卸売・小売」および「製造」で、近い将来、労働力が四〇パーセントから五〇パーセント減少する可能性がある。(195)

また少なくとも短期的には、自動化の影響を免れると思われる職業もあることが指摘されている。それはたとえば、とらえどころのない説得技術に依存する広報、高度な共感を必要とする精神医学、創造性が求められるファッションやデザイン、高度な手先の器用さが要求される外科医などである。

しかしそれでもたらされる安心感は一時的なものにすぎない。人間と同じレベル、あるいはそれ以上に器用な機械、また社会的知性や創造性を模倣できる機械の開発に相当な投資がつぎ込まれている。その結果、ほんの二～三年前までは自動化まではほるか遠いと思われていたことの実現が間近に迫ってきている。

たとえば二〇一七年には、北京の清華大学が国有企業と共同で開発したＡＩロボット〝シャオイー〟が、中国の医師免許試験を突破し、グーグルが開発したコンピュータ・プログラムであるアルファ碁が、世界最高の囲碁棋士に勝利した。これがきわめて重要と考えられるのは、チェスと違って、囲碁は情報処理能力だけでは勝てないからだ。二〇一九年、数年前からＩＢＭの社員と内輪で議論してディベート術を磨いてきた、飾り気のない黒い柱のようなＩＢＭの Project Debater が、世界ディベート選手権の最終戦のファイナリストだった選手を相手に、就学前補助金について賛成の立場で戦い、敗北はしたが説得力があり「驚くほどチャーミング」なパフォーマンスを披露した[196]。それ以上に、ディープフェイクの映像を生成する技術を、インターネットに接続できる人なら誰でも利用できるようになり、人間の言葉を解釈して、それを創造に利用する能力がますます向上している現状では、誰の仕事であれまったく安全とは言い切れないことをまざまざと感じる。そのため二〇一八年にユニリーバが採用業務の一部を自動化されたＡＩシステムに委託し、年間七万マンアワー（訳注：一人が一時間働いた作業量の単位）を削減すると発表したのも、驚くようなことではない[197]。

ＯＥＣＤのような組織がＡＩや機械学習の可能性について確信を持てないでいる理由は、これらのシステムの設計者自身、確信を持てないでいるからだ。機械学習やＡＩのプロトコルの中には、行き詰まっていると思わせるものもあり、それに時間をつぎ込むことは、失敗したビジネスにさらに金をつぎ込むことになりかねないという指摘もある。それでも新しいモデル（その多くは神経心理学に基づいている）が常に開発されていて、その流れが進む方向は一つだけである。

ロボットやＡＩの可能性が雇用市場を食い荒らすという多くの評価は、不思議なことに、もっと予測しやすいが奥深い経済的な意味について触れることは少ない。実のところは、自動化はさらに生産性、効率性、そして株主への配当を向上させる、すばらしい新世界の到来を告げるものであると、明るく肯定している人がほとんどだ。

マッキンゼーのような企業にとって、おそらくこれは理解できることだろう。なにしろ他のいくつかの意味に取り組むにはワームホールに飛び込む覚悟が必要で、それまでの自分たちの生活、つまり和牛を食べて、飛行機のファーストクラスで移動する生活を維持できる経済システムを、上から下まで再構築することを考えざるをえなくなるからだ。それらの一つは、ずっと消えずに残っていた、人間の労働と労力と報酬の間には比例関係があるかのような考えが消え去ることだ。もう一つはそれに密接に関連する疑問で、自動化によって誰がどのような恩恵を受けるのかという問題である。

自動化と格差

自国の物質的不平等の程度を過小評価する人がいまだに多いとしても、場所によっては、政治家が危険を承知でそうせざるをえなくなっていることを示唆する研究が増えている。この研究は、米国のような先進国経済と中国のような急成長している経済圏に特徴的な、きわめて大きな所得格差を指摘しているが、現在では純資産の格差に注目するものが増えてきている。何と言っても、グレート・デカップリングという現象が起きてから、勤勉に働くよりも資産を所有するほうが、さらに富を生み出すのに有利であることが証明されてしまったのだ。

当初、一九八〇年代後半から二〇〇〇年代前半にかけては、手ごろな価格のデジタル技術が広く普及したことで、国家間の不平等が大幅に縮小した。それは貧しい国々がその助けによって競争力をつけ、どんどん成長していた世界の製造業で、大きなシェアを獲得できるようになったからだ。現在では自動化がさらに拡大し、その傾向は止まる、あるいは逆転する可能性すらありそうだ。自動化によって労働力の必要性がさらに減り、賃金の低い国が持っていた優位性が失われてしまうかもしれない。

自動化は国家間の構造的不平等を固定化するだけではない。経済の構造化の方法を根本的に変えなければ、国内でも不平等が劇的に悪化する国が多くなるだろう。まず非熟練工や半熟練工が、きちんとした雇用を得る機会を減らすと同時に、ほとんど自動化された作業を引き続き管理する少数の人の所得が高騰することから始まる。(198) 同じく重要なのは、労働よりも資本に対するリターンが多くなるだろうということで、もっぱら労働と引き換えにキャッシュを得ている人々よりも、事業に投資できるキャッシュを持つ人々のほうが、財産を増やすことができるということだ。これはそのまま、自動化がすでに裕福な人々にさらなる富をもたらす一方で、企業の株式を購入する手段を持たず、自動装置が行なう仕事にただ乗りせざるをえない人々には、大きな不利益となるということだ。

もちろんグレート・デカップリング以降、世界的に最も裕福な一パーセントの人々が、経済成長によって生み出された新たな富について、それ以外の人々の二倍も多く獲得しているという事実がなければ、これはそれほど大きな問題ではなかっただろう。現在、地球上で最も裕福な一〇パーセントの人々が、世界の全資産の八五パーセントを所有していると推定され[199]、最も裕福な一パーセントが世界の全資産の四五パーセントを所有している。

自動装置やＡＩの多くは、すでに必要不可欠な仕事をしている。たとえばゲノム研究者や疫学者が頼りにしている巧妙なアルゴリズム、医療従事者が利用できる新しいデジタル診断ツールの数々、そしてどんどん高度化している気候・気象モデル。それと同じくらい重要なのは、いまやそれらがなくなると、さらに複雑化する都市と、それを支えるデジタルそして物理的なインフラを管理する能力を失ってしまうということだ。

しかしほとんどの自動ＡＩ機械システムを使う目的はただ一つである。それは他の人間に仕事をさせるときに生じる義務を負うことなく（たとえ人間がそれをできたとしても）、所有者のために富を生み出すことだ。事実、グレート・デカップリングと並行して、富がどんどん公的機関から私人の手へと移っている。この三〇年で、ほとんどの富裕国では、国民所得に対する個人資産の割合は倍増したが、公的資産は急減している。たとえば中国では、この期間に公的資産の価値が国民資産全体の七〇パーセントから三〇パーセントまで減少し、米国と英国では、金融危機以降、純公的資産がマイナスになっている[200]。

完全自動化された生産ラインは無料で動いているわけではない。その基本的なエネルギー需要は、しばしば人間の場合よりも大きい。また定期的なアップグレードや修理も必要だ。しかし人間の社員とは違って、ストライキを起こすこともなく、仕事が目的に合わなくなったとき、解雇手当を要求したり、年金制度による支援を期待したりすることもない。それ以上に、交換やリサイクルに出しても道義的な負担がかからない。機械を取り外して回収やスクラップに出そうとして、眠れないほど悩むＣＥＯはいない。

豊かさの経済学

ジョン・メイナード・ケインズが彼なりのユートピアの未来を想像したとき、彼は不平等を悪化させる可能性についてはあまり考えていなかった。彼のユートピアは、すべての人の基本的ニーズが容易に満たされるため、不平等は問題にされなくなっているはずだった。必要以上に働くのは愚か者だけ。ほとんど採集社会のような彼のユートピアは、富のために富を追求する者は、賞賛されるどころか嘲笑される場所だった。

「所有物として金銭を愛することは（人生の楽しみを実現する手段としての金銭を愛することとは区別される）、そのままの意味、どこか気持ち悪い病的な状態の、半ば犯罪、半ば病的な性癖であり、他人が身震いしながら精神疾患の専門家に引き渡すべきものとみなされるものになる」と彼は説明した。「したがって私たちは、宗教と伝統的な美徳の中で何よりも確かで信頼できる原則に、自由に立ち戻ることができるのだ。つまり金銭欲は悪徳であり、高利貸しの取り立ては下品であり、金銭への執着は唾棄すべきことである」と。

彼はほぼ完全な自動化への移行は、欠乏を終焉させるだけでなく、経済問題の解決という、かつては永遠の課題に思えたもののまわりにこびりついていた、すべての社会的、政治的、文化的制度、規範、価値観、考え方、野心を終焉させると信じていた。言い換えると、彼は欠乏の経済学を終わらせて、豊かさの経済学に取って代わる必要があるとして、将来、経済学者は社会における神聖な地位から、〝歯医者〟のような、必要なときにちょっとした手術を行なうために呼ばれる存在に降格させられるものだと訴えたのだ。

それから三〇年近くがたち、ジョン・ケネス・ガルブレイスが同様の議論を展開し、欠乏の経済学は悪賢い広告主がつくり出した欲望によって支えられていると主張した。ガルブレイスはまた、豊かさの経済学への移行は有機的なものであり、個人が価値のある仕事を優先し、富の追求を放棄することで形成されるという見解を持っていた。彼はまた、この移行は戦後の米国ですでに起こっており、その先頭を行くのが〝新しい階級（ニュー・クラス）〟と呼ぶものだと考えていた。彼らは勤め先を、金銭的な理由ではなく、仕事がもたらす他の報酬、たとえば喜びや満足感、名声などを理由に選ぶ人々である。

おそらくガルブレイスとケインズは正しかった。そしてこの変革はすでに起こっている。先進国のミレニアル世代は、見つけた仕事を好きになろうとするよりも、好きな仕事を見つけることにこだわっている。また仕事の進め方に関して、従業員に対してより柔軟な対応を認める流れも明らかだ。多くの国で、女性だけでなく男性にも育児休暇が与えられるようになっている。デジタル通信のおかげで、毎週、何日か自宅で仕事をしたり、フレックスタイムで働いたりする人が増え続けている。

しかし労働時間は依然として週四〇時間前後で変化はなく、エッセンシャルワーカーの多くは柔軟な働き方の選択肢を持たず、都心部は住居が高くて住めないため、高い交通費を払って長い通勤時間に耐えている。それ以上に、世界中で自分の仕事にエンゲージしていると言う人はたったの一五パーセントで、ガルブレイスが新しい階級とみなした学者や教師たちの多くは、民間セクターに行くことを望むようになっている。同時に、小麦のような作物のあと新しい大陸や新しい生態系に侵入した雑草のように、無限の願望という病は新たな生息地を見つけた。それはインスタグラムからフェイスブックまで、あらゆるデジタル生態系に入り込んで増殖し、きわめてよく適応している。

現在ならケインズは、自分はタイミングを間違えただけで、そのユートピアの〝成長痛〟は、はるかにしつこいが、最終的には治癒する状態を暗示していたと結論づけるかもしれない。あるいは彼の楽観主義は根拠のないもので、経済問題を解決し続けたいという私たちの願望はとても強いため、たとえ基本的なニーズが満たされたとしても、しばしば無意味な場所をつくり続けて、それでも生活を構築し、目的があり利益があがる事業と、隣人をしのぐチャンスを手に入れると結論づけたかもしれない。

ケインズはロンドンのマルサス学会の熱心な会員だった。これは産児制限を強力に支持する集団で、人口過剰が将来の繁栄にとって最大の脅威であると固く信じていた。そのため彼はもっと差し迫った別の問題に目を向けていた可能性がある。それはケインズが、患者の具合を悪くしている経済問題（テクノロジーによる経済成長）を解決するために処方した薬であることを示唆していた。

『成長の限界』を巡る論争

一九六八年、実業家、外交官、学者が集まり、のちに「ローマ・クラブ」と呼ばれるようになるグループを結成した。彼らは経済成長の恩恵が平等に分配されないことに不満を持ち、急速な工業化に明らかに関連する環境コストに警鐘を鳴らし、留まることを知らない経済成長の長期的な影響を、もっとよく理解したいと考えた。そのために彼らはマサチューセッツ工科大学（ＭＩＴ）の経営の専門家であるデニス・メドウズに、何らかの答えを出すよう求めた。フォルクスワーゲン財団の厚意により潤沢な予算を手にしたメドウズが、まず仕事を依頼したのが、ハーバード大学の優秀な生物物理学者で、たまたま配偶者でもあったドネラ・メドウズだった。そして二人は多様性に富むチームをつくるべく、システム・ダイナミクス、農業、経済学、人口統計学といった分野の専門家を集め始めた。メンバーが集まると、すべてが順調に進めば、二年後には彼のチームによる調査結果が報告できるだろうと考えていた。

メドウズと彼のチームは、そのころマサチューセッツ工科大学に設置されたばかりの新しい高性能メインフレーム・コンピュータの計算能力を利用して、工業化と人口増加、食料生産、再生不能な資源の使用、環境の悪化との間の、ダイナミックな関係をモデル化する一連のアルゴリズムを開発した。そしてそのデータを使ってシミュレーションをいくつも行ない、人間の短期的な行動が将来的にどのような影響を及ぼすかのモデルを示した。この意欲あふれる研究の結果は、まず非公開でローマ・クラブに提出され、一九七二年に『成長の限界』という書籍として発表された。メドウズと彼のチームが出した結論は、ケインズのユートピア的な夢とは大きく異なっていた。そしてローマ・クラブをはじめ、そして他の誰にとっても耳をおおいたくなるようなことだった。

コンピュータに入力したさまざまなシナリオの結果を集計したところ、歴史的な経済と人口の成長傾向に大きな変化がなければ、つまりビジネスがこのまま続けば、世界で一〇〇年以内に「人口と産業能力の両方が、減少していくのを抑えられない状況」を目の当たりにすることになるのは間違いないことが示されたのだ。つまり彼らのデータが示していたのは、経済問題の解決にとらわれ続けることこそが人類が直面している最大の問題であり、このままでは破滅的な結果を招く可能性が高いということなのだ。

しかし彼らのメッセージにまったく希望がなかったわけではない。行動を起こす時間はあるし、人間にはそれができるだけの力があると、彼らは信じていた。ただし永続的な経済成長へのこだわりは捨てなければならないと認める必要はあった。方法論に若干の難点があり、また奇跡的な問題解決法が見つかる可能性をほとんど考慮していなかったのは事実だが、ローマ・クラブはメドウズチームの調査結果を妥当なものとして受け入れた。

「我々全員が確信しているのは、均衡が崩れて危険なほど悪化している現在の世界情勢を、すぐさま抜本的に是正することが、人類にとって最優先の課題であるということだ」[201]。彼らは先行きが暗いことを警告し、行動を起こすための窓は驚くほどすばやく閉まりつつあり、この問題は放置できるものではなく、次の世代に対処させるべきではないと主張している。

世界はこのような暗い将来像を受け入れる準備ができておらず、もしそれが本当でも、自分たちに課される重い責任を考えたがらなかった。また人類の進歩を決定づけた長所、すなわち生産性、野心、エネルギー、勤勉さが、今度は人間を破滅に導くかもしれないなどと、まだ誰も考えようとはしなかった。「いくら高性能のコンピュータを使っても、入力するデータがごみなら、答えもごみしか出てこない」と、『ニューヨーク・タイムズ』紙は、痛烈なコラムで『成長の限界』についてそう酷評した[202]。

この記事が、その後四半世紀にわたる批判的な方向性を決定づけた。経済学者たちは口々に、『成長の限界』を「ばかばかしいでたらめ」だと腐した。[203] 彼らはこの報告書は人間の創意の能力を過小評価しており、自分たちの崇高な仕事の根幹に対する下手な攻撃として退けられるべきだと主張した。人口学者たちは、これをロバート・マルサスの世界的大惨事の警告に比較してばかにした。それからしばらく、ほとんどの人が『成長の限界』にとどめを刺そうとしているように見えた。カトリック教会はこの本を神への攻撃だと断じ、延々と言い争いを続けるヨーロッパと米国の左翼運動が、エリート主義の陰謀のプロパガンダだと宣言して、第三世界の労働者階級と貧困にあえぐ市民から物質的に豊かな未来を奪おうとしていると主張したとき、メドウズが落胆するのはしかたのないことだっただろう。

組織的な支持がほとんどなかったため、政府、企業、国際機関は、著者たちはまだ発見されていない石油の埋蔵量のようなものを説明できていないからという理由で、この本を無視することにした。

二〇〇二年、メドウズともとからチームにいた他の二人のメンバーは、最初の予測に立ち返った。またその間のデータも含めて、新たなシミュレーションを行なった。[204] 一九七二年当時に使用していたコンピュータのハードウェアが旧式であったにもかかわらず、彼らのアルゴリズムは、それからの三〇年間に起こった変化を予測するのに、きわめて優れていたことが示された。また新しいデータに基づく最新のシミュレーションでは、成長へのこだわりが、私たちを忘れられる存在へと導くかもしれないという、最初の結論が再確認されただけだった。唯一の違いは、その間に重要な基準値を超えてしまっていたことだと、彼らは説明した。経済成長を抑えるだけではもう足りない。経済成長率を以前のレベルに戻す必要があったのだ。

アップデート版の内容は、最初の本よりもはるかに悲観的だった。そのころには、急速に発展していた科学的研究により、メドウズと彼のチームがもともとの予測を行なったときに考慮しなかった、いくつもの環境問題が指摘されるようになっていた。たとえば環境汚染物質の潜在的な影響をモデル化するにあたって、彼らはいま海にあふれていて、世界中の埋立地に生物が棲めなくなっている原因であるビニールについて考慮していなかった。また二酸化炭素排出量と大気温暖化の可能性との関連性について、簡単に触れてはいたが、地球ではすでに、二世紀にわたる産業と農業の急速な発展によって大気中に温室効果ガスが蓄積された結果、急速な気候変動が進行していたことについては触れられていなかった。

二〇〇二年から、『成長の限界』を作成したチームが開発したモデルは、第三者によって何度も再評価され、アップデートされてきた。それでもかつては際立っていたこの研究も、どんどん明らかになる人類が環境に与える影響と、そこから予想される結果を記録する新しい研究の大波に押されている。現在では一九七二年、二〇〇二年当時よりもはるかに多くの証拠があり、コンピュータは桁違いに大きく複雑なシミュレーションを行なえる。いまやその証拠は大量に存在し、科学コミュニティ内での、人類が地球に与える影響の大きさについての議論は、現在の地質年代を〝人新世（Anthropocene）〟という新たな名称に切り替えるのに値するかどうかに移行している。

環境問題は待ったなし

ジョン・メイナード・ケインズの経済ユートピアでは、人間に起因する気候変動はなかった。海洋酸性化や大規模な生物多様性の喪失もなかった。もしあったとしても、ほぼ間違いなくいまよりは、制御がきく状況にあっただろう。結局のところ彼のユートピアは、科学的手法が尊重され、科学者が賞賛され、一般の人々が彼らの警告に真剣に耳を傾ける場所なのである。

しかしそれ以上に重要なのは、そこはエネルギーコストのかかる〝相対的なニーズ〟が満たされて人間の消費衝動が低下し、人々は商業の歯車を回し続けるためだけに、所有するものすべてを定期的にアップグレードしたり買い換えたりしようとしなくなる場所であるということだ。

私たちはケインズのユートピアを実現するための道を進んでいるのかもしれない。あるいはすべてを変えてしまう重大な一線を越えようとしているのかもしれない。あるいはそれらすべての騒ぎにとらわれて、どこに向かうかはっきりとわかっていないのかもしれない。しかし問題は、私たちにはもはや時間をかけてそれを突き止める余裕がないということだ。

当然のことながら、気候が急速に変化するという不吉な予測によって、多くの議論が起こり、行動を起こす人も増えている。〝持続可能性〟という耳に優しいが軽い言葉が、いまや国際機関、政府、企業の年次報告書や政策や計画書に、当たり前のようにちりばめられている。しかし世間からの圧力が高まっているにもかかわらず、一九七二年にローマ・クラブが適切だと推奨した、有効な措置を検討することにさえ強硬な抵抗が残っている。実のところ、きわめて多くの人が、持続可能性が提起するソフト・エコノミクスについて難しい質問をするよりも、ハード・サイエンスの完全性を疑うほうが簡単だと考えている。

とはいえ、人間に起因する気候変動や生物多様性の喪失に対処するための多くの取り組みが、そもそもの原因である経済学の原理に照らして、その存在を正当化しようとしたのは驚くことではない。裕福なハンターたちは、ライオンやゾウをはじめとする野生動物の多くを銃で撃ち殺しながら、それがなければ存在しない少数の仕事を維持し、それらの動物種の保護に費やせる資金を増やしているのだと思い込んでいる。海洋生物学者は白化したサンゴ礁を回復させる取り組みの正当性について、サンゴ礁の破壊に関わっている可能性が高い経済的影響を引き合いに出して主張する。環境保護論者は機能している生態系の運命について、私たちに代わって生態系が担っている〝サービス〟に言及して、政治家と議論をする。そして気候学者は、炭素排出量の削減や、気候変動の影響緩和のための「ビジネスを立ち上げ」ようとする。

働き方の未来

歴史を記憶しない者は、どうしても過去の過ちを繰り返す。しかし現在私たちに突きつけられている、いずれ起こるかもしれない問題には、明白な前例が存在しないものもある。何しろ人類の歴史上、七五億もの人々がそれぞれ、祖先である採集民に比べ、約二五〇倍のエネルギーを獲得し消費するなどということは、かつてなかったのだ。幸運なことに、コンピュータ、人工知能、機械言語のおかげで、私たちはどんな聖人や予言者よりも、はるかに正確な将来像をモデル化できるツールを手にすることができている。それらのツールは不完全かもしれないが、常に改良されていて、ものごとの因果関係や、私たちの行動の結果について、考え方の視野をさらに未来の方向に広げている。

即時報酬型経済の採集民はその場のニーズを満たすために、そして遅延報酬型経済の農民は翌年までの生活を維持するために労働力を投入していたが、現在の私たちは、もっと長いスパンで、自分がしている仕事の結果の可能性を考えなければならなくなっている。私たちのほとんどが、過去のどの時代よりも長生きするだろうと認識し、子孫に何が残されるかもわかっている。そのため短期的な利益と、長期的にその利益を損失に転じさせるかもしれない結果との間に、複雑なトレードオフが生じることになる。

歴史が未来への指針としては不適であるということは、ジョン・メイナード・ケインズが二〇三〇年までに、技術の進歩と資本成長、そして生産性向上によって、人間は「経済的至福」の地へと導かれると想像したときの、主要な主張の一つだった。彼に言わせると、自動化によって手に入れる未来は未知の領域であり、そこをうまく進んでいくには、想像力、寛容性に加え、私たちの態度や価値観について、歴史的に前例がないレベルでの変革が求められる。「富の蓄積が社会的に高い重要性を持たなくなったとき、道徳的な規範に大きな変化が起こるだろう」と彼は結論し、その結果として私たちは「富の分配や経済的な報酬や罰則に影響を与える、あらゆる種類の社会的慣習や経済慣行」を捨てざるをえなくなると述べた。

自動化によってもたらされる変化は、人々の生活、思考、組織のあり方に根本的な革命をもたらすというケインズの感覚は、未来へと向かっていた二〇世紀初頭の他の多くの思想家たちと一致していた。この意味では、カール・マルクスやエミール・デュルケームらと大きな違いはない。彼らはどちらも、歴史はいずれ落ち着くべきところに落ち着くと信じていたが、それがどのように起こるかについては、まったく違う見解を持っていた。ケインズは経済問題を解決しようとする人間の尽力のせいで引き起こされる、気候変動や生物多様性の喪失につながる尺度やリスクを想像できなかったかもしれないが、ロバート・マルサスのファンである彼なら、すぐに理解できたと思われる。

歴史が未来についてのよい指針となるのは、変化の本質に関する部分だ。それは、私たちが変化を好まない頑迷な種であることを思い起こさせる。たとえ明らかにそうすることが必要であっても、自分の行動や習慣を大きく変えることに徹底して抵抗する。しかし変化を余儀なくされたとき、私たちは驚くほど融通が利くことも明らかになった。まったく異なる新しい手法や考え方にすばやく順応し、短期間で前の手法や考え方と同じくらい慣れることができる。そのため自動化とＡＩのおかげでこれまでとはまったく違う未来を受け入れることが可能になったが、ケインズが想定したような「社会的慣習や経済慣行」に大きな変化を引き起こすきっかけにはなりそうにない。

それよりもきっかけになりそうなのは、たとえば急激に変化している気候であったり、農業の発明を促したものであったり、ロシア革命を引き起こした制度的な不平等への怒りであったりするかもしれない。あるいはウイルス性の疾病のパンデミックにより、経済制度や労働文化が時代遅れになっていることが明らかになり、真に価値のある仕事とは何か、誰もが必要不可欠と認める仕事よりも、あまり意味もなく他者を搾取する仕事に、市場がはるかに多くの報酬を与えることに、なぜ平気でいられるかという問いを人々が抱くことが、きっかけになるかもしれない。

結論

一九六〇年代、人類学者がジュホアン族、ムブティ族、ハッザ族といった現代の採集社会の調査を始めたとき、彼らが行なっている仕事が、私たちの祖先の大昔の暮らしぶりを明らかにしてくれるのではないかという期待を持っていた。そして現在、それと同じ研究全体が、厳しい環境上の限界に縛られながらも自動化された未来における人間の行動について、なんらかのヒントを与えてくれるのではないかと考えられている。

たとえば現在では、ジュホアンをはじめとするカラハリの採集民は、おそらく約三〇万年前にホモ・サピエンスが初めて出現してからずっと、アフリカ南部に住み続けてきた単一集団の子孫であることがわかっている。またその採集民の祖先が、経済的に一九六〇年代のジュホアンと同じように暮らしていたと考えられる十分な根拠もある。持続可能性の最終的な基準が「長く続くこと」であるとすれば、狩猟採集は人類史上もっとも持続可能な経済的手法であり、コイサン族はもっとも優れたその実践者である。当然ながら、現在の私たちが狩猟採集を行なうことはないが、そうした社会は経済問題に縛られない社会がどのようなものかについてヒントを与えてくれる。現代の私たちの仕事に向き合う姿勢は、農業への移行や都市への移住の結果、生じたものであることを気づかせてくれるのだ。そればかりではなく、よく生きるための鍵は、不平等を緩和して、個人の物質的な願望を抑えられるかどうかにかかっていることも伝えている。そのためにはジョン・メイナード・ケインズの言葉を借りれば、私たちは「いま再び、手段よりも目的を重視し、利便性より質のよさを優先する」ことだ。

自動化された私たちの未来と環境の持続可能性に関して、不確実性が高まっていることを反映し、近年、将来どのようにものごとを体系化すべきか、あるいはどうすればそれができるかを提案する声明や書籍が増えている。広く経済的観点から道筋を描こうとする者もいる。特に影響力があるのは、〝ポスト資本主義〟のさまざまなモデルを提唱する、あるいは経済成長をその神聖な台座から引き下ろし、市場とはせいぜい腕の悪い価値の判定者にすぎず、生活環境などに関しては破壊者であると認識すべきだと主張する多くの人々である。その中で特に興味深いのは、私的な富の蓄積の重要性を減らそうとするものだ。

それには最低所得保障（ユニバーサル・ベーシック・インカム）（働いていても働いていなくても、すべての人に無償でお金を配る）や、課税の中心を所得から資産に移すといった提案が含まれる。その他の興味深いアプローチとして、人間や企業に付与している基本的権利を、生態系や河川、重要な生息環境にも拡大することを提案している人もいる。

もっと楽観的なアプローチとしては、いずれ主に自動化とＡＩによって、きわめて大きな物質的な贅沢がもたらされ、経済的ユートピアへの道に立ちはだかるどんな障害も乗り越える方法が見つかるという考え方がある。それはオスカー・ワイルドが思い描いた詩的で美しい未来とよく似ていて、私たちは「美しいものをつくったり、美しいものを読んだり、ただ感嘆と喜びを持って世界を眺めたり」して、洗練された娯楽に時間を費やすことができる。

またドグマや、のどかな過去の幻想に基づいて未来を考えるモデルへの関心も再燃している。それらは技術を基盤とするユートピアのビジョンとはほとんど共通点がないものの、世界人口のかなりの割合を占める人々の意見や態度を形成するうえで、同じくらいの影響力を持っている。近年、多くの国で有害なナショナリズムが盛り上がりを見せているのも、その反映である。第二次世界大戦の惨禍を経て国際連合が組織されたのは、そのようなナショナリズムを放逐しようとしてのことであったが。多くの場所で神学的保守主義が高まっていることや、複雑な選択を古代の神々の架空の教えに委ねようとする人々が増加しているのも、根は同じである。

何千もの世代にわたり、何かをつくったり行なったりしてきた人々（あのトリックスターである神、エントロピーの忠実なる僕として人間の手と頭にするべきことを与えて満足をおぼえる）の精神を伝える以外に、本書の目的はそれほどはっきり決まったものではない。目指すものの一つは、私たちと仕事の関係――広い意味で――は、ケインズのような人々が想像していた以上に根源的なものであると明らかにすることだ。エネルギーと生活と仕事の関係は、他のすべての生物との間に持っている共通のつながりの一部である。それと同時に、私たちに備わっている目的意識や、はかり知れない器用さ、そしてごく日常的なことにさえ満足を見出す能力は、地球上に生命が誕生したときから研ぎ澄まされてきた進化の遺産の一部なのだ。

しかし主な目的は、人間の仕事生活をがっちりつかんで支配してきた欠乏の経済学の力を弱め、維持できないほどの経済成長への固執を減少させることだ。なぜならば、経済の制度を支える柱である前提の多くが農業革命の産物であり、人が都市へ移動することで増幅されたものだと認識することにより、私たちはくびきから解放されて、まったく新しいもっと持続可能な将来を、自分たちだけで想像できるようになるからだ。そうすれば私たちは、動かずにいられない行動力、目的意識、創造性を原動力として、運命をつくりあげるという難題に立ち向かえるようになる。

原　注

イントロダクション　人間と仕事の複雑な歴史

(1)　Adam Smith, *An Inquiry into the Nature and Causes of the Wealth of Nations*, Metalibri, Lausanne, 2007 (1776), p. 12, https://www.ibiblio.org/ml/libri/s/SmithA_WealthNations_p.pdf.（アダム・スミス『国富論』（高哲男訳、講談社学術文庫））

(2)　Oscar Wilde, 'The Soul of Man Under Socialism', *The Collected Works of Oscar Wilde*, Wordsworth Library Collection, London, 2007, p. 1051.

第一部　始まり

第一章　生きることは仕事をすること

(3)　Gaspard-Gustave Coriolis, *Du calcul de l'effet des machines*, Carilian-Goeury, Paris, 1829.

(4)　Pierre Perrot, *A to Z of Thermodynamics*, Oxford University Press, 1998.

(5)　'The Mathematics of the Rubik's Cube', *Introduction to Group Theory and Permutation Puzzles*, 17 March 2009; http://web.mit.edu/sp.268/www/rubik.pdf.

(6)　Peter Schuster, 'Boltzmann and Evolution: Some Basic Questions of Biology seen with Atomistic Glasses', in G. Gallavotti, W. L. Reiter and J. Yngvason (eds), *Boltzmann's Legacy* (*ESI Lectures in Mathematics and Physics*), European Mathematical Society, Zurich, 2007, pp. 217-41.

(7)　Erwin Schrödinger, *What is life?*, Cambridge University Press, 1944.（アーウィン・シュレーディンガー『生命とは何か：物理的にみた生細胞』（岡小天、鎮目恭夫訳岩波文庫））

(8)　Ibid., pp. 60-1.

(9)　T. Kachman, J. A. Owen and J. L. England, 'Self-Organized Resonance during Search of a Diverse Chemical Space', *Physics Review Letters*, 119, 2017.

(10)　J. M. Horowitz and J. L. England, 'Spontaneous fine-tuning to environment in many-species chemical reaction networks', *Proc. Natl. Acad. Sci. USA* 114, 2017, 7565, https://doi.org/10.1073/pnas.1700617114;

N. Perunov, R. Marsland and J. England, 'Statistical Physics of Adaptation', *Phys. Rev. X*, 6, 021036, 2016.

(11) O. Judson, 'The energy expansions of evolution', *Nature Ecology & Evolution*. 1, 2017, 0138, https://doi.org/10.1038/s41559-017-0138.

第二章 仕事せずにはいられない

(12) Francine Patterson and Wendy Gordon, 'The Case for the Personhood of Gorillas', in Paola Cavalieri and Peter Singer (eds), *The Great Ape Project*, New York, St. Martin's Griffin, 1993, pp. 58-77, http://www.animal-rights-library.com/texts-m/patterson01.htm.

(13) https://www.darwinproject.ac.uk/letter/DCP-LETT-2743.xml

(14) G. N. Askew, 'The elaborate plumage in peacocks is not such a drag', *Journal of Experimental Biology* 217 (18), 2014, 3237, https://doi.org/10.1242/jeb.107474.

(15) Mariko Takahashi, Hiroyuki Arita, Mariko Hiraiwa-Hasegawa and Toshikazu Hasegawa, 'Peahens do not prefer peacocks with more elaborate trains', *Animal Behaviour* 75, 2008, 1209-19.

(16) H. R. G. Howman and G. W. Begg, 'Nest building and nest destruction by the masked weaver, Ploceus velatus', *South African Journal of Zoology*, 18:1, 1983, 37-44, DOI: 10.1080/02541858.1983.11447812.

(17) Nicholas E. Collias and Elsie C. Collias, 'A Quantitative Analysis of Breeding Behavior in the African Village Weaverbird', *The Auk* 84 (3), 1967, 396-411, https://doi.org/10.2307/4083089.

(18) Nicholas E. Collias, 'What's so special about weaverbirds?', *New Scientist* 74, 1977, 338-9.

(19) P. T. Walsh, M. Hansell, W. D. Borello and S. D. Healy, 'Individuality in nest building: Do Southern Masked weaver (Ploceus velatus) males vary in their nest-building behaviour?', *Behavioural Processes* 88, 2011, 1-6.

(20) P. F. Colosimo, C. L. Peichel, K. Nereng, B. K. Blackman, M. D. Shapiro, D. Schluter et al., 'The Genetic Architecture of Parallel Armor Plate Reduction in Threespine Sticklebacks', *PLoS Biology* 2 (5), 2004, e109, https://doi.org/10.1371/journal.pbio.0020109.

(21) Nicholas E. Collias and Elsie C. Collias, 'A Quantitative Analysis of Breeding Behavior in the African Village Weaverbird', *The Auk* 84 (3), 1967, 396-411, https://doi.org/10.2307/4083089.

(22) Lewis G. Halsey, 'Keeping Slim When Food Is Abundant: What Energy Mechanisms Could Be at Play?', *Trends in Ecology & Evolution*, 2018, DOI: 10.1016/j.tree.2018.08.004.

(23) K. Matsuura, C. Himuro, T. Yokoi, Y. Yamamoto, E. L. Vargo and L. Keller, 'Identification of a pheromone regulating caste differentiation in termites', *Proceedings of the National Academy of Sciences USA* 107, 2010, 12963.

(24) Proverbs 6:6-11.（箴言6: 6-11）

(25) Herbert Spencer, *Principles of Ethics*, 1879, Book 1, Part 2, chap. 8, sect. 152, https://mises-media.s3.amazonaws.com/The%20Principles%20of%20Ethics%2C%20Volume%20I_2.pdf.

(26) Herbert Spencer, *The Man versus the State: With Six Essays on Government, Society, and Freedom*, Liberty Classics edition, Indianapolis, 1981, p. 109.

(27) Charles Darwin, *On the Origin of Species by Means of Natural Selection, or The Preservation of Favoured Races in the Struggle for Life*, D. Appleton, New York, 1860, p. 85.（チャールズ・ダーウィン『種の起源』（渡辺政隆訳、光文社古典新訳文庫））

(28) Ibid., p. 61.

(29) Roberto Cazzolla Gatti, 'A conceptual model of new hypothesis on the evolution of biodiversity', *Biologia*, 2016, DOI: 10.1515/biolog-2016-0032.

第三章　道具とスキル

(30) R. W. Shumaker, K. R. Walkup and B. B. Beck, *Animal Tool Behavior: The Use and Manufacture of Tools by Animals*, Johns Hopkins University Press, Baltimore, 2011.

(31) J. Sackett, 'Boucher de Perthes and the Discovery of Human Antiquity', *Bulletin of the History of Archaeology* 24, 2014, DOI: http://doi.org/10.5334/bha.242.

(32) Charles Darwin, Letter to Charles Lyell, 17 March 1863, https://www.darwinproject.ac.uk/letter/DCP-LETT-4047.xml.

(33) D. Richter and M. Krbetschek, 'The Age of the Lower Paleolithic Occupation at Schöningen', *Journal of Human Evolution* 89, 2015, 46-56.

(34) H. Thieme, Altpaläolithische Holzgeräte aus Schöningen, Lkr. Helmstedt, *Germania* 77, 1999, pp. 451-87.

(35) Zutovski and Barkai, 'The Use of Elephant Bones for Making Acheulian Handaxes',

(36) J. Wilkins, B. J. Schoville, K. S. Brown and M. Chazan, 'Evidence for Early Hafted Hunting Technology', *Science* 338, 2012, 942-6, https://doi.org/10.1126/science.1227608.

(37) Raymond Corbey, Adam Jagich, Krist Vaesen and Mark Collard, 'The Acheulean Handaxe: More like a Bird's Song than a Beatles' Tune?', *Evolutionary*

Anthropology 25 (1), 2016, 6-19, https://doi.org/10.1002/evan.21467.

(38) S. Higuchi, T. Chaminade, H. Imamizu and M. Kawato, 'Shared neural correlates for language and tool use in Broca's area', *NeuroReport* 20, 2009, 1376, https://doi.org/10.1097/WNR.0b013e3283315570.

(39) G. A. Miller, 'Informavores', in Fritz Machlup and Una Mansfield (eds), *The Study of Information: Interdisciplinary Messages*, Wiley-Interscience, 1983, pp. 111-3.

第四章　火の恵み

(40) K. Hardy et al., 'Dental calculus reveals potential respiratory irritants and ingestion of essential plant-based nutrients at Lower Palaeolithic Qesem Cave Israel', *Quaternary International*, 2015, http://dx.doi.org/10.1016/j.quaint.2015.04.033.

(41) Naama Goren-Inbar, Nira Alperson, Mordechai E. Kislev, Orit Simchoni, Yoel Melamed, Adi Ben-Nun, Ella Werker, 'Evidence of Hominin Control of Fire at Gesher Benot Ya`aqov, Israel', *Science* 30, April 2004, 725-7.

(42) S. Herculano-Houzel and J. H. Kaas, 'Great ape brains conform to the primate scaling rules: Implications for hominin evolution', *Brain Behav. Evol.* 77, 2011, 33-44; Suzana Herculano-Houzel, 'The not extraordinary human brain', *Proceedings of the National Academy of Sciences* 109 (Supplement 1), June 2012, 10661-8 DOI: 10.1073/pnas.120189510.

(43) Juli G. Pausas and Jon E. Keeley, 'A Burning Story: The Role of Fire in the History of Life', *BioScience* 59, no. 7, July/August 2009, 593-601, doi: 10.1525/bio.2009.59.7.10.

(44) See Rachel N. Carmody, Michael Dannemann, Adrian W. Briggs, Birgit Nickel, Emily E. Groopman, Richard W. Wrangham and Janet Kelso, 'Genetic Evidence of Human Adaptation to a Cooked Diet', *Genome Biology and Evolution* 8, no. 4, 13 April 2016, 1091-1103, doi: 10.1093/gbe/evw059.

(45) S. Mann and R. Cadman, 'Does being bored make us more creative?', *Creativity Research Journal* 26 (2), 2014, 165-73; J. D. Eastwood, C. Cavaliere, S. A. Fahlman and A. E. Eastwood, 'A desire for desires: Boredom and its relation to alexithymia', *Personality and Individual Differences* 42, 2007, 1035-45; K. Gasper and B. L. Middlewood, 'Approaching novel thoughts: Understanding why elation and boredom promote associative thought more than distress and relaxation', *Journal of Experimental Social Psychology* 52, 2014, 50-7; M. F. Kets de Vries, 'Doing nothing and nothing to do: The hidden value of empty time and boredom', INSEAD, Faculty and Research Working Paper, 2014.

(46) Robin Dunbar, *Grooming, Gossip and the Evolution of Language*, Faber & Faber, London, 2006, Kindle edition.（ロビン・ダンバー『ことばの起源――猿の毛づくろい、人のゴシップ』（服部清美訳、青土社））

(47) Alejandro Bonmatí, Asier Gómez-Olivencia, Juan-Luis Arsuaga, José Miguel Carretero, Ana Gracia, Ignacio Martínez, Carlos Lorenzo, José María Bérmudez de Castro, Eudald Carbonell, 'Middle Pleistocene lower back and pelvis from an aged human individual from the Sima de los Huesos site, Spain', *Proceedings of the National Academy of Sciences* 107 (43), October 2010, 18386-91, DOI: 10.1073/pnas.1012131107.

(48) Patrick S. Randolph-Quinney, 'A new star rising: Biology and mortuary behaviour of Homo naledi', *South African Journal of Science* 111 (9-10), 2015, 01-04, https://dx.doi.org/10.17159/SAJS.2015/A0122.

第二部　豊潤な環境

第五章　独自の豊かな世界

(49) Carina M. Schlebusch and Mattias Jakobsson, 'Tales of Human Migration, Admixture, and Selection in Africa', *Annual Review of Genomics and Human Genetics*, Vol. 19, 405-28, https://doi.org/10.1146/annurev-genom-083117-021759; Marlize Lombard, Mattias Jakobsson and Carina Schlebusch, 'Ancient human DNA: How sequencing the genome of a boy from Ballito Bay changed human history', *South African Journal of Science* 114 (1-2), 2018, 1-3, https://dx.doi.org/10.17159/sajs.2018/a0253.

(50) A. S. Brooks, J. E. Yellen, R. Potts, A. K. Behrensmeyer, A. L. Deino, D. E. Leslie, S. H. Ambrose, J. R. Ferguson, F. d'Errico, A. M. Zipkin, S. Whittaker, J. Post, E. G. Veatch, K. Foecke, J. B. Clark, 'Long-distance stone transport and pigment use in the earliest Middle Stone Age', *Science* 360, 2018, 90-4, https://doi.org/10.1126/science.aao2646.

(51) Peter J. Ramsay and J. Andrew G. Cooper, 'Late Quaternary Sea-Level Change in South Africa', *Quaternary Research* 57, no. 1, January 2002, 82-90, https://doi.org/10.1006/qres.2001.2290.

(52) Lucinda Backwell, Francesco D'Errico and Lyn Wadley, 'Middle Stone Age bone tools from the Howiesons Poort layers, Sibudu Cave, South Africa', *Journal of Archaeological Science*, 35, 2008, pp. 1566-80; M. Lombard, 'Quartz-tipped arrows older than 60 ka: further use-trace evidence from Sibudu, KwaZulu-Natal, South Africa' *Journal of Archaeological Science*, 38, 2011.

(53) J. E. Yellen, A. S. Brooks, E. Cornelissen, M. J. Mehlman, K. Stewart, 'A middle

stone age worked bone industry from Katanda, Upper Semliki Valley, Zaire', *Science* 268 (5210), 28 April 1995, 553-6, doi: 10.1126/science.7725100. PMID 7725100.

(54) Eleanor M. L. Scerri, 'The North African Middle Stone Age and its place in recent human evolution', *Evolutionary Anthropology* 26, 2017, 119-35.

(55) Richard Lee, *The !Kung San: Men, Women, and Work in a Foraging Society*, Cambridge University Press, 1979, p. 1.

(56) Richard B. Lee and Irven DeVore (eds), *Kalahari Hunter-Gatherers*, Harvard University Press, Cambridge, Mass., 1976, p. 10.

(57) Richard Lee and Irven Devore (eds), *Man the Hunter*, Aldine, Chicago, 1968, p. 3.

(58) Called *What Hunters do for a Living or How to Make Out on Scarce Resources*

(59) Michael Lambek, 'Marshalling Sahlins', *History and Anthropology* 28, 2017, 254, https://doi.org/10.1080/02757206.2017.1280120.（マーシャル・サーリンズ『石器時代の経済学』（山内昶訳、法政大学出版局））

(60) Marshall Sahlins, *Stone Age Economics*, Routledge, New York, 1972, p. 2.

第六章　森林の幽霊

(61) Colin, Turnbull, *The Forest People: A study of the People of the Congo*, London, Simon & Schuster, 1961, pp. 25-6.

(62) J. Woodburn, 'An Introduction to Hadza Ecology', in Richard Lee and Irven DeVore (eds), *Man the Hunter*, Aldine, New York, 1968, p. 55.

(63) James Woodburn, 'Egalitarian Societies', *Man, the Journal of the Royal Anthropological Institute* 17, no. 3, 1982, 432.

(64) Ibid., 431-51.

(65) Nicolas Peterson, 'Demand sharing: reciprocity and pressure for generosity among foragers', *American Anthropologist* 95 (4), 1993, 860-74, doi: 10.1525/aa.1993.95.4.02a00050.

(66) N. G. Blurton-Jones, 'Tolerated theft, suggestions about the ecology and evolution of sharing, hoarding and scrounging', *Information* (*International Social Science Council*) 26 (1), 1987, 31-54, https://doi.org/10.1177/053901887026001002.

(67) Charles Darwin, *On the Origin of Species by Means of Natural Selection, or The Preservation of Favoured Races in the Struggle for Life*, London, Murray, p. 192.（チャールズ・ダーウィン『種の起源』（渡辺政隆訳、光文社古典新訳文庫））

(68) M. Cortés-Sánchez, F. J. Jiménez-Espejo, M. D. Simón-Vallejo et al., 'An early Aurignacian arrival in southwestern Europe', *Nature Ecology & Evolution* 3, 2019,

207-12, doi: 10.1038/s41559-018-0753-6.

(69) M. W. Pedersen, A. Ruter, C. Schweger, H. Friebe, R. A. Staff, K. K. Kjeldsen, M. L. Z. Mendoza, A. B. Beaudoin, C. Zutter, N. K. Larsen, B. A. Potter, R. Nielsen, R. A. Rainville, L. Orlando, D. J. Meltzer, K. H. Kjær, E. Willerslev, 'Postglacial viability and colonization in North America's ice-free corridor', *Nature* 537, 2016, 45.

(70) Erik Trinkaus, Alexandra Buzhilova, Maria Mednikova and Maria Dobrovolskaya, *The People of Sunghir: Burials, bodies and behavior in the earlier Upper Paleolithic*, Oxford University Press, New York, 2014, p. 25.

第三部　畑で骨折って働く

第七章　崖から飛び降りる

(71) Editorial, *Antiquity*, Vol. LIV, no. 210, March 1980, 1-6, https://www.cambridge.org/core/services/aop-cambridge-core/content/view/C57CF659BEA86384A93550428A7C8DB9/S0003598X00042769a.pdf/editorial.pdf

(72) Greger Larson, Dolores R. Piperno, Robin G. Allaby, Michael D. Purugganan, Leif Andersson, Manuel Arroyo-Kalin, Loukas Barton et al., 'Current Perspectives and the Future of Domestication Studies', *Proceedings of the National Academy of Sciences* 111, no. 17, 29 April 2014, 6139, https://doi.org/10.1073/pnas.1323964111.

(73) M. Germonpre, 'Fossil dogs and wolves from Palaeolithic sites in Belgium, the Ukraine and Russia: Osteometry, ancient DNA and stable isotopes', *Journal of Archaeological Science*, 36 (2), 2009, 473-90, doi: 10.1016/j.jas.2008.09.033.

(74) D. Cohen, 'The Beginnings of Agriculture in China: A Multiregional View', *Current Anthropology*, 52 (S4), 2011, S273-93. doi: 10.1086/659965.

(75) Greger Larson, Dolores R. Piperno, Robin G. Allaby, Michael D. Purugganan, Leif Andersson, Manuel Arroyo-Kalin, Loukas Barton et al., 'Current Perspectives and the Future of Domestication Studies', *Proceedings of the National Academy of Sciences* 111, no. 17, 29 April 2014, 6139, https://doi.org/10.1073/pnas.1323964111.

(76) Amaia Arranz-Otaegui, Lara Gonzalez Carretero, Monica N. Ramsey, Dorian Q. Fuller, Tobias Richter, 'Archaeobotanical evidence reveals the origins of bread 14,400 years ago in northeastern Jordan', *Proceedings of the National Academy of Sciences* 115 (31), July 2018, 7925-30, DOI: 10.1073/pnas.1801071115.

(77) Li Liu, Jiajing Wang, Danny Rosenberg, Hao Zhao, György Lengyel, Dani Nadel, 'Fermented beverage and food storage in 13,000-year-old stone mortars at Raqefet Cave, Israel: Investigating Natufian ritual feasting', *Journal of Archaeological Science*, Reports, Vol. 21, 2018, pp. 783-93, https://doi.org/10.1016/j.jasrep.2018.08.008.

(78) A. Snir, D. Nadel, I. Groman-Yaroslavski, Y. Melamed, M. Sternberg, O. Bar-Yosef et al., 'The Origin of Cultivation and Proto-Weeds, Long Before Neolithic Farming', *PLoS ONE* 10 (7), 2015, e0131422. https://doi.org/10.1371/journal.pone.0131422.

(79) Ibid.

(80) Robert Bettinger, Peter Richerson and Robert Boyd, 'Constraints on the Development of Agriculture', *Current Anthropology*, Vol. 50, no. 5, October 2009; R. F. Sage, 'Was low atmospheric CO2 during the Pleistocene a limiting factor for the origin of agriculture?', *Global Change Biology* 1, 1995, 93-106, https://doi.org/10.1111/j.1365-2486.1995.tb00009.x

(81) Peter Richerson, Robert Boyd, Robert Bettinger, 'Was agriculture impossible during the Pleistocene but mandatory during the Holocene? A climate change hypothesis', *American Antiquity*, Vol. 66, no. 3, 2001, 387-411.

(82) Jack Harlan, 'A Wild Wheat Harvest in Turkey', *Archeology*, Vol. 20, no. 3, 1967, pp. 197-201.

(83) L. Liu, J. Wang, D. Rosenberg, H. Zhao, G. Lengyel, D. Nadel, 'Fermented beverage and food storage in 13,000 y-old stone mortars at Raqefet Cave, Israel: Investigating Natufian ritual feasting', *Journal of Archaeological Science: Reports* 21, October 2018, 783-93.

(84) A. Arranz-Otaegui, L. González-Carretero, J. Roe, T. Richter, '"Founder crops" v. wild plants: Assessing the plant-based diet of the last hunter-gatherers in southwest Asia', *Quaternary Science Reviews* 186, 2018, 263-83.

(85) Wendy S. Wolbach et al., 'Extraordinary Biomass-Burning Episode and Impact Winter Triggered by the Younger Dryas Cosmic Impact ~12,800 Years Ago. 1. Ice Cores and Glaciers', *Journal of Geology* 126 (2), 2018, 165-84, Bibcode:2018JG....126..165W. doi: 10.1086/695703.

(86) J. Hepp et al., 'How Dry Was the Younger Dryas? Evidence from a Coupled Δ 2H- Δ 18O Biomarker Paleohygrometer Applied to the Gemündener Maar Sediments, Western Eifel, Germany', *Climate of the Past* 15, no. 2, 9 April 2019), 713-33, https://doi.org/10.5194/cp-15-713-2019;S. Haldorsen et al., 'The climate of the Younger Dryas as a boundary for einkorn domestication', *Vegetation History Archaeobotany* 20, 2011, 305-18.

(87) Ian Kuijt and Bill Finlayson, 'Evidence for food storage and predomestication granaries 11,000 years ago in the Jordan Valley', *Proceedings of the National Academy of Sciences* 106 (27), July 2009, 10966-70, DOI: 10.1073/pnas.0812764106; Ian Kuijt,

'What Do We Really Know about Food Storage, Surplus, and Feasting in Preagricultural Communities?', *Current Anthropology* 50 (5), 2009, 641-4, doi: 10.1086/605082.

(88) Klaus Schmidt, 'Göbekli Tepe – the Stone Age Sanctuaries: New results of ongoing excavations with a special focus on sculptures and high reliefs', *Documenta Praehistorica* (Ljubliana) 37, 2010, 239-56.

(89) Sylvi Haldorsen, Hasan Akan, Bahattin Ã‡elik and Manfred Heun, 'The Climate of the Younger Dryas as a Boundary for Einkorn Domestication', *Vegetation History and Archaeobotany* 20 (4), 2011, 305.

(90) J. Gresky, J. Haelm, L. Clare, 'Modified Human Crania from Göbekli Tepe Provide Evidence for a New Form of Neolithic Skull Cult', *Science Advances* 3 (6), 2017, https://doi.org/10.1126/sciadv.1700564.

第八章　ごちそうと飢餓

(91) M. A. Zeder, 'Domestication and Early Agriculture in the Mediterranean Basin: Origins, Diffusion, and Impact', *Proceedings of the National Academy of Sciences USA* 105 (33), 2008, 11597, https://doi.org/10.1073/pnas.0801317105.

(92) M. Gurven and H. Kaplan, 'Longevity among Hunter-Gatherers: A Cross-Cultural Examination', *Population and Development Review* 33 (2), 2007, 321-65.

(93) Andrea Piccioli, Valentina Gazzaniga, Paola Catalano, *Bones: Orthopaedic Pathologies in Roman Imperial Age*, Springer, Switzerland, 2015.

(94) Michael Gurven and Hillard Kaplan, 'Longevity among Hunter-Gatherers: A Cross-Cultural Examination', *Population and Development Review*, Vol. 33, no. 2, June 2007, pp. 321-65, published by Population Council, https://www.jstor.org/stable/25434609; Väinö Kannisto and Mauri Nieminen, 'Finnish Life Tables since 1751', *Demographic Research*, Vol. 1, Article 1, www.demographic-research.org/Volumes/Vol1/1/ DOI: 10.4054/DemRes.1999.1.

(95) C. S. Larsen, C. J. Knüsel, S. D. Haddow, M. A. Pilloud, M. Milella, J. W. Sadvari, J. Pearson, C. B. Ruff, E. M. Garofalo, E. Bocaege, B. J. Betz, I. Dori, B. Glencross, 'Bioarchaeology of Neolithic Çatalhöyük reveals fundamental transitions in health, mobility, and lifestyle in early farmers', *Proceedings of the National Academy of Sciences USA*, 2019, 04345, https://doi.org/10.1073/pnas.1904345116.

(96) J. C. Berbesque, F. M. Marlowe, P. Shaw and P. Thompson, 'Hunter-Gatherers Have Less Famine Than Agriculturalists', Biology Letters 10: 20130853 http://doi.org/10.1098/rsbl.2013.0853

(97) D. Grace, F. Mutua, P. Ochungo, R. Kruska, K. Jones, L. Brierley, L. Lapar, M. Said, M. Herrero, Pham Duc Phuc, Nguyen Bich Thao, I. Akuku, F. Ogutu, *Mapping of poverty and likely zoonoses hotspots*, ILRI, Kenya, 2012.

(98) S. Shennan, S. S. Downey, A. Timpson, K. Edinborough, S. Colledge, T. Kerig, K. Manning and M. G. Thomas, 'Regional population collapse followed initial agriculture booms in mid-Holocene Europe', *Nature Communications* 4, 2013, 2486.

(99) イアン・モリスの以下の本を参照。*Foragers, Farmers, and Fossil Fuels: How Human Values Evolve*, Princeton University Press, Princeton, NJ, 2015; *The Measure of Civilization: How Social Development Decides the Fate of Nations*, Princeton University Press, Princeton, NJ, 2013; Vaclav Smil, *Energy and Civilization: A History*, MIT Press, Boston, 2017

(100) Ruben O. Morawick and Delmy J. Díaz González, 'Food Sustainability in the Context of Human Behavior', *Yale Journal of Biology and Medicine*, Vol. 91, no. 2, 28 June 2018, 191-6.

(101) E. Fernández, A. Pérez-Pérez, C. Gamba, E. Prats, P. Cuesta, J. Anfruns et al., 'Ancient DNA Analysis of 8000 B.C. Near Eastern Farmers Supports an Early Neolithic Pioneer Maritime Colonization of Mainland Europe Through Cyprus and the Aegean Islands', *PLoS Genetics* 10, no. 6, 2014, e1004401; H. Malmström, A. Linderholm, P. Skoglund, J. Storå, P. Sjödin, M. T. P. Gilbert, G. Holmlund, E. Willerslev, M. Jakobsson, K. Lidén and A. Götherström, 'Ancient Mitochondrial DNA from the Northern Fringe of the Neolithic Farming Expansion in Europe Sheds Light on the Dispersion Process', *Royal Society of London: Philosophical Transactions B: Biological Sciences* 370, no. 1660, 2015; Zuzana Hofmanová , Susanne Kreutzer, Garrett Hellenthal, Christian Sell, Yoan Diekmann, David Díez-del-Molino, Lucy van Dorp et. al., 'Early Farmers from across Europe Directly Descended from Neolithic Aegeans', *Proceedings of the National Academy of Sciences* 113, no. 25, 21 June 2016, 6886, https://doi.org/10.1073/pnas.1523951113.

(102) Q. Fu, P. Rudan, S. Pääbo, J. Krause, 'Complete Mitochondrial Genomes Reveal Neolithic Expansion into Europe', *PLoS ONE* 7 (3), 2012, e32473; doi: 10.1371/journal.pone.0032473.

(103) J. M. Cobo, J. Fort, N. Isern, 'The spread of domesticated rice in eastern and southeastern Asia was mainly demic', *Journal of Archaeological Science* 101, 2019, 123-30.

第九章　時は金なり

(104)　ベンジャミン・フランクリンからベンジャミン・ヴォーンへの手紙。1784年7月26日付。

(105)　'Poor Richard Improved, 1757', *Founders Online*, National Archives, accessed 11 April 2019, https://founders.archives.gov/documents/Franklin/01-07-02-0030. [Original source: *The Papers of Benjamin Franklin*, vol. 7, *October 1, 1756 through March 31, 1758*, ed. Leonard W. Labaree, Yale University Press, New Haven, 1963, pp. 74-93.]

(106)　Benjamin Franklin, *The Autobiography of Benjamin Franklin*, Section 36, 1793, https://en.wikisource.org/wiki/The_Autobiography_of_Benjamin_Franklin/Section_Thirty_Six.（『フランクリン自伝』（松本慎一・西川正身訳、岩波文庫））

(107)　Adam Smith, *An Inquiry into the Nature and Causes of the Wealth of Nations*, Metalibri, Lausanne, 2007（1776）, p. 15, https://www.ibiblio.org/ml/libri/s/SmithA_WealthNations_p.pdf.（アダム・スミス『国富論』（高哲男訳、講談社学術文庫））

(108)　Ibid.

(109)　G. Kellow, 'Benjamin Franklin and Adam Smith: Two Strangers and the Spirit of Capitalism', *History of Political Economy* 50（2）, 2018, 321-44.

(110)　モホーク族、セネカ族、オナイダ族、オノンダーガ族、カユーガ族、タスカローラ族から成るこの連邦は、フランクリンにとって興味の対象であり、米国憲法を起草するときに合衆国の父たちが用いたモデルの一つだった。

(111)　ベンジャミン・フランクリンからピーター・コリンソンへの手紙。1753年5月9日付。https://founders.archives.gov/documents/Franklin/01-04-02-0173.

(112)　David Graeber, *Debt: The First 500 Years*, Melville House, New York, 2013, p. 28.（デヴィッド・グレーバー『負債論 貨幣と暴力の5000年』（酒井隆史監訳、高祖岩三郎、佐々木夏子訳　以文社））

(113)　Caroline Humphrey, 'Barter and Economic Disintegration', *Man* 20（1）, 1985, p. 48.

(114)　Benjamin Franklin, *A Modest Inquiry into the Nature and Necessity of a Paper Currency*, in *The Works of Benjamin Franklin*, edit by J. Sparks, Vol. II, Boston, 1836, p. 267.

(115)　Austin J. Jaffe and Kenneth M. Lusht, 'The History of the Value Theory: The Early Years', *Essays in honor of William N. Kinnard, Jr.*, Kluwer Academic, Boston, 2003, p. 11.

第一〇章　最初の機械

(116)　引用はすべて以下。Mary Shelley, *Frankenstein*, CreateSpace Independent Publishing Platform, 2017 (1831 edn).

(117)　L. Janssens, L. Giemsch, R. Schmitz, M. Street, S. Van Dongen and P. Crombé, 'A new look at an old dog: Bonn-Oberkassel reconsidered', *Journal of Archaeological Science* 92, 2018, 126-38.

(118)　シベリアのアルタイ山脈で発見された3万3000年前の骨も家畜化されたイヌである可能性があると考えられているが、その血統については疑問が多すぎて、考古学者も確信は持てていない。

(119)　Laurent A. F. Frantz, Victoria E. Mullin, Maud Pionnier-Capitan et al., 'Genomic and Archaeological Evidence Suggest a Dual Origin of Domestic Dogs', *Science* 352 (6290), 2016, 1228.

(120)　L. R. Botigué et al., 'Ancient European dog genomes reveal continuity since the Early Neolithic', *Nature Communications* 8, 2017, 16082.

(121)　Vaclav Smil, *Energy and Civilization: A History*, MIT Press, Boston, Kindle Edition, 2017, p. 66.(バーツラフ・シュミル『エネルギーの人類史』(塩原通緒訳、青土社))

(122)　René Descartes, *Treatise on Man*, 1633.

(123)　Aristotle, *Politics*, Book I, part viii.

(124)　Ibid.

(125)　Hesiod, *Works and Days*, ll. 303, 40-6.

(126)　Orlando Patterson, *Slavery and Social Death: A Comparative Study*, Harvard University Press, Cambridge, Mass., 1982.

(127)　Keith Bradley, *Slavery and Society in Ancient Rome*, Cambridge University Press, 1993, p. 63.

(128)　Mike Duncan, *The Storm Before the Storm: The Beginning of the End for the Roman Republic*, PublicAffairs, New York, 2017.

(129)　Chris Wickham, *The Inheritance of Rome: Illuminating the Dark Ages, 400-1000*, Penguin, New York, 2009, p. 29.

(130)　Stephen L. Dyson, *Community and Society in Roman Italy*, 1992, p. 177, Johns Hopkins University Press: Baltimore quoting J. E. Packer, 'Middle and Lower Class Housing in Pompeii and Herculaneum: A Preliminary Survey', in *Neue Forschung in Pompeji*, pp. 133-42.

第四部　都市の生物

第一一章　明るい光

(131)　David Satterthwaite, Gordon McGranahan and Cecilia Tacoli, *World Migration Report: Urbanization, Rural-Urban Migration and Urban Poverty*, International Organization for Migration (IOM), 2014, p. 7.

(132)　UNFPA, *State of World Population*, United Nations Population Fund, 2007.

(133)　データはすべてHannah RitchieとMax Roser, "Urbanization"より（2020年にOurWorldInData.orgで発表され、現在はhttps://ourworldindata.org/urbanizationで閲覧可能）。

(134)　Vere Gordon Childe, *Man Makes Himself*, New American Library, New York, 1951, p. 181.

(135)　J.-P. Farruggia, 'Une crise majeure de la civilisation du Néolithique Danubien des années 5100 avant notre ère', *Archeologické Rozhledy* 54 (1), 2002, 44-98; J. Wahl, H. G. König, 'Anthropologisch-traumatologische Untersuchung der menschlichen Skelettreste aus dem bandkeramischen Massengrab bei Talheim, Kreis Heilbronn', *Fundberichte aus Baden-Württemberg* 12, 1987, 65-186; R. Schulting, L. Fibiger, M. Teschler-Nicola, 'The Early Neolithic site Asparn/Schletz (Lower Austria): Anthropological evidence of interpersonal violence', in *Sticks, Stones, and Broken Bones*, R. Schulting and L. Fibiger (eds), Oxford University Press, 2012, pp. 101-20.

(136)　以下に引用。L. Stavrianos, *Lifelines from Our Past: A New World History*, Routledge, London, 1997, p. 79.

第一二章　果てのない野心という病気

(137)　B. X. Currás and I. Sastre, 'Egalitarianism and Resistance: A theoretical proposal for Iron Age Northwestern Iberian archaeology', *Anthropological Theory*, 2019, https://doi.org/10.1177/1463499618814685.

(138)　J. Gustavsson, C. Cederberg, U. Sonesson, R. van Otterdijk and A. Meybeck, *Global Food Losses and Food Waste*, Food and Agriculture Organisation (FAO), Rome, 2011, http://www.fao.org/3/mb060e/mb060e02.pdf

(139)　Alexander Apostolides, Stephen Broadberry, Bruce Campbell, Mark Overton, Bas van Leeuwen, 'English Agricultural Output and Labour Productivity, 1250-1850: Some Preliminary Estimates' (PDF), 26 November 2008). Retrieved 1 May 2019.

(140)　Richard J. Johnson, Mark S. Segal, Yuri Sautin, Takahiko Nakagawa, Daniel I. Feig, Duk-Hee Kang, Michael S. Gersch, Steven Benner, Laura G. Sánchez-Lozada, 'Potential role of sugar (fructose) in the epidemic of hypertension, obesity and the

metabolic syndrome, diabetes, kidney disease, and cardiovascular disease', *American Journal of Clinical Nutrition*, Vol. 86, issue 4, October 2007, pp. 899-906, https://doi.org/10.1093/ajcn/86.4.899.

(141) I. Théry, J. Gril, J. L. Vernet, L. Meignen, J. Maury, 'First Use of Coal', *Nature* 373 (6514), 1995, 480-1, https://doi.org/10.1038/373480a0; J. Dodson, X. Li, N. Sun, P. Atahan, X. Zhou, H. Liu, Z. Yang, 'Use of coal in the Bronze Age in China', *The Holocene* 24 (5), 2014, 525-30, https://doi.org/10.1177/0959683614523155.

(142) J. Dodson, X. Li, N. Sun, P. Atahan, X. Zhou, H. Liu, Z. Yang, 'Use of coal in the Bronze Age in China', *The Holocene*, 24 (5), 2014, 525-30, https://doi.org/10.1177/0959683614523155.

(143) P. H. Lindert and J. G. Williamson, 'English Workers' Living Standards During the Industrial Revolution: A New Look', *Economic History Review*, 36 (1), 1983, 1-25.

(144) G. Clark, 'The condition of the working class in England, 1209-2004', *Journal of Political Economy*, 113 (6), 2005, 1307-40.

(145) C. M. Belfanti and F. Giusberti, 'Clothing and social inequality in early modern Europe: Introductory remarks', *Continuity and Change*, 15 (3), 2000, 359-65, doi: 10.1017/S0268416051003674.

(146) Emile Durkheim, *Ethics and Sociology of Morals*, Prometheus Press, Buffalo, New York, 1993 (1887), p. 87.

(147) Emile Durkheim, Le suicide. Étude de sociologie, Paris, 1897 pp. 280-1. (エミール・デュルケーム『自殺論』(宮島喬訳、中公文庫))

第一三章　トップタレント

(148) Frederick Winslow Taylor, *Scientific Management, Comprising Shop Management: The Principles of Scientific Management [and] Testimony Before the Special House Committee*, Harper & Brothers, New York, 1947.

(149) Daniel Bell, *The End of Ideology: On the Exhaustion of Political Ideas in the Fifties*, Harvard University Press, Cambridge, Mass., 2001 (1961), p. 232. (ダニエル・ベル『イデオロギーの終焉――1950年代における政治思想の涸渇について』(岡田直之訳、現代社会科学叢書))

(150) Peter Drucker, *Management: tasks, responsibilities, practices*, Heinemann, London, 1973. (ピーター・ドラッカー『マネジメント［エッセンシャル版］―― 基本と原則』(上田惇生訳、ダイヤモンド社))

(151) Samuel Gompers, 'The miracles of efficiency', *American Federationist* 18 (4), 1911, p. 277.

(152) John Lubbock, *The Pleasures of Life*, Part II, chapter 10, 1887, Project Gutenberg eBook, http://www.gutenberg.org/ebooks/7952.

(153) Ibid., Part I, chapter 2.

(154) Fabrizio Zilibotti, 'Economic Possibilities for Our Grandchildren 75 Years after: A Global Perspective', IEW - Working Papers 344, Institute for Empirical Research in Economics -University of Zurich, 2007.

(155) Federal Reserve Bulletin, September 2017, Vol. 103, no. 3, p. 12.

(156) https://eml.berkeley.edu/~saez/SaezZucman14slides.pdf.

(157) Benjamin Kline Hunnicutt, *Kellogg's Six-Hour Day*, Temple University Press, Philadelphia, 1996.

(158) John Kenneth Galbraith, *Money: Whence it Came, Where it Went*, Houghton Mifflin: Boston 1975.（ジョン・K・ガルブレイス『マネー――その歴史と展開』（都留重人監訳、TBSブリタニカ））

(159) Advertising Hall of Fame, 'Benjamin Franklin: Founder, Publisher & Copyrighter, Magazine General', 2017, http://advertisinghall.org/members/member_bio.php?memid=632&uflag=f&uyear=.

(160) John Kenneth Galbraith, *The Affluent Society*, Apple Books.（ジョン・K・ガルブレイス『ゆたかな社会：決定版』（鈴木哲太郎訳、岩波現代文庫））

(161) データはすべてアメリカ合衆国商務省経済分析局、アメリカ合衆国労働省労働統計局、FRED Economic Data, St Louis Fed. より。

(162) L. Mishel and J. Schieder, 'CEO pay remains high relative to that of typical workers and high-wage earners', Economic Policy Institute, Washington, 2017, https://www.epi.org/files/pdf/130354.pdf.

(163) データはすべて World Inequality Database, https://wid.world. より。

(164) McKinsey & Co., *McKinsey Quarterly: The War for Talent*, no. 4, 1998.

(165) Jeffrey Pfeffer, 'Fighting the war for talent is hazardous to your organization's health' *Organizational Dynamics* 29 (4), 2001, 248-59.

(166) Malcolm Gladwell, 'The Myth of Talent', *New Yorker*, 22 July 2002, https://www.newyorker.com/magazine/2002/07/22/the-talent-myth.

(167) O. P. Hauser and M. I. Norton, '(Mis)perceptions of inequality', *Current Opinion in Psychology* 18, 2017, 21-5, https://doi.org/10.1016/j.copsyc.2017.07.024.

(168) United States Census Bureau, 'New Data Show Income Increased in 14 States and 10 of the Largest Metros', 26 September 2019, https://www.census.gov/library/stories/2019/09/us-median-household-income-up-in-2018-from-2017.html?utm_campaign=20190926msacos1ccstors&utm_medium=email&utm_source=govdelivery.

(169) S. Kiatpongsan and M. I. Norton, 'How Much (More) Should CEOs Make? A Universal Desire for More Equal Pay', *Perspectives on Psychological Science*, 9 (6), 2014, 587-93, https://doi.org/10.1177/1745691614549773.

(170) Emily Etkins, 2019, 'What Americans Think Cause Wealth and Poverty', Cato Institute, 2019, https://www.cato.org/publications/survey-reports/what-americans-think-about-poverty-wealth-work.

第一四章 あるサラリーマンの死

(171) 'Death by overwork on rise among Japan's vulnerable workers', *Japan Times* (Reuters), 3 April 2016.

(172) Behrooz Asgari, Peter Pickar and Victoria Garay, 'Karoshi and Karou-jisatsu in Japan: causes, statistics and prevention mechanisms', *Asia Pacific Business & Economics Perspectives*, Winter 2016, 4 (2).

(173) http://www.chinadaily.com.cn/china/2016-12/11/content_27635578.htm

(174) データはすべて以下より。OECD. Stat, https://stats.oecd.org/Index.aspx?DataSetCode=AVE_HRS.

(175) 'White Paper on Measures to Prevent Karoshi, etc.', Annual Report for 2016, Ministry of Health, Labour and Welfare, https://fpcj.jp/wp/wp-content/uploads/.../8f513ff4e9662ac515de9e646f63d8b5.pdf.

(176) China Labour Statistical Yearbook 2016, http://www.mohrss.gov.cn/2016/indexeh.htm.

(177) http://www.hse.gov.uk/statistics/causdis/stress.pdf

(178) C. S. Andreassen, M. D. Griffiths, J. Hetland, L. Kravina, F. Jensen and S. Pallesen, 'The prevalence of workaholism: A survey study in a nationally representative sample of Norwegian employees', *PLOS One*, 9 (8), 2014, doi: https://doi.org/10.1371/journal.pone.0102446.

(179) Robin Dunbar, *Gossip Grooming and the Evolution of Language*, Harvard University Press: *Cambridge Mass 1996* . (ロビン・ダンバー『ことばの起源――猿の毛づくろい、人のゴシップ』(服部清美訳 青土社))

(180) http://www.vault.com/blog/workplace-issues/2015-office-romance-survey-results/

(181) アロンソンについての話は以下を参照。W. Oates, *Workaholic, Make Laziness Work for You*, Doubleday, New York, 1978.

(182) Leigh Shaw-Taylor, Anthony E. Wrigley, Peter M. Kitson et al., 'The Occupational Structure of England, *c*.1710-1871', Occupations Project Paper 22,

Cambridge Group for the History of Population and Social Structure, 2010.

(183) Colin Clark, *The Conditions of Economic Progress*, Macmillan, London, 1940, p. 7.

(184) Ibid., p. 17.

(185) https://www.strike.coop/bullshit-jobs/.

(186) David Graeber, *Bullshit Jobs: A Theory*, Penguin, Kindle Edition, 2018, p. 3.（デビッド・グレーバー『ブルシット・ジョブ――クソどうでもいい仕事の理論』（酒井隆史、芳賀達彦、森田和樹訳　岩波書店））

(187) https://www.strike.coop/bullshit-jobs/.

(188) *The Economist*, 19 November 1955.

(189) *Trends in College Pricing*, Trends in Higher Education Series, College Board, 2018, p. 27, https://research.collegeboard.org/pdf/trends-college-pricing-2018-full-report.pdf.

(190) California State University Statistical Abstract 2008-2009, http://www.calstate.edu/AS/stat_abstract/stat0809/index.shtml. Accessed April 22nd 2019.

(191) *Times Higher Education* University Workplace Survey 2016, https://www.timeshighereducation.com/features/university-workplace-survey-2016-results-and-analysis.

(192) Gallup, *State of the Global Workplace*, Gallup Press, New York, 2017, p. 20.

第一五章　新しい病気

(193) Carl Frey and Michael Osborne, *The Future of employment: How susceptible are Jobs to Computerisation*, Oxford Martin Programme on Technology and Employment, 2013.

(194) McKinsey Global Institute, *A Future that Works: Automation Employment and Productivity*, McKinsey and Co., 2017; PricewaterhouseCoopers, *UK Economic Outlook*, PWC, London, 2017, pp. 30-47.

(195) PricewaterhouseCoopers, *UK Economic Outlook*, PWC, London, 2017, p. 35.

(196) 'IBM's AI loses to human debater but it's got worlds to conquer', CNet News, 11 February 2019, https://www.cnet.com/news/ibms-ai-loses-to-human-debater-but-remains-persuasive-technology/.

(197) 'The Amazing Ways How Unilever Uses Artificial Intelligence To Recruit & Train Thousands Of Employees', *Forbes*, 14 December 2018, https://www.forbes.com/sites/bernardmarr/2018/12/14/the-amazing-ways-how-unilever-uses-artificial-intelligence-to-recruit-train-thousands-of-employees/#1c8861bc6274.

(198) Sungki Hong and Hannah G. Shell, 'The Impact of Automation on Inequality', *Economic Synopses*, no. 29, 2018, https://doi.org/10.20955/es.2018.29.

(199) World Inequality Lab, *World Inequality Report 2018*, 2018, https://wir2018.wid.world/files/download/wir2018-full-report-english.pdf.

(200) Ibid., p. 15.

(201) D. Meadows, R. Randers, D. Meadows, W. Behrens III, *The Limits to Growth*, Universe Books, New York, 1972, p. 193, http://donellameadows.org/wp-content/userfiles/Limits-to-Growth-digital-scan-version.pdf.（ドネラ・H・メドウズ、デニス・L・メドウズ、ヨルゲン・ランダース『成長の限界　人類の選択』（枝廣淳子訳、ダイヤモンド社））

(202) *New York Times*, 2 April 1972, Section BR, p. 1.

(203) J. L. Simon and H. Kahn, *The Resourceful Earth: A Response to Global 2000*, Basil Blackwell, New York, 1984, p. 38.

(204) D. Meadows, R. Randers and D. Meadows, *The Limits to Growth: The 30-Year Update*, Earthscan, London, 2005.（ドネラ・H・メドウズ、デニス・L・メドウズ、ヨルゲン・ランダース『成長の限界　人類の選択』（枝廣淳子訳、ダイヤモンド社））

【著者紹介】
ジェイムス・スーズマン（James Suzman）
南部アフリカのコイサン人の研究を専門とする人類学者。ケンブリッジ大学でアフリカ研究のスマッツ英連邦フェローシップを受け、現在は現代の社会・経済問題の解決に人類学的手法を応用するシンクタンク、アントロポス社のディレクター。英国ケンブリッジ在住。

【訳者紹介】
渡会圭子（わたらい　けいこ）
1963年生まれ。翻訳家。上智大学文学部卒業。主な訳書に、スコット・ギャロウェイ『the four GAFA 四騎士が創り変えた世界』（東洋経済新報社）、ロバート・キンセル／マーニー・ペイヴァン『YouTube革命――メディアを変える挑戦者たち』（文藝春秋）、マイケル・ルイス『後悔の経済学――世界を変えた苦い友情』（文春文庫）、エーリッヒ・フロム『悪について』（ちくま学芸文庫）などがある。

働き方全史
「働きすぎる種」ホモ・サピエンスの誕生

2024年1月2日発行

著　者――ジェイムス・スーズマン
訳　者――渡会圭子
発行者――田北浩章
発行所――東洋経済新報社
〒103-8345　東京都中央区日本橋本石町 1-2-1
電話＝東洋経済コールセンター　03(6386)1040
https://toyokeizai.net/

装　丁…………秦　浩司
ＤＴＰ…………キャップス
印　刷…………ベクトル印刷
製　本…………ナショナル製本
編集担当………桑原哲也

Printed in Japan　　ISBN 978-4-492-31555-2